Mrs. Mary Robinson,

selbst geschrieben, mit den Leben der

Herzoginnen von Gordon und Devonshire

Mary Robinson, Frau AT Thomson

Philip Wharton

Writat

Diese Ausgabe erschien im Jahr 2024

ISBN: 9789359944432

Herausgegeben von
Writat
E-Mail: info@writat.com

Inhalt

EINFÜHRUNG IN DIE ORIGINALAUSGABE

Die folgenden kurzen Memoiren einer schönen, einnehmenden und in vielerlei Hinsicht hochbegabten Frau bedürfen keiner Einleitung. Während wir die gleiche kleine negative Unaufrichtigkeit bei der Autorin im Hinblick auf ein gebührendes Eingeständnis ihrer eigenen Fehler feststellen können, bleibt genügend ungefärbte Tatsachen übrig, um die entblößte Situation einer ungeschützten Schönheit zu zeigen – oder, was noch schlimmer ist, einer Frau große persönliche und natürliche Anziehungskraft, dem Blick freizügiger Würde und Mode ausgesetzt, unter der bloß nominellen Vormundschaft eines nachlässigen und verschwenderischen Ehemanns. Die Autobiographie dieser Klasse ist manchmal gefährlich; nicht so die von Mrs. Robinson, die die Dornen nicht verbirgt, die den Wegen innewohnen, auf denen das Laster äußerlich Rosen verstreut; Im Übrigen wird in diesem kurzen Band, der in mancher Hinsicht nicht ohne Moral ist, die Anordnung der fürstlichen Einrichtungen in der Art der Liebe angenehm dargestellt. Zumindest eines liegt auf der Hand, und zwar in der kaltherzigen Vernachlässigung, die eine Frau mit den faszinierendsten geistigen und persönlichen Reizen von denen erfahren kann, deren Huldigung lediglich sinnlicher Natur und deren Bewunderung nur eine Falle ist.

VORWORT DES HERAUSGEBERS

Die Autorin dieser Memoiren, Mary Robinson, war eine der prominentesten und schönsten Frauen ihrer Zeit. Aus der Beschreibung ihres persönlichen Aussehens geht hervor, dass ihr Teint dunkel, ihre Augen groß und ihre Gesichtszüge melancholisch waren; und diese verbale Skizze korrespondiert mit ihrem Porträt, das ein Gesicht zeigt, das zugleich ernst, kultiviert und charmant ist. Ihre Schönheit war in der Tat so groß, dass sie unter anderem die Aufmerksamkeit der Lords Lyttelton und Northington, des Fighting Fitzgerald, des Kapitäns Ayscough und schließlich des Prinzen von Wales auf sich zog; Ihre Talente und ihre Konversation sicherten ihr die Freundschaft und das Interesse von David Garrick, Richard Brinsley Sheridan, Charles James Fox, Joshua Reynolds, dem Dramatiker Arthur Murphy und verschiedenen anderen Männern mit herausragendem Talent.

Obwohl ihre Memoiren nur kurz skizziert sind, sind sie dennoch anschaulich genug, um uns verschiedene Bilder des gesellschaftlichen Lebens der Zeit zu präsentieren, in deren Mittelpunkt sie stand . Jetzt finden wir sie im Pantheon mit seinen bunten Lampen und strahlender Musik, wie sie sich inmitten einer modischen Menschenmenge bewegt, in der es viele große Reifen und hohe Federn gibt. Sie selbst trägt ein Gewand aus blassrosa Satin mit Zobelbesatz und zieht damit die Aufmerksamkeit der Männer auf sich Mode. Wieder ist sie in Vauxhall Gardens von Freunden umgeben und entkommt nur knapp einem listigen Plan, sie zu entführen – einem Plan, in dem geladene Pistolen und eine wartende Kutsche eine herausragende Rolle spielen; während sie bei einer anderen Gelegenheit in Ranelagh ist, wo im Laufe des Abends ein halbes Dutzend Galanten „ihre Aufmerksamkeit bewiesen"; und schließlich tritt sie zum ersten Mal als Schauspielerin auf der Bühne von Drury Lane auf, vor einem brillanten Haus, David Garrick, jetzt im Ruhestand, der ihr vom Orchester aus zusah, während sie Julia in rosa Satin spielte, reich mit Silber übersät, ihr Kopf damit verziert weiße Federn.

Die Tatsache, dass sie Schauspielerin wurde, brachte einen Wendepunkt in ihrem Leben; Während sie vor dem Königshaus die Perdita in „Das Wintermärchen" spielte, zog sie den Prinzen von Wales und später Georg IV. an, der damals in seinem achtzehnten Lebensjahr war. Die folgenden

Vorfälle werden in den Memoiren so kurz behandelt, dass für diejenigen, die ihre Lebensgeschichte verfolgen möchten, Erklärungen erforderlich sind.

Die Aufführung des Theaterstücks, in dem der Prinz sie wahrscheinlich zum ersten Mal sah, fand am 3. Dezember 1779 statt. Erst einige Monate später, während des Briefwechsels zwischen dem Prinzen und Perdita, stimmte sie einem Treffen mit ihm zu in Kew, wo seine Ausbildung fortgesetzt und sein Verhalten streng überwacht wurde. Im Jahr 1780 drängte er seinen Vater, ihm einen Posten in der Armee zu geben, aber der König fürchtete die Freiheit, die ein solcher Schritt mit sich bringen würde, und lehnte den Antrag ab. Es wurde jedoch als ratsam erachtet, dem Prinzen eine kleine separate Niederlassung in einem Flügel des Buckingham House zur Verfügung zu stellen; Diese Vereinbarung fand am 1. Januar 1781 statt.

Da der Prinz nun sein eigener Herr war, wurde er ein Mann in der Stadt, nahm an Festen, Maskeraden und Pferderennen teil, identifizierte sich mit vom König verabscheuten Politikern, richtete ein Etablissement für Mrs. Robinson ein, spielte, trank und in einem einzigen Jahr gab zehntausend Pfund für Kleidung aus. Er trat nun offen in Begleitung von Perdita an öffentlichen Orten und Vergnügungsstätten auf; Sie, prächtig gekleidet, fuhr eine prächtige Equipage, die ihn neunhundert Guineen gekostet hatte, und war von seinen Freunden umgeben. Wir lesen: „Heute war sie eine *Paysanne* , mit ihrem Strohhut am Hinterkopf gebunden. Gestern war sie vielleicht die gekleidete Schönheit von Hyde Park gewesen, getrimmt, gepudert, geflickt und mit der größten Kraft des Rouges bemalt." und weißes Blei; morgen würde sie die begehrte Amazone des Reithauses sein, aber wie auch immer sie war, die Hüte der modischen Spaziergänger fegten über den Boden, als sie vorbeikam.

Dieses Leben dauerte etwa zwei Jahre, als der Prinz, gerade als er erwachsen wurde, im Begriff war, Carlton House in Besitz zu nehmen, um von der Nation 30.000 Pfund zur Begleichung seiner Schulden und eine Rente von 63.000 Pfund zu erhalten, abwesend war Er verließ Perdita und ließ sie im Unwissen über die Ursache seiner Veränderung zurück, die nichts anderes als ein Interesse an Mrs. Grace Dalrymple Elliott war.

In der frühen Inbrunst seiner Fantasie hatte er Mrs. Robinson versichert, dass seine Liebe bis zum Tod unveränderlich bleiben würde und dass er sich sein ganzes Leben lang gegenüber seiner Perdita als unveränderlich erweisen würde. Darüber hinaus gab er ihr, da seine Großzügigkeit von Leidenschaft angetrieben wurde, eine Kaution, in der er ihr versprach, ihr bei seiner Volljährigkeit 20.000 Pfund zu zahlen.

Als sich der Prinz von ihr trennte, hatte Perdita etwa 7.000 Pfund Schulden bei Händlern, die lautstark nach ihrem Geld verlangten, woraufhin sie an ihren königlichen Liebhaber schrieb, der ihr keine Beachtung schenkte; doch bald darauf besuchte sein Freund Charles James Fox sie, als sie sich bereit erklärte, ihre Anleihe im Gegenzug für eine jährliche Rente von 500 Pfund aufzugeben.

Sie wäre jetzt gerne wieder auf die Bühne gegangen, hätte sie aber die Anfeindungen der öffentlichen Meinung gefürchtet. Kurz darauf ging sie nach Paris und widmete sich nach ihrer Rückkehr nach England der Literatur. Ungefähr zu dieser Zeit nahm sie Beziehungen zu Colonel – dem späteren Sir Banastre – Tarleton auf, der im selben Jahr wie sie geboren wurde und von 1776 bis zur Kapitulation von Yorktown in der amerikanischen Armee gedient hatte, woraufhin er nach England zurückkehrte. Viele Jahre lang saß er als Vertreter seiner Heimatstadt Liverpool im Parlament; und 1817 erlangte er den Rang eines Generalleutnants und wurde zum Baron ernannt. Seine Freundschaft mit Mrs. Robinson dauerte etwa sechzehn Jahre.

Als sie in seinem Namen eine Reise unternahm und er sich in finanziellen Schwierigkeiten befand, erkrankte sie an der Krankheit, die dazu führte, dass sie ihre unteren Gliedmaßen nicht mehr aktiv bewegen konnte. Das hinderte sie nicht daran zu arbeiten und sie veröffentlichte Romane, Gedichte, Essays über die Lage der Frau und Theaterstücke. Eine von ihr verfasste Mitteilung an John Taylor, den Inhaber der Zeitung *Sun* und Autor verschiedener Epiloge, Prologe, Lieder usw., gibt einen Einblick in ihr Leben. Dieser nun zum ersten Mal veröffentlichte Brief ist in der berühmten Morrison-Sammlung autographer Briefe enthalten und ist auf den 5. Oktober 1794 datiert.

„Ich habe mich wirklich gefreut, Ihren Brief zu erhalten. Ihr Schweigen bereitete mir nicht wenig Unbehagen, und ich begann zu glauben, dass ein Dämon die Glieder dieser Kette zerbrochen hatte, von der ich vertraue, dass sie uns für immer in Freundschaft vereint hat . Das Leben ist so eine Szene." von Kummer und Enttäuschung, dass der vernünftige Geist den Verlust jeglichen Trostes, der ihn erträglich macht, kaum ertragen kann, ohne einen schweren Schmerz auf den Freund, den wir lieben, zu verzichten „Gib mir nie wieder einen Grund, anzunehmen, dass du mich völlig vergessen hast."

„Jetzt werde ich Ihnen ein Geheimnis mitteilen, das nicht preisgegeben werden darf. Ich denke, dass ich England vor dem nächsten 10. Dezember für immer verlassen werde . Mein lieber und wertvoller Bruder, der jetzt in Lancashire ist, möchte mich überreden, und Die Unfreundlichkeit der Welt trägt nicht wenig dazu bei, seine Hoffnungen zu fördern. Ich habe keine Verwandten in England, außer meiner geliebten Tochter, und ich fürchte, nur wenige Freunde. Dennoch, mein lieber Juan, wird es mir sehr schwer fallen, diese Wege zu verlassen Ich war kindisch genug, um zu bewundern . Sie haben mich in die vergebliche Erwartung verleitet, dass Ruhm meine Arbeit begleiten und mein Land mein Stolz sein würde. Ich muss Sie nur auf die Kritiken verweisen vom letzten Monat, und Sie werden mich von der unangemessenen Instabilität freisprechen, – adieu der Muse für immer –, ich werde nie wieder eine Zeile veröffentlichen, solange ich lebe, und selbst die jetzt fertiggestellten Manuskripte werde ich vernichten.

„Vielleicht wird dies kein Verlust für die Welt sein, aber ich werde vielleicht die vielen fruchtlosen Stunden bereuen, die ich aufgewendet habe, um Gelegenheiten für Böswilligkeit und Verfolgung zu schaffen.

„In allen Lebensbereichen hatte ich das gleiche Pech, aber hier enden meine Beschwerden."

„Ich werde diesen Monat für ein paar Tage nach St. James's Place zurückkehren, um meinen Bruder zu treffen, der dann für eine sehr kurze Zeit nach York geht, und nach seiner Rückkehr (Ende November) reise ich ab. Das muss geheim bleiben, Denn zu meinem anderen Unglück gehört nicht nur der gesunde Menschenverstand, wie ich von 500 Pfund pro Jahr leben kann, wenn mich allein meine Reise (eine notwendige Ausgabe) 200 Pfund kostet Meine Werke haben sich gut verkauft, aber der Gewinn gehörte ihnen.

„Habe ich keinen Grund, mich zu ekeln, wenn ich sehe, wie der, von dem ich besseres Glück erwarten sollte, unwürdige Dinge mit Gefälligkeiten überhäuft und damit die Gier der Unwissenheit und Dummheit befriedigt , während ich, der ich Ansehen, einen vorteilhaften Beruf, Freunde, Mäzenatentum geopfert habe, Sind die strahlenden Stunden der Jugend und die bewusste Freude an korrektem Verhalten zu dem dürftigen Almosen verdammt, das jedem gleichgültigen Pagen zuteil wird, der seine mit Hermelinen besetzte Zeremonienschleppe hochhält?

„Du wirst sagen: ‚Warum belästige ich mich mit all dem?‘ Ich antworte: „Denn wenn ich in Frieden bin, bist du vielleicht im Besitz meiner wahren Gefühle und verteidigst meine Sache, wenn ich nicht die Macht dazu habe.“

„Meine Komödie war lange in den Händen eines Managers, aber ob sie jemals vorgezogen wird, muss die Zeit entscheiden. Wissen Sie, mein lieber Freund, was für Autoren in letzter Zeit von Managern bevorzugt wurden ; ihre Stücke wurden der Öffentlichkeit zugänglich gemacht, Trotz aller Vorzüge der Pracht muss ich zwei lange Jahre warten, ohne dass mir ein Prozess gewährt wird. Oh, ich bin der Welt und all ihrer Demütigungen überdrüssig . Behalte sie und erinnere dich daran, wie schlecht ich behandelt wurde.“

Acht Tage später schrieb sie derselben Freundin:

„In schlechter Stimmung habe ich Ihnen letzte Woche einen äußerst melancholischen Brief geschrieben. Ihre freundliche Antwort hat mich getröstet. Der Balsam reiner und uneigennütziger Freundschaft heilt immer wieder die Krankheit des Geistes, besonders wenn sie aus Abscheu vor der Undankbarkeit der Welt entsteht.“

Das Stück, auf das sie sich bezog, war wahrscheinlich das in der Fortsetzung ihrer Memoiren erwähnte Stück, das leider ein Misserfolg war. Bemerkenswert ist, dass die Hauptfigur der Farce von Frau Jordan gespielt wurde, die später Opfer eines königlichen Prinzen wurde, der sie in Armut und Exil sterben ließ.

Der Brief einer anderen großartigen Schauspielerin, Sarah Siddons, an John Taylor, zeigt Freundlichkeit und Mitgefühl gegenüber Perdita.

„Ich bin Mrs. Robinson zu großem Dank verpflichtet“, sagt Mrs. Siddons, „für ihre höfliche Aufmerksamkeit, mit der sie mir ihre Gedichte geschickt hat. Sagen Sie es ihr bitte mit meinen Komplimenten. Ich hoffe, die arme, charmante Frau hat sich von ihrem Sturz ganz erholt.“ Wenn sie auch nur halb so liebenswürdig ist wie ihre Schriften, werde ich mich nach der Möglichkeit sehnen, sie kennenzulernen, ich sage die Möglichkeit, denn das ganze Leben ist ein ständiges Opfer von Neigungen, deren Hingabe, wie lobenswert oder unschuldig sie auch sein mag, zunichtemachen würde die Bosheit und der Vorwurf jener umsichtigen Menschen, die niemals Böses tun, „sondern speisen und schlafen und dem abgestandenen Ritual einer urigen Zeremonie Bräuche einhalten“. Die charmante und schöne Mrs. Robinson: Sie tut mir aus tiefstem Herzen leid.“

Fast bis zuletzt behielt sie ihre Schönheit und freute sich darüber, ihre Freunde zu empfangen und von ihnen Neuigkeiten über die Welt zu erfahren, in der sie sich nicht mehr bewegen konnte. Sie lag auf ihrem Sofa im kleinen Salon ihres Hauses am St. James's Place und war der Mittelpunkt eines Kreises, der viele von denen umfasste, die sie in den Tagen ihrer Glanzzeit umgeben hatten, darunter der Prinz von Wales und sein Bruder, der Herzog von York.

Für Erstere verlieh ihr die Erinnerung möglicherweise einen Zauber, den die Jahre nicht völlig verdrängt hatten.

J. Fitzgerald Molloy.

FRAU. MARY ROBINSON

Zu der Zeit, als die antike Stadt Bristol von der Armee von Fairfax belagert wurde und die Truppen auf einer Anhöhe in der Nähe der Vororte stationiert waren, wurde ein großer Teil des ehrwürdigen Münsters durch die Kanonenschüsse zerstört, bevor Prinz Rupert sich dem Feind ergab; und die schöne gotische Struktur, die in diesem Moment den nachdenklichen Geist mit melancholischer Ehrfurcht erfüllt, wurde auf kaum mehr als die Hälfte des ursprünglichen Baumaterials reduziert. Angrenzend an den geweihten Hügel, dessen antiker Turm dem Zahn der Zeit trotzt, befand sich einst ein Kloster der Mönche des Augustinerordens. Dieses Gebäude war Teil der weitläufigen Grenzen, die vor den Angriffen des Feindes fielen, und wurde Teil der Ruine, die nie repariert oder in ihrer früheren gotischen Pracht wiedererweckt wurde .

An dieser Stelle wurde ein Privathaus teils einfacher, teils moderner Architektur errichtet. An der Vorderseite befand sich ein kleiner Garten, dessen Tore zum Minster Green (heute College Green) führten. Die Westseite wurde von der Kathedrale begrenzt und die Rückseite wurde von den alten Kreuzgängen des Augustinerklosters getragen. Es gibt kaum einen Ort, der besser geeignet ist, die Seele zu trauriger Meditation anzuregen, inmitten der Denkmäler der Antike.

In diesem ehrwürdigen Herrenhaus gab es eine Kammer, deren düstere und einzigartige Konstruktion keinen Zweifel daran ließ, dass sie Teil des ursprünglichen Klosters war. Es wurde von den modrigen Bögen des dunklen, gotischen Kreuzgangs gestützt , die sich zum Heiligtum des Münsters öffneten, nicht nur von Flügelfenstern, die ein trübes Mittagsdüster verbreiteten, sondern auch von einer schmalen Wendeltreppe, an deren Fuß sich eine mit Eisenspitzen versehene Treppe befand Die Tür führte auf den langen, düsteren Weg der klösterlichen Einsamkeit. Dieser Ort blieb im Jahr 1776 in der Situation, in der ich ihn beschreibe, und wird dies wahrscheinlich in einem verfalleneren Zustand bis heute bleiben.

In dieser ehrfurchtgebietenden Wohnung, die ich von nun an Minster House nennen werde, öffnete ich in einer stürmischen Nacht am 27. November 1758 zum ersten Mal meine Augen für diese Welt der Doppelzüngigkeit und des Kummers. Ich habe meine Mutter oft von einer stürmischen Stunde sagen hören, an die sie sich nie erinnern konnte. Der Wind pfiff um die dunklen Zinnen des Münsterturms, und der Regen prasselte in Strömen gegen die Fensterflügel ihres Gemachs. Das ganze Leben lang ist der Sturm in meine Fußstapfen getreten, und ich habe vergeblich nach einer kurzen Ruhepause von der Beharrlichkeit des Kummers gesucht.

In männlicher Linie stamme ich aus einer angesehenen Familie in Irland, deren ursprünglicher Name MacDermott war. Von einem irischen Anwesen hat mein Urgroßvater es in das von Darby umgewandelt. Mein Vater, der in Amerika geboren wurde, war ein Mann mit starkem Geist, hoher Lebensfreude und großer persönlicher Unerschrockenheit. Viele gut beglaubigte Anekdoten, die, da sie unwiderlegbar sind, nur als Hommage an seinen Ruhm und sein Andenken überliefert werden, werden im Verlauf dieser Memoiren diese Behauptung bestätigen.

Meine Mutter war das Enkelkind von Catherine Seys, einer der Töchter und Miterbinen von Richard Sey, Esq., von Boverton Castle in Glamorganshire. Die Schwester meiner Urgroßmutter namens Anne heiratete Peter, Lord King, den Neffen in weiblicher Linie des gelehrten und wahrhaft berühmten John Locke – ein Name, der Berühmtheit erlangt hat und keine übermäßige Lobrede zulässt.

Catherine Seys war eine Frau von großer Frömmigkeit und Tugend – ein Charakter, den sie auf ihre Tochter übertrug und der auch ihrer Schwester, Lady King, zu Recht zu verdanken ist.[1] Sie gab dieses Leben auf, als meine Großmutter noch ein Kind war Sie hinterließ eine einzige Tochter, deren Vater ebenfalls starb, als sie noch im Säuglingsalter war. Durch diesen Entzug der väterlichen Fürsorge wurde meine Großmutter zur *Élève* des Vaters ihrer Mutter und verbrachte den ersten Teil ihres Lebens auf dem Familienschloss in Glamorganshire. Von dieser Zeit bis zur Heirat meiner Mutter kann ich nur einen kurzen Bericht geben. Ich weiß nur, dass meine Großmutter, obwohl unglücklich verheiratet, bis in die letzte Zeit ihres Lebens eine Frau mit liebenswürdigen und einfachen Manieren, ungekünstelter Frömmigkeit und vorbildlicher Tugend war. Ich erinnere mich gut an sie; und ich spreche nicht nur aus Berichten, sondern aus meinem eigenen Wissen. Sie starb im Jahr 1780.

Meine Großmutter Elizabeth, die ich, ohne die Eitelkeit der Blutsverwandtschaft, als eine wirklich gute Frau bezeichnen darf, widmete zu Beginn ihres Lebens einen Großteil ihrer Zeit dem Studium der Botanik. Sie verbrachte häufig viele aufeinanderfolgende Monate bei Lady Tynt aus Haswell in Somersetshire, die ihre Patentante und die Lady Bountiful der umliegenden Dörfer war. Beseelt durch ein so herausragendes Beispiel, hatte die junge Elizabeth, die bemerkenswert gutaussehend war,[2] besondere Freude daran, die Alten, Bedürftigen und Gebrechlichen zu besuchen, die viele Meilen von Haswell entfernt lebten, und die Medikamente zuzubereiten, die ihnen nützlich waren die Krankheiten der Bauernschaft. Sie war die Ärztin des Dorfes und verging mit ihrer würdigen Patin selten einen Tag, ohne die Güte ihres Wesens zu beweisen.

Meine Mutter wurde in Bridgwater, Somersetshire, in dem Haus in der Nähe der Brücke geboren, das jetzt von Jonathan Chub, Esq., bewohnt wird, einem Verwandten meiner geliebten und betrauerten Eltern und einem Herrn, der aus anerkanntem Wert und mit starkem Verständnis fügt allen Errungenschaften eines Gelehrten und eines Philosophen einen überlegenen Anspruch auf Aufmerksamkeit hinzu.

Meine Mutter, die nie das war, was man eine schöne Frau nennen könnte, hatte in ihrer Jugend dennoch eine besonders gepflegte Figur und ein lebhaftes Auftreten, das ihr viele Verehrer einbrachte. Unter anderem bezahlte ein junger Herr aus gutem Hause namens Storr seine Adressen. Mein Vater war das Objekt der Wahl meiner Mutter, obwohl ihre Verwandten eher wünschten, dass sie eine eheliche Allianz mit Herrn S. eingehen würde. Der Konflikt zwischen Zuneigung und Pflicht wurde schließlich zugunsten meines Vaters entschieden , und der abgelehnte Liebhaber machte sich verzweifelt auf den Weg für Bristol. Von dort aus begab er sich wenige Tage nach seiner Ankunft auf einem Handelsschiff in einen entfernten Teil der Welt. und von dieser Stunde an erhielten wir keine Nachricht mehr über sein Schicksal oder Vermögen. Ich habe meine Mutter oft mit Bedauern und Trauer von diesem Herrn sprechen hören.

Meine Mutter war zum Zeitpunkt ihrer Heirat zwischen zwanzig und dreißig Jahre alt. Die Zeremonie wurde in Dunyatt in der Grafschaft Somerset durchgeführt. Mein Vater ließ sich kurz darauf in Bristol nieder, und im zweiten Jahr nach ihrer Verbindung wurde ein Sohn geboren, der sie segnen und ehren sollte .[3]

Drei Jahre nachdem meine Mutter eine Tochter namens Elizabeth zur Welt gebracht hatte, die im Alter von zwei Jahren und zehn Monaten an den Pocken starb. Im zweiten Winter nach diesem Ereignis, das selbst die liebevollsten Eltern tief getroffen hat, wurde ich geboren. Sie hatte später zwei Söhne: William, der im Alter von sechs Jahren starb; und George, der heute ein angesehener Kaufmann in Livorno in der Toskana ist.

Alle Nachkommen meiner Eltern waren in ihrer Kindheit ungewöhnlich hübsch, außer mir. Die Jungen waren blond und kräftig, mit kastanienbraunem Haar, hellblauen Augen und besonders lebhaften und liebenswerten Gesichtszügen; ich war dunkelhäutig; Meine Augen waren im Verhältnis zu meinem Gesicht, das klein und rund war, außerordentlich groß und zeigten Gesichtszüge, die besonders nachdenklich und melancholisch waren.

Der große Unterschied zwischen meinen Brüdern und mir in puncto persönlicher Schönheit trug dazu bei, dass ich mich bei meinen Eltern, insbesondere bei meinem Vater, dem ich sehr ähnelte, sehr beliebt machte. Die frühen Neigungen meines Lebens waren von romantischen und einzigartigen Merkmalen geprägt; Einige davon werde ich hier als Beweis dafür erwähnen, dass der Geist niemals von seiner ursprünglichen Ausrichtung abgelenkt werden darf und dass jedes Ereignis meines Lebens mehr oder weniger von den fortschreitenden Übeln einer zu scharfen Sensibilität geprägt war.

Das Kinderzimmer, in dem ich meine Kindheit verbrachte, lag so nahe am großen Seitenschiff des Münsters, dass die Orgel, deren tiefe Töne, begleitet von den Gesängen der Chorsänger, widerhallten, sowohl beim Morgen- als auch beim Abendgottesdienst deutlich zu hören war. Ich erinnere mich, mit welcher Freude ich zuhörte und wie sehr ich mich freute, wenn ich auf den Wendeltreppen sitzen durfte, die vom Mittelgang zum Kreuzgang führten. In diesem Moment kann ich mich an die Empfindungen erinnern, die ich damals erlebte – die Töne, die mein Herz zu erschüttern schienen, die Sehnsucht, die ich verspürte, meine schwache Stimme mit der vollen Hymne zu vereinen, und den schrecklichen, wenn auch erhabenen Eindruck, den der Gottesdienst nie hatte konnte meine Gefühle nicht ausdrücken. Während meine Brüder auf dem Rasen vor dem Münster spielten, erlaubte mir der Diener, der uns bediente, auf meine dringenden Bitten oft, unter dem großen Adler zu bleiben, der in der Mitte des Mittelgangs stand, um das Buch zu stützen, aus dem der Geistliche kam Lesen Sie die Lektionen des Tages; und selbst in den kältesten Jahreszeiten konnte mich nichts abhalten außer dem strengen Blick eines alten Mannes, den ich wegen der Farbe seines Bartes und seiner Gesichtsfarbe Black John nannte und dessen Beschäftigungen innerhalb der heiligen Bezirke die eines Glöckners waren und Küster.

Sobald ich lesen gelernt hatte, war es für mich eine große Freude, Grabinschriften und monumentale Inschriften zu lernen. Eine Geschichte von melancholischer Bedeutung erregte immer wieder meine Aufmerksamkeit; und bevor ich sieben Jahre alt war, konnte ich Popes „Zeilen zur Erinnerung an eine unglückliche Dame" richtig wiederholen; Masons „Elegie auf den Tod der schönen Gräfin von Coventry" und viele kleinere Gedichte zu ähnlichen Themen. Ich wurde dann zwei Jahre lang von verschiedenen Meistern besucht. Mr. Edmund Broadrip brachte mir Musik bei, und mein Vater schenkte mir eines von Kirkmans besten Cembali, um mich zum Nachahmen anzuregen. Selbst dort zeigte sich meine natürliche Geisteshaltung. Die einzige Melodie, die mir gefiel, war eine traurige und rührende Melodie. Zwei meiner frühesten Favoriten waren die berühmte Ballade von Gay, die mit „ 'Twas when the sea was roaring" begann, und die einfachen, pathetischen Strophen von „The Heavy Hours" des Dichters Lord Lyttelton . Obwohl mir die Natur nur eine kleine Stimme gegeben hatte, konnte ich diese im Alter von sieben Jahren so erbärmlich singen, dass meine Mutter es bis in die letzte Stunde ihres Lebens nicht ertragen konnte, Letzteres wiederholt zu hören. Sie erinnerten sie an die Sorgen, mit denen ich inzwischen schmerzlich Mitgefühl entwickeln konnte .

Die ersten Stunden des Internatsstudiums verbrachte ich unter der Anleitung der Misses More, Schwestern der Dame dieses Namens, deren Talente so oft gefeiert wurden.[4] Die Ausbildung ihrer jungen Schülerinnen wurde von den fünf Schwestern übernommen. „Vor meinem geistigen Auge" sehe ich sie jetzt vor mir; während sich jeder Umstand dieser frühen

Tage minutiös und unauslöschlich in mein Gedächtnis eingeprägt hat.

Ich erinnere mich an das erste Mal, dass ich einer dramatischen Aufführung beiwohnte: Es war die Wohltat dieses großen Schauspielers[5], der sich rasch auf die höchsten Pfade des Ruhmes zubewegte, als der Tod den Vorhang des Vergessens fallen ließ und die Szene für immer verschloss . Die Rolle, die er spielte, war König Lear; Seine Frau, die spätere Mrs. Fisher, spielte Cordelia, aber nicht mit genügend *Eklat* , um den Beruf zu einem Gegenstand ihrer zukünftigen Bemühungen zu machen. Die ganze Schule besuchte die Schule, und die beiden Töchter von Herrn Powel waren damals Schülerinnen der Misses More. Mrs. John Kemble, damals Miss P. Hopkins, war ebenfalls eine meiner Schulkameradinnen, ebenso wie die Tochter von Mrs. Palmer, früher Miss Pritchard, und später Mrs. Lloyd. Ich erwähne diese Umstände nur, um zu beweisen, dass mich die Erinnerung nicht täuscht.

In meinen frühen Tagen war mein Vater wohlhabend und meine Mutter die glücklichste aller Ehefrauen. Sie liebte ihre Kinder; Sie widmete ihre Gedanken und teilte ihre Zuneigung zwischen ihnen und dem zärtlichsten aller Ehemänner. Ich vertraue darauf, dass ihre Geister jetzt in glücklicheren Regionen leben, gesegnet und für immer wieder vereint sind .

Wenn im Verhalten meiner Mutter gegenüber ihren Kindern ein Fehler festgestellt werden konnte, dann der einer zu grenzenlosen Nachsichtigkeit, einer zu zärtlichen Fürsorge, die nur wenig dazu beitrug, ihre Brust gegen die ewigen Pfeile der tödlichen Wechselfälle zu wappnen. Die kommerziellen Belange meines Vaters waren von Wohlstand gekrönt. Sein Haus war von Gastfreundschaft geprägt, und seine Großzügigkeit wurde nur durch die Großzügigkeit des Glücks übertroffen : Jeder Tag steigerte seine Erfolge; Jede Stunde schien sein häusliches Glück zu steigern, bis ich mein neuntes Jahr erreichte, als eine ebenso plötzliche wie unglückliche Veränderung eintrat, in einem Moment, in dem jeder Luxus, jedes Glück nicht nur die Gegenwart erhellte, sondern auch zukünftiges Glück versprach . Meinem Vater wurde ein ebenso wilder und romantischer wie gefährlicher Plan vorgeschlagen, der nicht geringer war als der, an der Küste von Labrador eine Walfischerei einzurichten und die Esquimaux-Indianer zu zivilisieren , um sie dort zu beschäftigen umfangreiches Unterfangen. Zwei Jahre lang beschäftigte dieser exzentrische Plan seine Gedanken bei Tag, seine Träume bei Nacht: All das Lächeln des Wohlstands konnte den ruhelosen Geist nicht beruhigen , und obwohl er damit rechnete, Ruhm zu erlangen, dachte er kaum über die Gefahren nach, die sein Vermögen mit sich bringen würden.

versuchte vergeblich, meinen Vater davon abzubringen, seinen Lieblingsplan in die Tat umzusetzen. Im frühen Teil seiner Jugend war er an das Leben auf See gewöhnt worden, und da er als Amerikaner geboren wurde, war sein ruheloser Geist ständig mit Plänen zur Steigerung des Reichtums und der Ehre seines Heimatlandes beschäftigt, dessen Ruhm und Interesse damals vereint waren zu denen von Großbritannien. Nach vielen Erfolgsträumen und vielen Konflikten zwischen Klugheit und Ehrgeiz beschloss er, seinen Plan in die Tat umzusetzen; Die mächtige Hexerei nahm sein Gehirn in Besitz, und alle Überzeugungskräfte der Vernunft schrumpften vor ihrer Magie.

Erledigt von der wichtigen Angelegenheit begab sich mein fehlgeleiteter Elternteil in die Metropole und legte den Plan bei seiner Ankunft dem verstorbenen Earl of Hilsborough , Sir Hugh Palliser, dem verstorbenen Earl of Bristol, Lord Chatham (Vater des jetzigen Mr. William Pitt) vor. , der Kanzler Lord Northington, der mein Pate war, und mehrere andere ebenso angesehene Persönlichkeiten; Alle stimmten nicht nur dem Plan zu, sondern lobten auch den lobenswerten und öffentlichen Geist, der meinen Vater dazu veranlasste, ihn vorzuschlagen. Die Aussicht schien vielversprechend, und man ging davon aus, dass die Walfischerei in Labrador genauso produktiv sein würde wie die in Grönland. Die Geschäftsbeziehungen meines Elternteils waren von höchster Seriosität, während sein eigener Ruf für Wert und Integrität dem exzentrischen Unternehmen eine starke Sanktion verlieh.

Um diesen Plan zu ermöglichen, hielt mein Vater es für unbedingt notwendig, mindestens zwei Jahre in Amerika zu leben. Meine Mutter, die eine unbesiegbare Abneigung gegen das Meer verspürte, hörte seine Entschlossenheit mit Trauer und Entsetzen. Alle Überzeugungskräfte der Zuneigung konnten ihn nicht zurückhalten; Alle Bitten um Vernunft, Klugheit, eine liebevolle Frau und eine junge Familie erwiesen sich als wirkungslos. Mein Vater wollte unbedingt abreisen, und die unbezwingbare Schüchternheit meiner Mutter hinderte sie daran, seine Reisegefährtin zu sein. Aus dieser Epoche datiere ich die Sorgen meiner Familie.

Er segelte nach Amerika. Sein ältester Sohn, John, war zuvor in einem Kaufmannshaus in Livorno untergebracht. Meine jüngeren Brüder und ich blieben bei meiner Mutter in Bristol. Zwei Jahre betrug die begrenzte Zeit seiner Abwesenheit, und bei seiner Abreise war die Trauer meiner Eltern erwidert. Das Herz meiner Mutter platzte fast vor Kummer; Aber selbst der Tod wäre ihr lieber gewesen als die Schrecken, einen stürmischen Ozean zu überqueren und ihre Kinder zu verlassen, da mein Vater beschlossen hatte, meine Brüder und mich zur Ausbildung in England zurückzulassen.

Dennoch zeichneten die Annehmlichkeiten und sogar der Luxus des Lebens unsere Behausung aus. Die Zärtlichkeit der Zuneigung meiner Mutter ließ sie mit jeder Eleganz verschwenderisch sein; und die Lieblinge ihrer Brust wurden mit einer an Torheit grenzenden Zärtlichkeit angezogen, bedient, bewacht und verwöhnt. Meine Kleidung wurde aus London geschickt; meine Fantasie wurde im Ausmaß ihrer Launen verwöhnt; Ich fühlte mich geschmeichelt und gelobt, sodass ich glaubte, ein Wesen von höherer Ordnung zu sein. Zu singen, eine Lektion auf dem Cembalo zu spielen, eine Elegie zu rezitieren und verrückte Verse zu verfassen, machte den Umfang meiner Beschäftigungen aus, während sich meine Persönlichkeit verbesserte und die Nachsichtigkeit meiner Mutter fast beispiellos war.

Mein Vater war einige Jahre vor seiner Abreise nach Amerika aus dem Minster House ausgezogen und wohnte in einem größeren und für seine vergrößerte Familie bequemeren Gebäude. Diese Wohnung war elegant eingerichtet; all der Luxus an Tellern, Seidenmöbeln, ausländischen Weinen usw. bewies sein Wissen darüber, was es wert ist, genossen zu werden, und zeigte die herzliche Gastfreundschaft, die oft das Merkmal eines britischen Kaufmanns ist. Diese Neigung zu den guten Dingen der Welt beeinflusste sogar den Umgang mit den Annehmlichkeiten seiner Kinder. Das Bett, in dem ich schlief, war aus reichstem, purpurrotem Damast; Die Kleider, die wir trugen, waren aus feinstem Batist; Während der Sommermonate wurden wir wegen der reineren Luft nach Clifton Hill geschickt; und es war mir nie gestattet, in der Schule zu übernachten oder eine Nacht getrennt von der liebsten aller Mütter zu verbringen.

Viele Monate vergingen, und meine Mutter erhielt weiterhin die freundlichsten Briefe von diesem Ehemann, dessen überstürzter Plan sie mit Bedauern und Besorgnis erfüllte. Mit der Zeit wurden die Intervalle häufiger und länger. Die Bekundungen der Wertschätzung, die nicht mehr aus dem Herzen kamen, nahmen einen mühsamen Stil an und schienen eher die Bemühungen ehrenhafter Gefühle als die unfreiwillige Sprache vertraulicher Zuneigung. Meine Mutter spürte die Veränderung und ihr Leid war unendlich.

Schließlich weckte ein mehrmonatiges völliges Schweigen ihr Bewusstsein für den Kummer der Vernachlässigung, die Qual der Reue; sie beklagte sich nun über die Schüchternheit, die sie von der Brust ihres Mannes getrennt hatte, über die natürliche Zuneigung, die sie an ihre Kinder gebunden hatte; Denn während ihr Herz vor Kummer blutete und vor Angst klopfte, wurde das schreckliche Geheimnis gelüftet, und es stellte sich heraus, dass der Grund für das Schweigen meines Vaters eine neue Bindung war – eine Geliebte, deren widerspenstige Nerven dem stürmischen Ozean trotzen konnten und die dem zugestimmt hatte bleiben zwei Jahre bei ihm in der gefrorenen Wildnis Amerikas.

Diese Intelligenz hätte meine Mutter beinahe ausgelöscht, deren Geist zwar nicht stark organisiert , aber doch äußerst empfänglich war. Sie gab sich mit der Trauer ab. Ich war damals in einem Alter, in dem ich ihre Sorgen spüren und daran teilhaben konnte. Ich habe oft geweint, als ich sie weinen sah; Ich versuchte mein ganzes Geschick, sie zu beruhigen, aber vergebens; Auf den ersten Schock folgten Katastrophen anderer Art. Der Plan, mit dem mein Vater sein Vermögen begonnen hatte, scheiterte, die Indianer erhoben sich in einer Schar, brannten seine Siedlung nieder, ermordeten viele seiner Leute und ließen die Früchte ihrer Arbeit auf dem weiten und gnadenlosen Ozean treiben. Die edlen Förderer seines Plans täuschten ihn mit ihren Zusicherungen des Meeresschutzes, und die Insel der Verheißung bot ein Bild barbarischer Verwüstung. Auf dieses Unglück folgten schnell weitere kommerzielle Verluste; Und um den Ärger, der meiner Mutter schwer zu schaffen machte, zu vervollständigen, reichte ihr unbesonnener Mann einen Kaufvertrag für sein gesamtes Eigentum ein, mit dessen Vollmacht wir gezwungen waren, unser Haus zu verlassen und die angehäuften Wechselfälle zu ertragen, für die es scheinbar kein Heilmittel gab .

In dieser Zeit der Prüfung konnte meine Mutter durch diesen untrüglichen Prüfstein der Widrigkeiten beweisen, wer ihre wahren und uneigennützigen Freunde waren. Viele vergossen mit gespieltem Mitgefühl eine Träne – oder schienen vielmehr eine zu vergießen – über die Enttäuschungen unserer Familie; während andere mit bösartigem Triumph den teuren Stil verurteilten, in dem mein Vater seine Kinder erzogen hatte, die gediegene Eleganz, die die Kleidung und das Wohnen meiner Mutter geprägt hatte , und die Gastfreundschaft, die jetzt durch den undankbaren Beinamen verschwenderischer Üppigkeit gekennzeichnet war, aber was die offene Großzügigkeit des Herzens meines Vaters bewiesen hatte.

Zu dieser Zeit starb mein Bruder William. Er war erst sechs Jahre alt, aber ein vielversprechendes und äußerst liebenswertes Kind. Sein plötzlicher Tod infolge der Masern hätte meine Mutter beinahe ihrer Sinne beraubt. Sie war zutiefst betroffen; Doch nach einiger Zeit fand sie den Trost, der aus dem Schoß einer liebenswürdigen Freundin kam und ihr Kummer doppelt tröstete. Dieses Weibchen war eines der angesehensten ihres Geschlechts; Sie war die Witwe von Sir Charles Erskine und dann die Frau eines angesehenen Mediziners, der in Bristol lebte.

In der Gesellschaft von Lady Erskine erlangte meine Mutter nach und nach ihre innere Gelassenheit zurück, oder besser gesagt, sie wurde zu einer religiösen Resignation. Aber der Verlust ihres häuslichen Lebens durch den Tod war weniger schmerzhaft als das, was sie durch die Entfremdung der Zuneigung meines Vaters empfand. Sie hörte oft, dass er mit seiner Geliebten in Amerika lebte, bis sie nach Ablauf eines weiteren Jahres eine Vorladung erhielt, ihn in London zu treffen.

Die Sprache würde die unterschiedlichen Gefühle, die in ihrem Busen kämpften, nur schwach beschreiben. In dieser interessanten Zeit bereitete sie sich darauf vor, der eiskalten Verachtung oder den zerknirschten Blicken eines entfremdeten oder reuigen Ehemanns zu begegnen; In jedem Fall war ihre Situation voller erwarteter Trauer, denn sie liebte ihn zu zärtlich, um nicht einmal an der Qual seiner Reue teilzuhaben. In seinem Brief, der kühl und höflich war, wurde insbesondere darum gebeten, dass die Kinder die Begleiter ihrer Reise sein könnten. Wir fuhren in die Metropole.

Ich war damals noch nicht ganz zehn Jahre alt, obwohl ich so groß und körperlich gebaut war, dass ich für zwölf oder dreizehn hätte durchgehen können. Mein Bruder George war ein paar Jahre jünger. Bei unserer Ankunft in London begaben wir uns in die Unterkunft meines Vaters in Spring Gardens. Er empfing uns nach dreijähriger Abwesenheit mit einer Mischung aus Schmerz und Freude; Er umarmte uns unter Tränen und seine Stimme war kaum artikuliert. Die Aufregung meiner Mutter war unbeschreiblich; Bei ihrem Treffen erhielt sie eine kalte Umarmung – es war die letzte, die sie jemals von ihrem entfremdeten Ehemann erhielt.

Sobald die ersten Konflikte nachzulassen schienen, teilte mein Vater meiner Mutter mit, dass er entschlossen sei, meinen Bruder und mich auf einer Schule in der Nähe von London unterzubringen; dass er beabsichtige, in Kürze nach Amerika zurückzukehren, und dass er bereitwillig für die Unterbringung meiner Mutter in einer privaten und angesehenen Familie aufkommen würde. Diese Information schien ihren innenpolitischen Hoffnungen einen Todesstoß zu versetzen. Eine eiskalte, formelle, vorsätzliche Trennung von einer Frau, die sich keines Verbrechens schuldig gemacht hatte und so unschuldig wie ein Engel war, schien das Ausmaß entschiedenen Elends zu sein. Vergeblich versuchte meine Mutter, seinen Entschluss zu ändern und sein Herz zu einem milderen Urteil zu bewegen: Mein Vater war von einer verhängnisvollen Faszination fasziniert; Er war der Sklave einer jungen und listigen Frau, die seine amerikanische Einsamkeit ausgenutzt hatte, um seine Zuneigung zu seiner Frau und das Glück seiner Familie zu untergraben.

Diese Abweichung vom häuslichen Glauben war die einzige dunkle Nuance, die den Charakter meines Vaters kennzeichnete. Er besaß eine mutige, liberale, aufgeklärte und naive Seele. Er spürte die Unangemessenheit seines Verhaltens. Doch obwohl sein Geist stark organisiert war , obwohl sein Verständnis umfassend war und sein Ehrgefühl bis zur Peinlichkeit empfindlich war, war er immer noch der Betrüger seiner Leidenschaften, das Opfer einer unglücklichen Anhänglichkeit.

Wenige Tage nach unserer Ankunft in London wurden wir zur Ausbildung an einer Schule in Chelsea untergebracht. Die Leiterin dieses Seminars war vielleicht eine der außergewöhnlichsten Frauen, die jemals die Gesellschaft beehrt oder beschämt haben; ihr Name war Meriba Lorrington . Sie war die versierteste Frau, die ich je getroffen habe; Ihre geistigen Kräfte waren nicht weniger kultivierbar als überaus kultiviert. Ihr Vater, dessen Name Hull war, war seit ihrer Kindheit Leiter einer Akademie in Earl's Court in der Nähe von Fulham; und kurz nach dem Verlust seiner Frau beschloss er, seiner Tochter eine männliche Erziehung zu ermöglichen. Meribah wurde schon früh in alle modernen Errungenschaften sowie in klassisches Wissen eingewiesen. Sie war Meisterin der lateinischen, französischen und italienischen Sprachen; Man sagte, sie sei eine perfekte Arithmetikerin und Astronomin und beherrschte die Kunst des Malens auf Seide bis zu einem Grad von erlesener Perfektion. Aber leider! Trotz all dieser Vorteile war sie einem Laster verfallen, das ihre Fähigkeiten zeitweise so vollständig absorbierte, dass sie ihr jeglicher geistiger oder körperlicher Kraft beraubte. So wichen täglich und stündlich ihre überlegenen Kenntnisse, ihr aufgeklärter Verstand der Maßlosigkeit ihrer herrschenden Verliebtheit, und jede Fähigkeit zur Reflexion schien in der unweiblichen Neigung verloren zu gehen.

Alles, was ich je gelernt habe, habe ich von dieser außergewöhnlichen Frau gelernt. In den Stunden, in denen ihre Sinne nicht berauscht waren, hatte sie Freude daran, mich zu unterrichten. Sie hatte nur fünf oder sechs Schüler, und es war mein Schicksal, ihr besonderer Favorit zu sein . Außerhalb der Schule nannte sie mich immer ihre kleine Freundin und machte keine Skrupel, sich mit mir (manchmal die halbe Nacht, denn ich schlief in ihrem Zimmer) über häusliche und vertrauliche Angelegenheiten zu unterhalten. Ich empfand eine sehr aufrichtige Zuneigung zu ihr und hörte allen Lektionen, die sie mir beibrachte, mit besonderer Aufmerksamkeit zu. Ich erinnere mich, dass sie einmal das besondere Versagen erwähnte, das ein so intelligentes Wesen beschämte. Sie entschuldigte sich mit dem unnachahmlichen Bedauern eines verwitweten Herzens und erklärte mit Bedauern, dass sie in den Rausch floh, als die einzige Zuflucht vor dem Schmerz des vorherrschenden Kummers. Ich verbrachte mehr als zwölf Monate in der Obhut von Frau

Lorrington , während dieser Zeit wohnte meine Mutter bei einer Geistlichenfamilie in Chelsea. Ich bewarb mich strikt um das Studium und entwickelte eine Vorliebe für Bücher, die mich seitdem nie mehr verlassen hat. Mrs. Lorrington las mir nach der Schule häufig vor, und ich ihr. Manchmal ließ ich meiner Fantasie freien Lauf, indem ich Verse schrieb oder Rebusse komponierte, und meine Gouvernante versäumte es nicht, den jugendlichen Kompositionen, die ich ihr vorlegte, Beifall zu spenden. Einige davon, die ich kurz nach meiner Heirat aufbewahrt und in einem kleinen Band gedruckt habe, wurden geschrieben, als ich zwischen zwölf und dreizehn Jahre alt war; aber da die Liebe das Thema meiner poetischen Fantasien war, zeigte ich sie meiner Mutter erst, als ich sie veröffentlichen wollte.

Es war meine Gewohnheit, jeden Sonntagabend mit meiner Mutter Tee zu trinken. Bei einem dieser Besuche entwickelte ein Kapitän der britischen Marine, ein Freund meines Vaters, eine solche Vorliebe für meine Person und meine Manieren, dass ihm kurz darauf ein Heiratsantrag folgte. Meine Mutter war erstaunt, als sie das hörte, und sobald sie sich von ihrer Überraschung erholt hatte, fragte sie meinen Verehrer, wie alt er mich halte; Seine Antwort war: „Ungefähr sechzehn." Meine Mutter lächelte und teilte ihm mit, dass ich damals noch nicht ganz dreizehn sei. Er schien diesem Thema gegenüber skeptisch zu sein, bis er sich dieser Tatsache erneut sicher war, als er sich mit offensichtlichem Kummer verabschiedete, jedoch nicht ohne seine Hoffnung zum Ausdruck zu bringen, dass dies bei seiner Rückkehr nach England der Fall sein würde – denn er würde zwei Jahre bleiben ' Expedition, - ich sollte immer noch losgelöst sein. Einige Monate später sank sein Schiff auf See und dieser liebenswürdige, tapfere Offizier kam ums Leben.

Lorrington geblieben , als finanzielle Probleme sie dazu zwangen, ihre Schule aufzugeben. Die Manieren ihres Vaters waren außerordentlich abscheulich, ebenso wie sein Aussehen; denn er trug einen silbernen Bart, der bis zur Brust reichte; und eine Art persisches Gewand, das ihm das äußere Erscheinungsbild eines Nekromanten verlieh. Er war täuferischer Überzeugung und in seinen Gesprächen so streng, dass die jungen Schüler ständigem Schrecken ausgesetzt waren. Hinzu kam, dass das Versagen seiner Tochter so offensichtlich wurde, dass sie sich sogar während der Schulzeit häufig in einem Zustand bestätigter Trunkenheit befand. Diese Ereignisse trugen zur Auflösung des Establishments bei, und kurz darauf wurde ich in ein Internat in Battersea gebracht.

Die Leiterin dieses Seminars, Frau Leigh, war eine lebhafte, vernünftige und gebildete Frau; Ihre Tochter war nur ein paar Jahre älter als ich und äußerst liebenswürdig und liebenswert. Hier wäre ich vielleicht glücklich gewesen, aber die Nachlässigkeit meines Vaters, Geld zu schicken, und die Angst meiner Mutter vor finanziellen Unannehmlichkeiten veranlassten sie, mich zu entfernen; Mein Bruder blieb jedoch immer noch in Chelsea unter der Obhut von Reverend Mr. Gore.

Es vergingen mehrere Monate und es kam keine Überweisung von meinem Vater an. Ich war jetzt fast vierzehn Jahre alt, und meine Mutter begann die Wechselfälle vorherzusehen, denen meine Jugend ausgesetzt sein würde, ungeschützt, liebevoll erzogen und ohne die Vorteile des Glücks. Der undurchführbare Plan meines Vaters hatte sein Vermögen verarmt und seine Kinder des Wohlstands beraubt, der ihnen in ihrem Leben zuteil wurde in der Fantasie hatte man ihnen beigebracht, zu hoffen. Ich kann nicht über meine eigene Person sprechen, aber meine teilweisen Freunde waren zu geneigt, mir zu schmeicheln. Ich hatte von Natur aus einen nachdenklichen und melancholischen Charakter; Meine Überlegungen zu den Veränderungen im Schicksal verliehen mir häufig einen Ausdruck der Niedergeschlagenheit, der vielleicht ein Interesse hervorrief, das über das hinausging, was die Lebhaftigkeit oder Blüte der Jugend hätte wecken können.

Ich habe meine Mutter verehrt. Sie war die sanfteste und harmloseste aller Sterblichen; ihr Temperament war heiter, ihr Herz unschuldig; Sie betrachtete ihre Kinder als vaterlos und beschloss, sie mit ehrenhaften Mitteln zu unterstützen. Zu diesem Zweck wurde in Little Chelsea ein praktisches Haus für ein Dameninternat gemietet und eingerichtet. Es wurden Assistenten aller Art eingestellt, und man hielt mich für würdig, einen Beruf auszuüben, der meiner Selbstliebe schmeichelte und meinem Geist eine Art häusliche Konsequenz einbrachte. Die englische Sprache war meine Abteilung im Seminar, und ich durfte Passagen sowohl in Prosa als auch in Versen für das Studium meiner kleinen Schüler auswählen. Es war auch meine Aufgabe, die Aufsic über ihre Garderoben zu übernehmen, zuzusehen, wie sie von den Dienern oder Halbpensionären an- und ausgezogen wurden, und an Heiligentagen und Sonntagabenden heilige und moralische Lektionen zu lesen.

Kurz nachdem meine Mutter sich in Chelsea niedergelassen hatte, hörte ich an einem Sommerabend, als ich am Fenster saß, einen tiefen Seufzer, oder vielmehr ein angstvolles Stöhnen, das plötzlich meine Aufmerksamkeit erregte. Die Nacht rückte schnell näher, und ich schaute zum Tor vor dem Haus, wo ich eine Frau bemerkte, die offensichtlich unter übermäßigem Kummer litt ; Ich stieg sofort hinab und näherte mich ihr. Sie brach in Tränen aus und fragte, ob ich sie nicht kenne. Ihr Kleid war zerrissen und schmutzig; sie war fast nackt; und eine alte Haube, die ihr Gesicht fast verbarg, entstellte ihre Gesichtszüge so völlig, dass ich nicht die geringste Ahnung von der Person hatte, die damals fast vor mir versank. Ich gab ihr einen kleinen Geldbetrag und erkundigte mich nach der Ursache ihrer offensichtlichen Qualen. Sie nahm meine Hand und drückte sie an ihre Lippen. „Süßes Mädchen", sagte sie, „du bist immer noch der Engel, den ich je gekannt habe!" Ich war erstaunt. Sie hob ihre Haube – ihre schönen dunklen Augen begegneten meinen. Es war Frau Lorrington . Ich führte sie ins Haus; Meine Mutter war nicht zu Hause. Ich nahm sie mit in mein Zimmer und kleidete und tröstete sie mit Hilfe einer Dame, die unsere Französischlehrerin war. Sie weigerte sich zu sagen, warum sie in eine so beklagenswerte Situation geraten war, und verabschiedete sich. Vergeblich flehte ich sie an, beschwor sie, mir mitzuteilen, wohin ich sie schicken könne. Sie weigerte sich, mir ihre Adresse zu geben, versprach aber, dass sie mich in ein paar Tagen erneut besuchen würde. Es ist unmöglich, das erbärmliche Aussehen dieser vollendeten Frau zu beschreiben! Das Versagen, dem sie jetzt nachgegeben hatte, wie vor einem Monster, das sie zerstören würde, war bereits in dem Moment offensichtlich, als sie mit mir sprach. Ich habe sie nicht mehr gesehen; Aber zu meinem unendlichen Bedauern wurde mir einige Jahre später mitgeteilt, dass sie im Arbeitshaus von Chelsea gestorben war, die Märtyrerin eines vorzeitigen Verfalls, der durch die Befriedigung ihrer Neigung zum Rausch verursacht wurde!

Die Zahl der Schüler meiner Mutter belief sich in wenigen Monaten auf zehn oder zwölf, und gerade zu einer Zeit, als eine ehrenhafte Unabhängigkeit die Tage eines beispiellosen Elternteils zu bereichern versprach, kehrte mein Vater unerwartet aus Amerika zurück. Sein Seelenstolz wurde durch den Schritt meiner Mutter zutiefst verletzt; er fühlte sich sogar über die Grenzen der Vernunft hinaus beleidigt: Er empfand seinen Namen als blamiert, seinen ehelichen Ruf als geschädigt durch die öffentliche Art, wie seine Frau der Welt ihre ungeschützte Situation offenbarte. Niemals pochte ein stolzeres Herz in der Brust eines Menschen als das meines Vaters: Hartnäckig auf Ruhm bedacht, leidenschaftlich in der Verfolgung visionärer Pläne, konnte er die Enthüllung seines veränderten Vermögens nicht ertragen; während Hope ihn immer noch mit ihrem schmeichelhaften Versprechen betörte, dass die Zeit seine Projekte begünstigen würde und das Glück ihn irgendwann in der Zukunft mit Erfolg belohnen würde.

Nach Ablauf von acht Monaten löste meine Mutter auf den ausdrücklichen Befehl meines Vaters ihr Geschäft auf und kehrte nach London zurück. Sie engagierte sich für eine Unterkunft in der Nähe von Marylebone. Mein Vater wohnte damals in der Green Street, Grosvenor Square. Seine Versorgung für seine Familie war dürftig, seine Besuche selten. Er schmiedete einen neuen Plan bezüglich der Küste Labradors, an dessen Einzelheiten ich mich nicht erinnere, und all sein Eifer, gepaart mit all seinem Interesse, wurde eingesetzt, um dessen Verwirklichung voranzutreiben. Meine Mutter, die wusste, dass mein Vater öffentlich bei seiner Geliebten wohnte, hoffte nicht einmal auf seine erwiderte Zuneigung. Sie widmete sich ihren Kindern und ertrug ihre Sorgen mit der Geduld bewusster Rechtschaffenheit.

Zu dieser Zeit besuchte uns mein Vater häufig und begleitete mich oft, während wir auf den Feldern in der Nähe von Marylebone spazieren gingen. Seine Gespräche waren im Allgemeinen häuslicher Natur, und er beklagte immer diese verhängnisvolle Bindung, die nun zu stark durch Zeit und Verpflichtungen gefestigt war, als dass sie jemals aufgelöst werden könnte, ohne dass für Elenor, wie die Geliebte meines Vaters hieß, ausreichend gesorgt wurde. Bei einem unserer Morgenspaziergänge besuchten wir den Earl of Northington, da mein Vater seiner Lordschaft ein geschäftliches Geschäft mitzuteilen hatte. Lord Northington residierte damals am Berkeley Square, zwei Türen von der Hill Street entfernt, in dem Haus, das heute von Lord Robert Spencer bewohnt wird.

Wir wurden mit größter Aufmerksamkeit und Höflichkeit empfangen (ich wurde als Patentochter des verstorbenen Kanzlers Lord Northington vorgestellt), und einige Tage später wurde mein Vater zum Abendessen bei Seiner Lordschaft eingeladen. Von dieser Zeit an sah ich Lord Northington häufig und empfand von ihm stets die schmeichelhafteste und erfreulichste Höflichkeit. Ich war damals ein Kind, nicht älter als vierzehn Jahre.

Den Abschluss meiner Ausbildung erhielt ich im Oxford House, Marylebone. Zu diesem Zeitpunkt war ich nur wenige Monate alt, fünfzehn Jahre alt, groß und fast so groß, wie meine teilweisen Freunde, die wenigen, deren Zuneigung mich seit meiner Kindheit begleitet hat, sich an mich erinnern. Meine frühe Liebe zur lyrischen Harmonie hatte mich zu einer Vorliebe für die erhabeneren Szenen der dramatischen Poesie geführt. Ich nutzte jede freie Minute, um Verse zu schreiben; Ich bildete mich sogar ein, eine Tragödie komponieren zu können, und habe mich mehr als einmal erfolglos an dem mühsamen Unterfangen versucht.

Der Tanzmeister am Oxford House, Mr. Hussey, war damals Ballettmeister am Covent Garden Theatre. Mrs. Hervey, die Gouvernante, erwähnte, dass ich ein außergewöhnliches Talent für dramatische Darbietungen besitze. Meine Figur war für mein Alter beeindruckend, und (die finanziellen Schwierigkeiten meines Vaters wurden durch das Scheitern eines anderen amerikanischen Projekts noch verstärkt) wurde meine Mutter gefragt, ob es angebracht sei, die Bühne zu meinem Beruf zu machen. Viele zitierten Beispiele von Frauen, die selbst in dieser gefährlichen und schwierigen Situation einen unbefleckten Ruhm bewahrten, veranlassten sie dazu, auf den Vorschlag zu hören und zuzulassen, dass ich einen Meister der Kunst befragte, ob ich in der Lage sei, eine Zierde für das Theater zu werden .

Vor dieser Idee hatte mein Vater England erneut verlassen. Er verließ seine Frau mit der Zusicherung guten Willens, seine Kinder mit all den Qualen des elterlichen Bedauerns. Als er sich von meiner Mutter verabschiedete, lauteten seine eindringlichen Worte – ich werde sie nie vergessen – „Pass auf, dass meiner Tochter keine Schande widerfährt. Wenn sie bei meiner Rückkehr nicht in Sicherheit ist, werde ich dich vernichten!" Meine Mutter hörte die strenge Aufforderung und zitterte, als er sie wiederholte.

Aufgrund meines Wunsches, auf der Bühne aufzutreten, wurde ich Herrn Hull[6] vom Covent Garden Theatre vorgestellt; Anschließend wohnte er in der King Street in Soho. Er hörte, wie ich einige Passagen aus der Figur der Jane Shore aufsagte, und schien von meinem Versuch begeistert zu sein. Kurz darauf wurde ich von einem Freund meiner Mutter Herrn Garrick vorgestellt;[7] Herr Murphy,[8] der berühmte dramatische Dichter, war einer der Teilnehmer, und wir verbrachten den Abend im Haus des britischen Roscius im Adelphi. Im letzten Jahr verlieh er dem Beruf durch sein öffentliches Auftreten Ehre. Die Lobreden von Herrn Garrick waren äußerst erfreulich. Er beschloss, dass er bei der Verhandlung am ersten Abend mit mir im selben Stück auftreten würde; aber welche Rolle ich für mein Debüt wählen sollte, war eine schwierige Frage. Ich war zu jung für alles, was über den mädchenhaften Charakter hinausging, und die Würde der Tragödie bot nur wenige Gelegenheiten, solch jugendliche Talente zur Schau zu stellen. Nach einigem Zögern entschied sich mein Nachhilfelehrer für Cordelia. Sein eigener Lear kann niemals vergessen werden.

Erst als alles für mein Erscheinen vorbereitet war, machte der letzte feierliche Befehl, den mein Vater so nachdrücklich ausgesprochen hatte, den Entschluss meiner Mutter beinahe zunichte. Sie fürchtete die Gefahren, die Versuchungen, denen ein ungeschütztes Mädchen in einer so öffentlichen Situation ausgesetzt sein würde; während meine glühende Fantasie damit beschäftigt war, über tausend Triumphe nachzudenken, in denen meine Eitelkeit öffentlich befriedigt werden würde, ohne das geringste Opfer meines privaten Charakters.

Während dieser Plan in Planung war, war ich eines Abends mit meiner Mutter und einer kleinen Gruppe ihrer Freunde im Drury Lane Theater, als ein Beamter die Loge betrat. Sein Blick war auf mich gerichtet, und seine beharrliche Aufmerksamkeit überwältigte mich schließlich fast vor Verwirrung. Nachdem die Unterhaltung beendet war, machten wir uns auf den Weg. Der Fremde folgte uns. Zu dieser Zeit wohnte meine Mutter in Southampton Buildings, Chancery Lane, um den Schutz zu genießen, den ein ehrwürdiger und respektabler Freund in einem Moment bot, als es so notwendig war. Dieser Freund war der verstorbene

Samuel Cox, Esq., der enge Freund von Mr. Garrick und eine Ehre für die Gesetze, deren angesehener Professor er war.

Es war Mr. Garricks besondere Bitte, dass ich das Theater so oft wie möglich besuchen würde, bis der Termin für meinen Auftritt auf der Bühne festgesetzt wurde. Ich hatte gerade mein fünfzehntes Lebensjahr vollendet und mein kleines Herz pochte vor Ungeduld für die Stunde der Prüfung. Mein Lehrer war äußerst zuversichtlich in seinen Erwartungen an meinen Erfolg, und jede Probe schien seine schmeichelhafte Meinung zu stärken.

Es geschah, dass mir mehrere Abende später der fremde Offizier, dessen Namen ich aus Rücksicht auf seine Familie nicht nennen möchte, zum und vom Theater folgte. Es war vergebens, dass er seine Aufmerksamkeit in der Loge schenkte; Das Stirnrunzeln und die eifrige Fürsorge meiner Mutter wiesen sie wirkungsvoll zurück. Aber die Beharrlichkeit eines schlechten Geistes bei der Ausführung einer schlechten Tat darf nicht unterdrückt werden. Ein Brief wurde geschrieben und mir durch die Hände einer Dienerin übermittelt; Ich habe es geöffnet; Ich habe eine Erklärung der glühendsten Liebe gelesen. Der Schriftsteller erklärte sich zum Sohn von Lady … und bot ihm die Heirat an; er war anmutig und gutaussehend. Ich übergab den Brief sofort an meine Mutter, und kurz darauf wurde ihm von einem Bekannten eine feierliche Zeremonie überreicht.

Der Gedanke an meinen Auftritt auf der Bühne schien diesen versierten Verehrer abzulenken. Meine Mutter, die ein dramatisches Leben nur zur Hälfte befürwortete, neigte mehr als zur Hälfte dazu, die Ansprachen des Kapitäns zu bevorzugen . Der Befehl meines Vaters prägte sich ihr von Stunde zu Stunde unauslöschlicher ein; Sie kannte seinen strengen und unbesiegbaren Sinn für Ehre zu gut, um den Gedanken zu wagen, ihn zur Rache zu erwecken.

Nach kurzer Zeit bediente der Freund, der den Kapitän vorgestellt hatte, meine Mutter und teilte ihr nach einigem Zögern mit, dass er um meine Sicherheit besorgt war und von dem großzügigen Wunsch getrieben war, mich vor der List seines Mitarbeiters zu schützen Liebhaber war bereits verheiratet; dass er eine junge und liebenswürdige Frau in einem Schwesterkönigreich hatte und dass er eine teuflische List befürchtete, um meine Ehre in den Bann zu ziehen . Die

Bestürzung meiner Mutter war grenzenlos. Das wichtige Geheimnis wurde mir mitgeteilt, und ich bedauerte den Verlust meines Mannes kaum, als ich darüber nachdachte, dass eine eheliche Verbindung mich gezwungen hätte, meinen Theaterberuf aufzugeben.

Ich hatte zu dieser Zeit auch einen anderen erklärten Bewunderer, einen Mann mit prächtigem Vermögen, der aber fast alt genug war, um mein Großvater zu sein. Diesen Anzug würde ich mir nie anhören; und das Drama, das entzückende Drama schien das eigentliche Kriterium allen menschlichen Glücks zu sein.

Mittlerweile war ich bei jedem Theaterauftritt Gegenstand der Aufmerksamkeit. Ich war zu oft in der Öffentlichkeit gewesen, um nicht beobachtet zu werden, und es hieß, ich sei der jugendliche Schüler von Garrick, der versprochenen Cordelia. Mein Mensch verbesserte sich täglich; doch eine Art würdevolles Auftreten, das ich mir als Kind angeeignet hatte, schützte mich wirksam vor den Anfällen von Unverschämtheit oder Neugier. Garrick war von allem, was ich tat, begeistert. Manchmal tanzte er mit mir ein Menuett, manchmal bat er mich, die Lieblingsballaden des Tages zu singen; aber der Umstand, der ihm am meisten gefiel, war mein Tonfall, von dem er mir oft erzählte, dass er dem seines Lieblings- Cibber sehr ähnlich sei.[9]

Nie werde ich die bezaubernden Stunden vergessen, die ich in Mr. Garricks Gesellschaft verbracht habe; Er schien mir jemand zu sein, der mehr Ehrfurcht und Anziehungskraft besaß als jeder andere Mann, den ich jemals traf. Sein Lächeln war faszinierend, aber sein Tonfall hatte zeitweise einen unruhigen, verdrießlichen Ton, der seine Zuhörer übermäßig berührte; Zumindest hat es mich so berührt, dass ich es nie vergessen werde.

Gegenüber dem Haus, in dem ich wohnte, lebte John Vernon, Esq., ein angesehener Anwalt. Ich beobachtete einen jungen Insassen seiner Wohnung, der mich häufig mit überdurchschnittlicher Aufmerksamkeit beobachtete. Er war von Natur aus gutaussehend, und sein Gesicht war von einer Art Trägheit getrübt, einer Krankheitswirkung, die es besonders interessant machte. Wenn ich mich dem Fenster unseres Wohnzimmers näherte, verneigte sich dieser junge Beobachter oft oder wandte sich offensichtlich gerührt ab. Ich erzählte meiner Mutter den Vorfall, und von da an waren die unteren Fensterläden unserer Fenster ständig geschlossen. Der junge Anwalt erregte oft meine Heiterkeit und die Empörung meiner Mutter; und die Anweisung meines Vaters wurde von ihr oft wiederholt, mit dem Zusatz ihres Wunsches, dass ich „einmal gut verheiratet" sei.

Jede Aufmerksamkeit, die mir jetzt geschenkt wurde, verstärkte die Befürchtungen meiner lieben Mutter. Sie stellte sich vor, jeder Mann sei ein Verführer und jede Stunde häufe sich die Gefahr! Ich weiß, was sie fühlen musste, denn das Wesen, das mein sensibles und ständig schmerzendes Herz geformt hat, weiß, dass ich es seitdem gefühlt habe.

Unter anderen Freunden, die meine Mutter regelmäßig besuchten, befand sich einer, ein Mr. Wayman, ein Anwalt, von dem sie die höchste Meinung hatte. Er zeichnete sich durch die Schirmherrschaft von Mr. Cox aus und sein Ruf erforderte keinen weiteren Nachweis. Eines Abends wurde für den folgenden Sonntag eine sechsköpfige Gruppe vorgeschlagen; Mit viel Überzeugungsarbeit stimmte meine Mutter zu, hinzugehen und zuzulassen, dass auch ich sie betreue. Als Ort für das Abendessen wurde Greenwich festgelegt und wir bereiteten uns auf den Erholungstag vor. Damals war es Mode, Seide zu tragen. Ich erinnere mich, dass ich ein Nachthemd aus blassblauem Glanz trug , dazu einen Chiphut, der mit gleichfarbigen Bändern besetzt war . Noch nie war ich zu meiner eigenen Zufriedenheit so perfekt gekleidet; Ich erwartete einen Tag voller Bewunderung. Der Himmel kann bezeugen, dass es für mich ein Tag des tödlichen Sieges war!

Als wir im „Star and Garter" in Greenwich Halt machten, war die Person, die mich aus der Kutsche abholte, unser Nachbar in Southampton Buildings. Ich war verwirrt, aber meine Mutter war empört. Mr. Wayman stellte mir seinen jungen Freund vor – den Freund, der dazu bestimmt war, mein Ehemann zu sein!

Unsere Gruppe aß zu Abend und am frühen Abend kehrten wir nach London zurück. Herr Robinson blieb zum Wohle der Luft in Greenwich, da er sich kürzlich von einem Krankheitsanfall erholt hatte. Im weiteren Verlauf des Abends ging Mr. Wayman ausführlich auf die vielen guten Eigenschaften seines Freundes Mr. Robinson ein: Er sprach von seinen zukünftigen Erwartungen an einen reichen alten Onkel; seines wahrscheinlichen beruflichen Aufstiegs; und vor allem von seiner begeisterten Bewunderung für mich.

Ein paar Tage später stattete Herr Robinson meiner Mutter einen Besuch ab. Wir waren inzwischen in die Villars Street, York Buildings umgezogen. Die Vorliebe meiner Mutter für Bücher mit moralischem und religiösem Charakter blieb meiner neuen Geliebten nicht verborgen, und elegant gebundene Ausgaben von Herveys „Meditationen" sowie einige andere mit ähnlicher Beschreibung wurden mir als kleine Zeichen der Bewunderung und des Respekts überreicht. Meine Mutter war von diesen kleinen interessanten Aufmerksamkeiten fasziniert und verspürte bald eine starke Vorliebe für Mr. Robinson.

positive Meinung meiner Mutter ; bis Mr. Robinson zu einem so großen Liebling wurde , dass er ihr als das vollkommenste aller existierenden Wesen vorkam. Gerade zu dieser Zeit erkrankte mein Bruder George an den Pocken; meine Mutter vergötterte ihn; er war gefährlich krank. Mr. Robinson war unermüdlich in seinen Aufmerksamkeiten, und mein Auftritt auf der Bühne wurde auf die Zeit seiner vollkommenen Genesung verschoben. Tag und Nacht widmete sich Mr. Robinson der Aufgabe, meine Mutter zu trösten und sich um ihren lieben Jungen zu kümmern; Stündlich und sogar vorübergehend wiederholte meine Mutter Herrn Robinsons Lob mit Begeisterung. Er war „der netteste, beste aller Sterblichen"! am wenigsten von weltlichen Torheiten abhängig und von allen anderen der Mann, den sie wie einen Schwiegersohn verehren sollte.

Mein Bruder erholte sich zu der Zeit, als ich an seiner Krankheit erkrankte. Ich verspürte wenig Angst vor dem Herannahen einer gefährlichen und deformierenden Krankheit; denn ich weiß nicht warum, aber persönliche Schönheit war für mich nie ein Gegenstand materieller Sorge. Jetzt setzte Mr. Robinson seine ganze Entschlossenheit ein, um meine Zuneigung zu gewinnen; Als eine destruktive Störung meine Gesichtszüge und die wenigen Gnaden, die die Natur ihnen verliehen hatte, bedrohte, bekundete er eine desinteressierte Zuneigung; Jeden Tag war er mit dem Eifer eines Bruders anwesend, und dieser Eifer hinterließ einen Eindruck der Dankbarkeit in meinem Herzen, das die Quelle all meiner späteren Sorgen war.

Während meiner Krankheit beeinflusste Mr. Robinson die Gefühle meiner Mutter so stark, dass sie mich dazu überredete, ihm zu versprechen, ihm meine Hand zu geben, falls ich genesen sollte. Die Worte meines Vaters wurden oft wiederholt, nicht ohne Anspielungen darauf, dass ich aus blinder Vorliebe für den freizügigen Kapitän meine bereitwillige Zustimmung zu einer Verbindung mit Mr. Robinson verweigerte –. Wiederholt gedrängt und stündlich an das Gelübde meines Vaters erinnert, stimmte ich schließlich zu, und die Aufgebote wurden veröffentlicht, während ich noch im Krankenbett lag. Ich war damals in meinem sechzehnten Lebensjahr erst ein paar Monate fortgeschritten.

Meine Mutter, deren Zuneigung zu mir grenzenlos war, trotz ihrer Hoffnungen, dass ich ein Bündnis eingehen würde, das Glück hervorbringen würde, empfand immer noch den größten Schmerz bei dem Gedanken an unsere bevorstehende Trennung. Sie war den Zuneigungen ihres Mannes entfremdet; Sie hatte all ihre größten Hoffnungen in der Gesellschaft ihrer einzigen Tochter gehegt; Sie wusste, dass kein irdisches Vergnügen den Verlust dieser süßen Sympathie ausgleichen kann, die das Band der Einheit zwischen Kind und Eltern darstellt. Ihr Bedauern war so offensichtlich, dass es unendlich war, und um jedes Hindernis aus dem Weg zu räumen, das diese Überlegung unserer Heirat in den Weg stellen könnte, schlug Mr. Robinson ihr freiwillig vor, bei uns zu wohnen. Er behauptete, ich sei zu jung und unerfahren, um mich um häusliche Angelegenheiten zu kümmern; und obwohl er *der Rüstung* meiner Mutter schmeichelte , erbat er ihre Hilfe eher als Opfer für sein Interesse und nicht als Verpflichtung, die ihr auferlegt wurde.

Die Aufgebote wurden an drei aufeinanderfolgenden Sonntagen in der St.-Martins-Kirche veröffentlicht, und der Tag unserer Hochzeit wurde festgelegt: der zwölfte April. Erst als alle Vorbereitungen getroffen waren, schlug Mr. Robinson offenbar mit großer Aufregung die Notwendigkeit vor, unsere Verbindung geheim zu halten. Ich war über den Vorschlag erstaunt; Es wurden jedoch zwei Gründe dafür angeführt, dass er es geschafft hatte, und beide schienen plausibel; Das erste war, dass Mr. Robinson noch drei Monate abzusitzen hatte, bevor seine Artikel an die Herren Vernon und Elderton abliefen; und das zweite war die Hoffnung einer jungen Dame, mit Mr. Robinson eine eheliche Verbindung einzugehen, sobald diese Zeit gekommen wäre. Der letztere Grund beunruhigte mich, aber ich wurde feierlich versichert, dass die Dame die ganze Zuneigung wertschätzte; dass Mr. Robinson der Idee einer solchen Ehe besonders abgeneigt war und dass seine Unabhängigkeit ihn, sobald er volljährig geworden wäre, der Kontrolle irgendeiner Person entziehen würde.

Ich schlug nun vor, unseren Hochzeitstag auf diesen Zeitraum zu verschieben. Ich wandte ein, dass ich mich für zu jung halte, um mich den Sorgen und wichtigen Pflichten des häuslichen Lebens zu stellen; Ich schreckte vor dem Gedanken zurück, dass alles geheim sei, und rechnete mit tausend schlimmen Folgen, die eine verdeckte Ehe mit sich bringen könnte. Meine Skrupel schienen Mr. Robinsons Ungeduld auf die Zeremonie, die mich für immer zu seinem machen sollte, nur noch zu steigern . Er verdeutlichte meiner Mutter gegenüber die Missbilligung, die mein Vater immer wieder zum Ausdruck bringen würde, wenn ich lieber ein Theaterleben führe, als mich auf eine ehrenhafte und wohlhabende Beziehung einzulassen. Er wirkte so stark auf die Leichtgläubigkeit meiner geliebten Eltern ein, dass sie sich entschieden für seine Meinung entschied. Meine Jugend, meine Person stellte er als die dazu bestimmtsten Fallstricke meiner Ehre auf einer öffentlichen Bühne dar, wo alle Reize der mimischen Szene sich vereinen würden, um mich zu einem faszinierenden Objekt zu machen. Er überzeugte sie auch davon, dass meine Gesundheit durch die Strapazen und Strapazen des Berufs beeinträchtigt werden würde und dass ich wahrscheinlich dazu gebracht werden könnte, einen Mann zu heiraten, der es nicht gutheißen würde, wenn eine Mutter Teil unseres häuslichen Establishments wäre.

Diese Umstände wurden wiederholt zugunsten der Gewerkschaft geltend gemacht. Dennoch empfand ich bei dem Gedanken an eine heimliche Ehe einen fast instinktiven Widerwillen. Meine Mutter, deren elterliche Zuneigung immer auf meine Sicherheit bedacht war, glaubte nun, dass meine Einwände von einer festen Vorliebe gegenüber dem freizügigen Kapitän herrührten, der, obwohl er nicht die Kühnheit hatte, sich vor meiner Mutter zu präsentieren, darauf beharrte, mir zu schreiben , und indem er mir folgte, wann immer ich in der Öffentlichkeit auftrat. Ich habe nie mit ihm gesprochen, nachdem meiner Mutter die Geschichte seiner Ehe erzählt worden war; Ich korrespondierte nie mit ihm, empfand aber eine entschiedene und stolze Empörung, wann immer sein Name in meiner Gegenwart erwähnt wurde.

Mein Auftritt auf der Bühne war von Zeit zu Zeit verschoben worden, bis Mr. Garrick ungeduldig wurde und meine Mutter um Erlaubnis bat, den Abend des wichtigen Prozesses zu organisieren. Jetzt waren sich Mr. Robinson und meine Mutter einig, mich davon zu überzeugen, mein Projekt aufzugeben; und drei Tage lang wurde ich so ständig über dieses Thema gequält, so lächerlich gemacht, weil ich die Veröffentlichung der Aufgebote zugelassen hatte und danach zögerte, meinen Vertrag zu erfüllen, dass ich zustimmte – und heiratete.

Sobald der Tag meiner Hochzeit feststand, wurde es für notwendig erachtet, dass eine völlige Revolution in meinem äußeren Erscheinungsbild stattfinden sollte. Bis zu diesem Zeitpunkt hatte ich die Kutte eines Kindes getragen, und die Kleidung einer Frau, die ich so plötzlich angenommen hatte, saß ziemlich unbeholfen auf mir. Dennoch war mein Aussehen so jugendlich, dass ich selbst zwei Jahre nach meiner Verbindung mit Mr. Robinson immer mit der Bezeichnung „Miss" angesprochen wurde, wenn ich ein Geschäft betrat oder in Gesellschaft von Fremden war. Meine Manieren waren nicht weniger kindisch als mein Aussehen; Nur drei Monate bevor ich verheiratet wurde, hatte ich eine Puppe angezogen, und meine Abneigung gegen die Idee einer ehelichen Verbindung war so groß, dass der einzige Umstand, der mich zur Heirat veranlasste, der war, dass ich weiterhin bei meiner Mutter wohnen und leben durfte Ich bin zumindest für einige Zeit von meinem Mann getrennt.

Selbst als ich am Altar kniete, war mein Herz so frei von jedem zärtlichen Eindruck wie im Augenblick meiner Geburt. Ich kannte kein anderes Gefühl als das der Wertschätzung; Liebe war mir immer noch fremd. Ich hatte also noch nie das Wesen gesehen, das dazu bestimmt war, einen Gedanken zu erwecken, der meine Fantasie beeinflussen oder ein Interesse in meinem Geist wecken könnte, und ich erinnere mich noch gut daran, dass meine Fantasie schon während der Abgabe des Ehegelübdes unwillkürlich dorthin wanderte Szene, in der ich gehofft hatte, mich mit *Jubel* und Ansehen zu ernähren.

Die Zeremonie wurde von Doktor Saunders durchgeführt, dem ehrwürdigen Pfarrer von St. Martin, der am Ende der

Zeremonie erklärte, dass er das Amt noch nie zuvor für eine so junge Braut ausgeübt habe. Der Sachbearbeiter fungierte als Vater; Meine Mutter und die Frau, die die Kirchenbänke öffnete, waren die einzigen Zeugen der Eheschließung. Ich trug die Tracht eines Quäkers – einer Gesellschaft, der ich in meiner frühen Jugend eine besondere Vorliebe entgegenbrachte. Von der Kirche aus machten wir uns auf den Weg zum Haus einer Freundin, wo ein herrliches Frühstück auf uns wartete; Ich wechselte mein Kleid gegen eines aus weißem Musselin, einen mit weißen Bändern geschmückten Chip-Hut, einen weißen Sarsnet- Schal-Umhang und mit Silber bestickte Hausschuhe aus weißem Satin. Ich erwähne diese unbedeutenden Umstände, weil sie zu anderen von größerer Bedeutung führen.

Freundes meiner Mutter machten wir uns auf den Weg zum Gasthof an der Maidenhead Bridge, Mr. Robinson und ich in einem Phaeton, meine Mutter in einer Postkutsche; Wir wurden auch von einem Herrn namens Balack begleitet, einem sehr vertrauten Bekannten und Schulkameraden meines Mannes, der nicht über unsere Hochzeit informiert war, Mr. Robinson jedoch dennoch als meinen erklärten Verehrer betrachtete.

Als er mich zum ersten Mal sah, bemerkte er, dass ich „wie eine Braut gekleidet" sei. Die Beobachtung überwältigte mich mit Verwirrung. Tagsüber war ich mehr als nachdenklich, ich war melancholisch; Ich betrachtete alles, was geschehen war, als eine Vision und konnte mich kaum davon überzeugen, dass die Verbindung, die ich feierlich eingehen ließ, unauflöslich war. Meine Mutter bemerkte häufig meinen offensichtlichen Kummer; und am Abend, als wir zusammen im Garten gegenüber dem Gasthaus spazieren gingen, sagte ich ihr unter einem Strom von Tränen, den Beweisen meiner Aufrichtigkeit, dass ich der elendste aller Sterblichen sei! dass ich für Herrn Robinson die vollkommenste Wertschätzung empfand, dass es aber nach meinen Vorstellungen von häuslichem Glück eine warme und kraftvolle Seelenvereinigung geben sollte, die mir noch völlig fremd war.

Während meiner Abwesenheit aus der Stadt wurde ein Brief an Herrn Garrick geschrieben, in dem er darüber informiert wurde, dass mich eine vorteilhafte Ehe (denn meine Mutter betrachtete Herrn Robinson als rechtmäßigen Erben eines stattlichen Vermögens und eines Anwesens in Südwales) dazu veranlasst hatte meine Theateraussichten aufgeben; und einige Wochen später traf er Herrn Garrick auf der Straße, gratulierte mir zu meiner Verbindung und äußerte die wärmsten Wünsche für mein zukünftiges Glück.

Am Tag nach unserer Hochzeit schlug Mr. Robinson vor, in Henley-upon-Thames zu speisen. Meine Mutter wollte sich nicht in den Phaeton wagen, und Herr Balack nahm den Platz ein, den sie ablehnte. Als er seinen Platz zwischen Robinson und mir einnahm, bemerkte er: „Wären Sie verheiratet, würde ich an das heilige Anathema denken: Verflucht ist, wer Mann und Frau trennt ." Mein Gesicht war plötzlich von tiefstem Scharlachrot durchdrungen; Ich verheimlichte sorgfältig die Wirkung, die seine Bemerkungen hervorgerufen hatten, und wir setzten unsere Reise fort.

Als wir einen steilen Hügel zwischen Maidenhead Thicket und Henley hinabstiegen, trafen wir auf eine Herde Ochsen. Die komische Oper „Padlock" erfreute sich damals großer Berühmtheit, und unser scherzhafter kleiner Freund verwirrte mich ein zweites Mal, indem er mit den Worten von Don Diego sagte: „Ich mag keine Ochsen, ich wünschte, sie wären eine Herde gewesen." Schaf!" Jetzt begann ich die Vielfalt der unangenehmen Empfindungen zu entdecken, die, selbst unabsichtlich, aus Gesprächen in der Gegenwart heimlich Verheirateter hervorgehen müssen. Ich zitterte auch vor Angst, es könnte etwas Schändliches an meinem Ruhm hängen bleiben, wenn ich unter zweifelhaften Umständen in der Gesellschaft von Mr. Robinson gesehen würde.

Bei unserer Rückkehr nach London, nach zehn Tagen Abwesenheit, wurde ein Haus in der Great Queen Street, Lincoln's Inn Fields, gemietet. Es war ein großes, altmodisches Herrenhaus und stand an der Stelle, an der seitdem die Freimaurer-Taverne errichtet wurde. Dieses Haus war Eigentum einer Dame, einer Bekannten meiner Mutter, der Witwe von Mr. Worlidge , einem Künstler von beträchtlicher Berühmtheit. Es war hübsch eingerichtet und enthielt viele wertvolle Bilder verschiedener Meister. Ich wohnte bei meiner Mutter; Herr Robinson fuhr im Haus der Herren Vernon und Elderton in den Southampton Buildings fort.

Die angegebene Zeit des Versteckens verstrich, und mein Mann hielt sich immer noch ununterbrochen in seinen

Gemächern in Lincoln's Inn auf. Dennoch stand er offensichtlich unter der Kontrolle seiner Artikel und wünschte immer noch, dass unsere Ehe geheim gehalten würde. Meine Mutter fühlte sich angesichts dieses Themas ziemlich unruhig; Zumal ihr mitgeteilt wurde, dass Mr. Robinson sich nicht gerade in der Erwartungshaltung befand, die er dargestellt hatte. Sie stellte fest, dass er bereits volljährig war und noch einige Monate von seinem Referendariat abzuleisten hatte. Sie hörte auch, dass er nicht der Neffe und Erbe sei, sondern der uneheliche Sohn des Mannes, von dem er ein stattliches Vermögen erwartete; Allerdings hatte er einen älteren Bruder, den heutigen Commodore William Robinson, der sich damals in Indien aufhielt und unter der Schirmherrschaft von Lord Clive die Früchte seines Fleißes erntete.

Jetzt bereute meine Mutter zum ersten Mal den Einfluss, den sie bei der Förderung unserer Gewerkschaft ausgeübt hatte. Sie teilte Mr. Robinson mit, dass sie eine grobe Täuschung von seiner Seite befürchte und dass sie nicht länger damit einverstanden sei, dass unsere Ehe geheim gehalten werde. Sie behauptete, der Ruf eines lieben Kindes stünde auf dem Spiel; Und obwohl die Welt ein paar Wochen lang nichts von meiner Ehe erfahren hätte, machten einige Umstände, die sich zugetragen hatten, nun eine sofortige Offenlegung absolut notwendig.

Mr. Robinson, der meine Mutter unerbittlich fand, beschloss, nach Wales aufzubrechen, um unsere Ehe zu bekennen und mich seinem „Onkel" vorzustellen, den er immer noch hartnäckig seinen Vater nannte. Meine Mutter wollte diese Gelegenheit nutzen, um ihre Freunde in Bristol zu besuchen, und so machten wir uns auf den Weg. Wir fuhren durch Oxford; besuchte die verschiedenen Hochschulen; Ich fuhr weiter nach Blenheim und machte die Tour zu einer Reise voller Vergnügen, in der Hoffnung, den Groll meiner Mutter zu besänftigen und meine Stimmung zu beleben, die jetzt ständig niedergeschlagen war. Ich kann nicht umhin zu erwähnen, dass ich kurz nach meiner Heirat Bekanntschaft mit einer jungen Dame machte, deren Gemüt nicht weniger romantisch war als meine eigene, und während Mr. Robinson in seinen Gemächern beschäftigt war, verbrachten wir fast täglich unsere Morgenstunden in der Westminster Abbey . Für mich war es eine beruhigende und erfreuliche Meditationsszene. Ich blieb oft in den düsteren Kapellen dieses erhabenen Bauwerks, bis ich sozusagen ein Bewohner einer anderen Welt wurde. Das trübe Licht der gotischen Fenster, das Vibrieren meiner Schritte durch die hohen Gänge, die Reihe von Überlegungen, die die Szene hervorrief, alles passte zu der Stimmung meiner Seele; und die melancholischen Neigungen meiner frühesten Kindheit schienen mit einer instinktiven Energie wieder aufzuleben, die sie zu den Hauptmerkmalen meiner Existenz machte. Tatsächlich hat die Welt den Charakter meines Geistes falsch verstanden; Ich war schon immer das Gegenteil von flüchtig und zerstreut. Ich habe nicht vor, meine eigene Laudatio zu verfassen, aber ich vertraue darauf, dass mir meine Rechtfertigung mit der Offenheit und Sensibilität gelingen wird.

Bei unserer Ankunft in Bristol hielt Mr. Robinson es für äußerst ratsam, allein nach Tregunter , dem Sitz seines „Onkels", zu gehen, um ihn auf meinen herzlichen Empfang vorzubereiten oder um der Demütigung zu entgehen, die ich erleiden würde, wenn er sich weigerte um unsere Gewerkschaft zu sanktionieren. Herr Robinson hinterließ mir ein paar Guineen und versprach, dass seine Abwesenheit nur von kurzer Dauer sein und seine Zuneigung zunehmen würde.

Ich war jetzt fast vier Monate verheiratet; und obwohl Liebe nicht die Grundlage meiner Treue, meiner Ehre und eines verfeinerten Sinns für weibliche Rechtschaffenheit war, verbanden mich sowohl die Interessen als auch die Person meines Mannes. Ich betrachtete die Keuschheit als das strahlendste Schmuckstück, das den weiblichen Geist verschönern konnte, und richtete mein Verhalten auf jenen Tenor aus, der mehr auf Prinzipien als auf Zuneigung beruht, um seinen Fortschritt zu stärken.

In Bristol erlebte meine Mutter den erfreulichsten Empfang; alle ihre früheren Freunde freuten sich, sie zu sehen; Ich wurde täglich zu Gastfreundschaftsfesten eingeladen und stellte fest, dass das Glück für den Normalbürger ein nie versagender Reisepass war. Herr Robinson wurde als junger Mann mit großen Erwartungen dargestellt, und seine Frau wurde folglich erneut als Tochter von Herrn Darby aufgenommen. Das Haus, in dem ich zum ersten Mal die Augen für diese Welt des Kummers öffnete, das Münster, sein Grün, das Schulhaus, in dem ich viele Tage verbracht hatte, das Grab meiner verlorenen Verwandten in der Kirche St. Augustinus, all das wurde von mir besucht ein süßes und melancholisches Interesse. Aber die Kathedrale, der Messingadler im Mittelschiff, unter dem ich als Kleinkind saß und die laute Hymne mitsang oder den Morgengottesdienst sang, hat mich am meisten berührt. Ich sehnte mich wieder danach, meinen Platz unter seinen sich ausdehnenden Flügeln einzunehmen, und als ich ging, begann der Gottesdienst, mein Verlangen zu befriedigen.

Mit Worten lässt sich das Gefühl nicht beschreiben, das ich verspürte, als ich hörte, wie die bekannte, lange in Erinnerung gebliebene Orgel ihren lauten Klang durch das gotische Bauwerk erklingen ließ. Ich eilte zum Kreuzgang. Die Fenster des Kinderzimmers waren dunkel und zerbrochen; das Haus verfiel. Der modrige Spaziergang war düster, und meine Stimmung war unbeschreiblich niedergeschlagen: Ich stand allein, versunken in Meditation. „Hier“, sagte ich, „liefen meine kleinen Füße auf und ab ; hier kletterte ich schnell auf die lange Steinbank.“ Messen Sie es auf die Gefahr meiner Sicherheit. Auf diesen dunklen und gewundenen Stufen saß ich und lauschte der vollen Orgel, der lauten Hymne und der Glocke, die die Gemeindemitglieder zum Gebet rief. Ich betrat die Kathedrale noch einmal; Ich lese und lese die monumentalen Inschriften immer wieder; Ich blieb am Grab von Powell stehen; Ich ließ eine Träne auf die kleine quadratische Bodentafel fallen, auf der der Name Evelyn stand. Ah! Wie wenig hat die falsch einschätzende Welt von dem gewusst, was selbst in den scheinbar fröhlichsten Momenten meines Daseins in meinem Kopf vorgegangen ist ! Wie sehr habe ich es bereut, jemals geboren worden zu sein, obwohl ich von allem umgeben war, was die Eitelkeit einer Frau befriedigen konnte!

Tregunter ankam , schickte er mir einen Brief, in dem er mir mitteilte, dass sein „Onkel“ anscheinend bereit sei, sich gut zu benehmen, dass er aber nur gewagt habe, seine Absicht zu heiraten, aus Angst davor, plötzlich zu erklären, dass er schon seit einigen Monaten verheiratet sei ein Ehemann. Mr. Harris, denn so hieß mein Schwiegervater, antwortete: „Er hoffte, dass das Objekt seiner Wahl nicht zu jung war!“ Bei dieser Frage war Herr Robinson etwas beunruhigt. „Eine junge Frau“, fuhr Herr Harris fort, „kann das Vermögen eines Mannes nicht verbessern. Wie alt ist das Mädchen, das Sie ausgewählt haben?“

„Sie ist fast siebzehn!“

Ich war damals erst fünfzehn und ein paar Monate alt.[10]

„Ich hoffe, sie sieht nicht gut aus“, war die zweite Beobachtung. „Sie sagen, sie sei nicht reich; und Schönheit ohne Geld sei nur ein gefährlicher Teil.“

„Wirst du sie sehen?“

„Ich habe keine Einwände“, sagte Herr Harris.

„Sie ist jetzt bei ihrer Mutter in Bristol, denn“, fuhr Mr. Robinson mit einigem Zögern fort, „sie ist meine Frau.“

Mr. Harris machte eine Pause und antwortete dann: „Nun, bleiben Sie nur ein paar Tage bei mir, und dann holen Sie sie. Wenn die Sache erledigt ist, kann sie nicht mehr rückgängig gemacht werden. Sie ist eine sanfte Frau, sagen Sie, und ich kann sie haben.“ Kein Grund, sich zu weigern, sie zu sehen.

Derselbe Brief, der diese Nachricht enthielt, forderte mich auch auf, mich auf meine Reise vorzubereiten, und forderte mich auf, gegen eine notwendige Geldsumme an eine Person zu schreiben, die Mr. Robinson in London nannte und die ich in seiner Gesellschaft gesehen hatte für unsere Reise. Diese Person war Mr. John King, damals Geldmakler in Goodman's Fields; Aber die Transaktion, die ihn vorübergehend zur Finanzquelle meines Mannes machte, war mir völlig fremd.

Ein oder zwei Briefe gingen zu diesem Thema weiter, und ich wartete gespannt auf meinen Vortrag bei Tregunter . Endlich kam Mr. Robinsons Rückkehrzeit und wir machten uns gemeinsam auf den Weg, während meine Mutter bei ihren Freunden in Bristol blieb. Als wir in einem offenen Boot die alte Passage nach Chepstow überquerten, eine zwar nicht ausgedehnte, aber äußerst gefährliche Strecke, fanden wir die Flut so stark und die Nacht so stürmisch, dass wir große Gefahren befürchteten. Es regnete in Strömen und der Wind wehte stürmisch. Das Boot war voller Passagiere und an einem Ende befand sich eine Herde Ochsen. Mein Schrecken war grenzenlos; Ich betrachtete diesen Sturm als ein schlechtes Omen, dachte aber kaum daran, dass ich in zukünftigen Phasen meines Lebens Grund zur Bedauern haben würde, dass ich nicht umgekommen war!

Während unserer Reise bat Robinson mich, alles zu ignorieren, was im Benehmen seines „Onkels“ harsch erscheinen könnte – denn er leugnete immer noch, dass Mr. Harris sein Vater sei. Vor allem aber beschwor er mich, mein wahres Alter zu verbergen und zu sagen, dass ich einige Jahre älter sei, als er mich kannte. Diesem Vorschlag stimmte ich bereitwillig zu, und in dem Augenblick, als wir in Sichtweite von Tregunter kamen , fühlte ich mich voller Mut.

Herr Harris baute damals das Herrenhaus der Familie und wohnte in einem hübschen, kleinen, dekorierten Häuschen, das später in Büros umgewandelt wurde. Wir fuhren durch einen dichten Wald, die Berge begegneten uns bei jeder Pause, bedeckt von dünnen Wolken, und erhob sich in erhabener Höhe über das Tal. Einen romantischeren Landschaftsraum hat das menschliche Auge nie gesehen! Ich spürte, wie mein Geist von einer nachdenklichen Melancholie erfüllt wurde, und wurde erst aus meinen Träumereien geweckt, als der Postbote am Herrenhaus von Tregunter anhielt .

Mr. Harris kam heraus, um mich zu empfangen. Ich trug ein dunkles weinrotes Reitkleid , dazu einen weißen Biberhut und Federn. Er umarmte mich mit übertriebener Herzlichkeit, während Miss Robinson, die Schwester meines Mannes, mich mit kalter Förmlichkeit ins Haus führte. Ich werde ihr Aussehen und ihr Verhalten nie vergessen. Hätte ihr Bruder ihr das erbärmlichste Wesen gezeigt, hätte sie meine Hand nicht mit einem eisigeren Verhalten nehmen können . Obwohl Miss Robinson nicht älter als zwanzig Jahre war, hatte sie ein gotisches Aussehen und ein steifes Benehmen; Sie war von kleiner Statur und ungeschickt, mit einem Gesichtsausdruck, der speziell für den Ausdruck sarkastischer Vulgarität geformt war – eine kurze Stupsnase, die an der Spitze hochgezogen war, und einen zurückgeworfenen Kopf mit einer Miene von *Hochmut* ; Ein farbenfrohes Chintzkleid, eine dreifach umsäumte Mütze mit einer Fülle von Bändern und ein etwas rötlicherer Gesichtsausdruck, als es selbst reiner Gesundheit entsprach, stellten die Persönlichkeit dar, die ich als meine zukünftige Gefährtin und Verwandte kennenlernen sollte!

Mr. Harris sah aus wie ein ehrwürdiger Weißdorn; Ein brauner Fuchsmantel, eine scharlachrote Weste mit schmalen Goldrändern, ein Paar Wollspritzer und ein mit Goldschnüren besetzter Hut bildeten das Kleid, das er im Allgemeinen trug. Er ritt immer auf einem kleinen Welsh-Pony und war selten im Haus, außer zur Essenszeit, von Sonnenaufgang bis zum Ende des Abends.

Es gab noch eine andere Persönlichkeit im häuslichen Establishment, die von Mr. Harris als von nicht geringer Bedeutung angesehen wurde: Dies war eine ehrwürdige Haushälterin mit Namen Mary Edwards. Frau Molly war die Mentorin der Familie; sie speiste mit Mr. Harris am Tisch; sie war die Gouvernante des Innenministeriums; und ein überheblicherer, rachsüchtigerer Geist bewohnte nie das Herz eines Sterblichen als der, der die Seele der bösartigen Frau Molly durchdrang.

Man kann leicht vermuten, dass ich in diesem uninteressanten Kreis viel Zeit verbracht habe. Ich wurde dazu verurteilt, entweder mit „dem Knappen" Bier zu trinken, denn Mr. Harris wurde nur mit diesem Titel genannt, oder das methodistische Seminar zu besuchen, das Lady Huntingdon in Trevecca, einem anderen Herrenhaus auf dem Anwesen von Mr. Harris, eingerichtet hatte. Miss Robinson gehörte dieser Sekte an; und obwohl Herr Harris kein Schüler der Huntingdon- Schule war, war er jeden Sonntag ein ständiger Kirchenbesucher. Sein Eifer war unermüdlich; und er verhängte häufig Geldstrafen gegen die Bauern (denn er war Friedensrichter und Sheriff der Grafschaft), wenn er sie fluchen hörte, obwohl jeder dritte Satz, den er aussprach, von einem Fluch begleitet war, der seine Zuhörer erschauern ließ.

Ich wurde bald zu einem großen Liebling des „Squire", aber ich fand keine nachgiebigen Eigenschaften an den Herzen von Miss Betsy oder Mrs. Molly. Sie beobachteten mich mit eifersüchtigen Augen; Sie betrachteten mich als einen Eindringling, dessen Manieren die Wertschätzung von Herrn Harris erregte und der wahrscheinlich ihren geteilten Einfluss in der Familie schmälern würde. Ich stellte fest, dass sie meiner Gesellschaft von Tag zu Tag überdrüssig wurden; Ich bemerkte ihre Seitenblicke, wenn ich von den besuchenden Nachbarn Komplimente für mein gutes Aussehen oder meinen Geschmack bei der Wahl meiner Kleider bekam. Miss Robinson ritt zu Pferd in einem Camlet-Schutzanzug mit einer hochgekrönten Haube; Ich trug ein modisches Gewand und sah aus wie etwas Menschliches. Der Neid nahm schließlich die Form der Unverschämtheit an, und ich wurde ständig mit der Torheit verspottet, wie eine vermögende Frau aufzutreten; dass die Frau eines Anwalts kein Recht hatte, sich wie eine Herzogin zu kleiden; und dass eine gute Hausfrau, obwohl ich sehr gebildet sein mochte, keinen Grund für Cembali und

Bücher hatte – sie gehörten Frauen, die das Nötigste mitbrachten, um sie zu ernähren. Das war die Sprache vulgärer, illiberaler Naturen! Dennoch ertrug ich es drei Wochen lang geduldig.

positiv über mich zu denken – dass er sogar erklärte, er hätte „mich als seine Frau gemocht, wenn ich nicht Tom geheiratet hätte", obwohl er damals zwischen sechzig und siebzig Jahre alt war, dachte ich es Es wäre sehr klüg, zu gehen, damit ich nicht durch die Machenschaften von Miss Betsy und Mrs. Molly den Anteil verliere, den ich an seiner Zuneigung gewonnen hatte. Meine Mutter war noch in Bristol; Als wir am Morgen unserer Abreise ankamen, schlug Mr. Harris zu meinem großen Erstaunen vor, uns dorthin zu begleiten. Es war vergebens, dass Molly und Miss eingriffen, um ihn daran zu hindern; Er schwor, dass er mich sicher über den Kanal bringen würde, was auch immer die Folgen seiner Reise sein mochten. Wir machten uns gemeinsam auf den Weg.

Bei unserer Ankunft in Bristol wurde Mr. Harris meiner Mutter vorgestellt und von ihr vielen angesehenen Freunden vorgestellt. Infolgedessen wurde er zu mehreren Dinnerpartys eingeladen. Ich war sein Idol; er würde mit mir tanzen; Wenn er den Abendtrunk getrunken hatte, sang er mit mir, und ich war für ihn das entzückendste aller Wesen. Viele Verschönerungen für Tregunter House wurden meinem Geschmack und meiner Wahl überlassen; und ich erinnere mich, dass er, als er die Marmorkamine bestellte, sagte: „Wählen Sie sie, wie Sie möchten, Frau Robinson, denn sie sind alle für Sie und Tom, wenn ich nicht mehr bin." Tatsächlich versicherte er mir während meines Aufenthalts in Tregunter häufig , dass das Anwesen meinem Mann gehören sollte.

Nachdem Herr Harris viele Tage in Bristol verbracht hatte, kehrte er nach Wales zurück, und unsere Gruppe machte sich auf den Weg nach London. Mr. Robinsons Gemüt war ruhig und seine Hoffnungen wurden durch die Freundlichkeit seines Onkels bestätigt; er betrachtete sich jetzt als den glücklichsten aller Sterblichen. Wir zogen von der Great Queen Street in ein Haus Nr. 13 in Hatton Garden, das kürzlich gebaut worden war. Mr. Robinson mietete es und richtete es mit besonderer Eleganz ein. Ich erkundigte mich häufig nach dem Umfang seiner Finanzen, und er versicherte mir ebenso oft, dass sie in jeder Hinsicht seinen Ausgaben gerecht würden. Zusätzlich zu unserem Heim kaufte Mr. Robinson einen schönen Phaeton mit Reitpferden für seinen eigenen Gebrauch; und ich debütierte nun, obwohl ich kaum über die Grenzen der Kindheit hinauskam, in der weiten Hemisphäre der modischen Torheit.

Ein neues Gesicht, ein junger Mensch, gekleidet mit eigenartiger, aber schlichter Eleganz, würde an öffentlichen Vergnügungsorten mit Sicherheit Aufmerksamkeit erregen. Als ich zum ersten Mal nach Ranelagh kam, war meine Kleidung so einzigartig schlicht und Quäker-artig, dass alle Augen auf mich gerichtet waren. Ich trug ein Kleid aus hellbraunem Glanzstoff mit engen runden Manschetten (damals war es Mode, lange Rüschen zu tragen); Mein Haar war ungepudert, und mein Kopf war mit einer schlichten runden Mütze und einem weißen Chiphut geschmückt, ohne jeglichen Schmuck.

Der zweite Ort höflicher Unterhaltung, zu dem mich Mr. Robinson begleitete, war das Pantheon-Konzert, damals die angesagteste Versammlung der Schwulen und Vornehmen. An diesem Ort war es üblich, sehr gekleidet zu erscheinen; Große Reifen und hohe Federn wurden überall getragen. Mein Habit bestand aus blassrosa Satin mit breitem Zobelbesatz; Meine liebe Mutter schenkte mir einen Anzug aus reicher und wertvoller Spitzenspitze, den sie von meinem Vater als Geburtstagsgeschenk erhalten hatte, und ich war mindestens einige Stunden damit beschäftigt, mich für diesen neuen Bereich der Faszination zu schmücken; Ich sage einige Stunden, weil meine damalige Verfassung aufgrund der sichtbaren Zunahme meiner häuslichen Sorgen einiges an Ordnung erforderte.

Sobald ich die Pantheon-Rotunde betrat, werde ich den Eindruck, den mein Geist empfing, nie vergessen; Die Pracht der Szene, die mit bunten Lampen beleuchtete Kuppel, die Musik und die Schönheit der Frauen schienen einen Zauberkreis darzustellen. Ich erinnere mich, dass mir bei Lady Almeria Carpenter die schönsten aller schönen Gestalten begegneten. Das Gesicht, das mir am meisten gefiel, war das der verstorbenen Mrs. Baddeley.[11] Auch die erste Gräfin von Tyrconnel erschien mit großem *Jubel*. Aber das Summen im Raum, das unaufhörliche Gemurmel der Bewunderung verfolgten die Marquiseurin Townshend. Ich nahm auf einem Sofa Platz, das dem Sofa, auf dem sie saß, fast gegenüber lag, und beobachtete zwei Personen, offensichtlich Männer von Mode, die mit ihr sprachen, bis einer von ihnen, der mich ansah, mit hörbarer Stimme den anderen fragte: "Wer ist sie?"

Ihr starrer Blick verwirrte mich; Ich stand auf und mischte mich, auf den Arm meines Mannes gestützt, erneut in den leuchtenden Kreis. Die Fragesteller folgten uns; Wir hielten mehrere Freunde an, während wir im Kreis herumgingen, und fragten sie immer wieder: „Wer ist diese junge Dame in dem rosafarbenen Kleid mit Zobelbesatz?“ Mein Verhalten und meine Verwirrung zeigten deutlich, dass ich den Blick unverschämter Hochkultur nicht gewohnt war. Ich fühlte mich unwohl und schlug vor, nach Hause zurückzukehren, als ich bemerkte, dass sich zu unseren beiden Anhängern ein dritter gesellte, der mich ansah und sagte: „Ich glaube, ich kenne sie.“ Es war der verstorbene Earl of Northington.[12]

Wir mussten nun an der Gruppe vorbei, um die Rotunde zu verlassen. Lord Northington verließ seine Gefährten und kam auf mich zu. „Miss Darby, oder ich irre mich“, sagte er mit einer Verbeugung ausgesprochener Höflichkeit. Ich antwortete, dass mein Name nun in Robinson geändert worden sei, und stellte, um jede peinliche Verlegenheit zu vermeiden, meinen Mann vor, auf dessen Arm ich mich immer noch stützte. Lord Northington ging weiterhin mit uns durch das Pantheon, erkundigte sich oft nach meinem Vater, lobte mich für die Verbesserung meiner Persönlichkeit und „hoffte, dass er Mr. und Mrs. Robinson seine Aufwartung machen dürfte“.

Wir betraten nun das Teezimmer. Es war kein Platz frei. Ich war ziemlich erschöpft und fühlte mich durch die Hitze der Rotunde ein wenig schwach. Ich verließ das Teezimmer und setzte mich auf ein Sofa in der Nähe der Tür. Nach ein paar Minuten brachte mir Lord Northington eine Tasse Tee, denn Mr. Robinson wollte mich nicht allein lassen, und stellte mir gleichzeitig seine beiden neugierigen Freunde, Lord Lyttelton und Captain Ayscough , vor .[13]

Ich schlug nun vor, abzureisen. Mr. Robinson begleitete mich zum Vorraum, und während er die Kutsche suchte, bot Lord Lyttelton seine Dienste an. Bis zu diesem Abend hatte ich seinen Namen noch nie gehört, aber in seiner Ansprache lag eine leichte Unverschämtheit, die mich völlig anwiderte, während sein entschlossener Blick mich beunruhigte und in

Verlegenheit brachte, und ich verspürte eine unaussprechliche Befriedigung, als Mr. Robinson zurückkam, um mir zu sagen, dass die Kutsche bereit sei .

Am nächsten Morgen machten die Lords Northington, Lyttelton und Colonel Ayscough ihre feierlichen Besuche. Mr. Robinson war nicht zu Hause, aber ich empfing sie, wenn auch nicht ohne einige Verlegenheit. Ich war noch ein Kind und mit den Sitten der Welt überhaupt nicht vertraut; Doch so jung ich auch war, ich wurde zum Reisenden auf seinen verschlungenen und gefährlichen Pfaden. In einem Alter, in dem Mädchen in der Regel zur Schule gehen oder kaum aus dem Kindergarten emanzipiert sind, wurde ich in der Gesellschaft als Ehefrau – und fast wie eine Mutter – dargestellt.

Lord Lyttelton , der vielleicht der versierteste Libertin war, den ein Zeitalter und ein Land hervorgebracht hat, erkundigte sich mit beträchtlicher Kunstfertigkeit nach Mr. Robinson, äußerte seinen ernsthaften Wunsch, seine Bekanntschaft zu pflegen, und schickte ihm am nächsten Tag eine Einladungskarte. Lyttelton war ein Experte in den Kunstgriffen modischer Intrigen. Er erkannte deutlich, dass sowohl Mr. Robinson als auch ich nicht in seine Geheimnisse eingeweiht waren; Er wusste, dass er, um die Ehre einer Frau zu untergraben, das Vertrauen des Mannes gewinnen musste, und Mr. Robinson gefiel die Gesellschaft eines Mannes, dessen Witz nur durch seine Verschwendungssucht übertroffen wurde , zu sehr, als dass er vor einer solchen Verbindung zurückgeschreckt wäre.

Zu meinem Glück war Lord Lyttelton durchweg meine Abneigung. Sein Benehmen war überheblich unverschämt, seine Sprache zügellos und sein Auftreten schlampig, sogar bis zu einem Grad, der abstoßend war. Mr. Robinson war in jeder Hinsicht das genaue Gegenteil seines Begleiters: Er war bescheiden, ordentlich und feinfühlig in seinen Gesprächen. Ich hatte nicht den Wunsch, vom Anstand eines Ehelebens abzuweichen, und ich verabscheute, entschieden verabscheute die Bekanntschaft mit Lord Lyttelton .

Im Laufe weniger Tage präsentierte mir seine Lordschaft die Werke von Miss Aitken[14] (jetzt Mrs. Barbauld). Ich habe sie mit Begeisterung gelesen. Ich hielt sie für die schönsten Gedichte, die ich je gesehen hatte, und betrachtete die Frau, die solche Gedichte erfinden konnte, als das beneidenswerteste menschliche Geschöpf. Lord Lyttelton hatte eine gewisse Vorliebe für poetische Kompositionen und schrieb Verse mit beträchtlicher Leichtigkeit.

Am folgenden Montag besuchte ich erneut das Pantheon. Mein Kleid war damals weiß und silbern. Wieder wurde ich aufmerksam verfolgt. Lord Lyttelton war an diesem Abend mein *Cavaliere-Servente* , obwohl seine Hauptaufmerksamkeit wie üblich Mr. Robinson galt. Während des Konzerts stellte er den Grafen von Belgeioso vor , den kaiserlichen Botschafter, einen der fähigsten Ausländer, den ich je getroffen habe. Lord Valentia wurde ebenfalls vorgestellt, aber da seine Lordschaft kürzlich durch seine Aufmerksamkeiten gegenüber der berühmten Mrs. Elliot einiges an *Aufsehen erregt hatte* , vermied ich es lieber, seine Bekanntschaft zu pflegen, als dass ich den Wunsch verspürte, ihn kennenzulernen.

Mr. Robinsons Verkehr mit der Welt nahm nun rasch zu. Jeder Tag brachte neue Assoziationen hervor. Lord Lyttelton stellte viele seiner Freunde vor; unter anderem Captain O'Byrne und Mr. William Brereton vom Drury Lane Theatre. Im Laufe der kurzen Zeit lernten wir auch Sir Francis Molyneux, Herrn Alderman Sayer und den verstorbenen unglücklichen George Robert Fitzgerald kennen.[15] Auch Lord Northington war ein ständiger Besucher und mobilisierte mich häufig zu dem, was er für meinen Streich hielt Ähnlichkeit mit seiner Familie.

Unter meinen Freundinnen hegte ich die größte Wertschätzung für Lady Yea, die Frau von Sir William Yea und die Schwester von Sir John Trevellyan . Sie war eine liebenswerte und gebildete Frau. Mrs. Parry, die Frau von Rev. Doctor Parry und Autorin des Romans „Eden Vale", war ebenfalls eine meiner liebsten Bekannten . Mrs. Parry war eine Frau mit beachtlichem Talent, Witz und bemerkenswert angenehmem Benehmen.

Von denen, die unser Haus besuchten, war Lord Lyttelton mein größter Abscheu; Ich wusste, dass er meinen Mann häufig von den Pfaden des häuslichen Vertrauens zu den Orten verschwenderischer Erniedrigung führte. Seine Lordschaft zeigte mir gegenüber große Gleichgültigkeit. Er hat sogar in meiner Anwesenheit erklärt, dass keine Frau unter dreißig Jahren es wert sei, bewundert zu werden; dass sogar das Alter von vierzig der faden Qualität von sechzehn bei weitem vorzuziehen sei; und er schloss seine Beobachtungen im Allgemeinen mit der Hoffnung ab, dass er „das hübsche Kind" nicht wütend gemacht hatte.

Ich entdeckte bald, dass sein Verkehr mit Lord Lyttelton eine ganz erhebliche Veränderung in Mr. Robinsons häuslichem Benehmen hervorrief. Sie waren ständig zusammen und die Vernachlässigung, die ich erlebte, begann mich zu beunruhigen. Ich habe meine ganze Freizeit der Poesie gewidmet; Ich habe Verse aller Art geschrieben; Nachdem Mr. Robinson erwähnt hatte, dass ich vor meiner Heirat vorgeschlagen hatte, in der Rolle der Cordelia auf der Bühne aufzutreten, taufte Lord Lyttelton mich scherzhaft „Dichterin Corry".

Mit äußerstem Bedauern und häufig mit unkontrollierbarer Empörung ertrug ich die Vernachlässigung meines Mannes und die Verspottungen des verschwenderischen Lyttelton . „Das Kind" – so nannte er mich im Allgemeinen – war verlassen für die Gesellschaft der freizügigsten Männer und der verlassensten Frauen. Mr. Robinson wurde nicht nur sorglos gegenüber seiner Frau, sondern auch gegenüber seinen finanziellen Finanzen, während ich in völliger Unwissenheit über die Ressourcen blieb, die seine steigenden Ausgaben bestritten.

Lady Yea, eine meiner anderen Freundinnen, erkundigte sich häufig, mit welchen Mitteln mein Mann seine Haushaltsausgaben finanzierte. Unser Tisch wurde elegant, wenn auch nicht üppig, bedient. Mr. Robinson ging seinem Beruf selten nach und ich war zu jung und zu unerfahren, um mich um Familienangelegenheiten zu kümmern. Mein jüngerer Bruder George, den Mr. Robinson und ich nach meiner Heirat adoptiert hatten, befand sich nun in gesundheitlichen Beeinträchtigungen. Meine Mutter kümmerte sich um ihn in Bristol, so dass ich keinen Freund hatte, der mich beraten konnte und der wirklich Interesse an mir hatte Wohlfahrt. Kleidung, Partys, Bewunderung beschäftigten alle meine Stunden. Mr. Robinsons lockeres Temperament wurde durch den Rat seines Freundes Lyttelton beeinflusst und er versank mit jeder Stunde tiefer in der Kluft der Ausschweifung.

Zu den gefährlichsten Mitarbeitern meines Mannes gehörte George Robert Fitzgerald. Sein Umgang mit Frauen war interessant und aufmerksam. Er erkannte die Vernachlässigung, mit der Mr. Robinson mich behandelte, und den verderblichen Einfluss, den Lord Lyttelton auf seinen Geist erlangt hatte; Er gab an, das wärmste Interesse an meinem Wohlergehen zu empfinden, beklagte das Schicksal, das mir widerfahren war, als ich mit einem Mann verheiratet war, der meinen Wert nicht einschätzen konnte, und bekannte sich schließlich zu meinem glühendsten und hingebungsvollsten Bewunderer. Ich schauderte bei dieser Erklärung, denn trotz aller Verlockungen großartiger Torheit war mein Geist, die Reinheit meiner Tugend, immer noch unberührt.

Ich wehrte mich gegen die gefährlichen Annäherungsversuche dieser gebildeten Person, spürte aber dennoch die Demütigung, der mich die Gleichgültigkeit meines Mannes ausgesetzt hatte. Gott kann die Reinheit meiner Seele bezeugen, selbst wenn ich von Versuchungen umgeben und durch Vernachlässigung gedemütigt bin. Wann immer ich es wagte, mich nach finanziellen Mitteln zu erkundigen, brachte mich Mr. Robinson zum Schweigen, indem er sagte, er sei unabhängig; Zusätzlich zu dieser Zusicherung versprach Lord Lyttelton wiederholt, dass er meinem Mann durch sein höfisches Interesse in Kürze eine ehrenvolle und einträgliche Stellung verschaffen würde.

Ich gestehe, dass ich den Versprechen eines solchen Mannes nur wenig Vertrauen entgegenbrachte, obwohl mein Mann sie für unantastbar hielt. Im Haus seiner Lordschaft in der Hill Street fanden häufig Partys statt, und es drängten viele Einladungen zu einem Besuch an seinem Sitz in Hagley. Diese lehnte ich entschieden ab, bis der edle Heuchler von meiner Abneigung überzeugt wurde und eine neue Art annahm, seine Machenschaften zu verfolgen.

Eines Vormittags besuchte Lord Lyttelton Hatton Garden, wie es fast seine tägliche Gewohnheit war, und als er feststellte, dass Mr. Robinson nicht zu Hause war, bat er darum, mit mir über ein wichtiges Geschäft zu sprechen. Ich fand ihn scheinbar sehr verzweifelt. Er teilte mir mit, dass er ein Geheimnis mitzuteilen habe, das sowohl für mein Interesse als auch für mein Glück von großer Bedeutung sei. Ich begann.

„Nichts, ich vertraue auf den Himmel, ist meinem Mann widerfahren!" sagte ich mit kaum artikulierter Stimme.

Lord Lyttelton zögerte.

„Wie wenig verdient dieser Ehemann die Fürsorge einer solchen Frau!" sagte er; „Aber", fuhr Seine Lordschaft fort, „ich fürchte, dass ich in gewissem Maße dazu beigetragen habe, seine ehelichen Zuneigungen zu entfremden. Ich konnte es nicht ertragen, eine solche Jugend, solche Verdienste so geopfert zu sehen –"

„Sprich kurz, Mylord", sagte ich.

„Dann", antwortete Lord Lyttelton , „muss ich Ihnen mitteilen, dass Ihr Ehemann der falscheste und unwürdigste dieses Namens ist! Er hat eine Verbindung zu einer Frau mit verlassenem Charakter aufgebaut; er überschüttet sie mit den Mitteln zum Lebensunterhalt, die Sie in Kürze erhalten werden." bedürftig."

„Ich glaube es nicht", sagte ich empört.

„Dann werden Sie überzeugt sein", antwortete Seine Lordschaft; „Aber denken Sie daran, wenn Sie mich, Ihren wahren und eifrigen Freund, verraten, muss ich gegen Ihren Mann kämpfen; denn er wird mir niemals verzeihen, dass ich seine Untreue entdeckt habe."

„Das kann nicht wahr sein", sagte ich. „Sie wurden falsch informiert."

„Dann war es die Frau, die Ihren Platz in der Zuneigung Ihres Mannes an sich gerissen hat", antwortete Lord Lyttelton . „Von ihr habe ich die Informationen erhalten. Ihr Name ist Harriet Wilmot; sie wohnt in Soho. Ihr Mann besucht sie täglich."

Ich dachte, ich hätte ohnmächtig werden sollen; Aber ein Strom von Tränen erinnerte mich an den nachlassenden Strom meines Herzens, und ich wurde stolz in meiner Standhaftigkeit, obwohl ich in Selbstliebe demütig war.

„Nun", sagte Lord Lyttelton , „wenn Sie eine Frau mit Geist sind, werden Sie *gerächt werden* !" Ich zuckte vor Entsetzen zusammen und hätte am liebsten den Raum verlassen. „Hören Sie mich", sagte er. „Meine Beweggründe, die Freundschaft Ihres Mannes auf diese Weise zu pflegen, sind Ihnen nicht fremd. Mein Vermögen steht Ihnen zur Verfügung. Robinson ist ein ruinierter Mann; seine Schulden sind beträchtlich, und nichts als Zerstörung kann Sie erwarten. Verlassen Sie ihn! Beherrschen Sie meine Kräfte." dir dienen."

Ich wollte nichts mehr hören , – brach von ihm ab und stürzte aus der Wohnung. Meine Gefühle, meine Leiden waren unbeschreiblich.

Ich nahm sofort eine Mietkutsche und fuhr weiter zur Prince's Street in Soho, nachdem Lord Lyttelton mir die Adresse meines Rivalen gegeben hatte. Die Sprache kann nicht beschreiben, was ich erlitten habe, bis ich in der Unterkunft von Miss Wilmot ankam. Der Kutscher klopfte, ein schmutziges Dienstmädchen öffnete die Tür. Ihre Herrin war nicht zu Hause. Ich verließ die Kutsche und ging in den Salon, wo mich der Diener verließ, nachdem er mir mitgeteilt hatte, dass Fräulein W. in sehr kurzer Zeit zurückkommen würde. Ich wurde jetzt allein gelassen.

Ich öffnete die Kammertür, die vom Wohnzimmer führte. Auf dem Bett lagen ein neuer weißer, glänzender Sack und ein Petticoat. Während ich das Zimmer untersuchte, erschreckte mich ein lautes Klopfen an der Haustür. Ich betrat die Vorderwohnung wieder und wartete mit klopfender Brust, bis das Wesen, dessen Triumph sowohl meinen Stolz als auch meinen Groll geweckt hatte, vor mir erschien.

Sie war eine hübsche Frau, obwohl sie offensichtlich einige Jahre älter war als ich. Sie trug ein Kleid aus bedrucktem irischem Musselin, einen schwarzen Mullumhang und einen Chiphut, der mit blasslila Bändern besetzt war; Sie war groß und hatte ein sehr angenehmes Gesicht. Ihr Verhalten war schüchtern und verwirrt; Ihre Lippen waren so blass wie Asche. Ich bedauerte ihren Kummer und wünschte, sie solle sich nicht beunruhigen, und wir nahmen mit zunehmender Gelassenheit unsere Plätze ein.

„Ich kam, um mich zu erkundigen, ob Sie einen Mr. Robinson kennen oder nicht", sagte ich.

„Das bin ich", antwortete Miss Wilmot. „Er besucht mich häufig." Während sie sprach, zog sie ihren Handschuh aus, und als ich mit der Hand über ihre Augen fuhr, bemerkte ich an ihrem Finger einen Ring, von dem ich wusste, dass er meinem Mann gehörte.

„Ich habe nichts mehr zu sagen", fügte ich hinzu, „außer Sie zu bitten, mir Mr. Robinsons Adresse zu übermitteln ; ich habe etwas, das ich ihm mitteilen möchte."

Sie lächelte und warf einen Blick auf meine Figur. Mein Kleid war ein Morgendéshabille *aus* indischem Musselin mit einer Haube aus Stroh und einem weißen, mit Spitze besetzten Umhang.

„Sie sind Mr. Robinsons Frau", sagte sie mit zitternder Stimme. „Ich bin mir sicher, dass du das bist; und wahrscheinlich gehörte dieser Ring dir; bitte nimm ihn an –"

Ich lehnte es ab, den Ring anzunehmen. Sie fuhr fort: „Hätte ich gewusst, dass Mr. Robinson der Ehemann einer solchen Frau ist –"

Ich stand auf, um sie zu verlassen. Sie fügte hinzu: „Ich werde ihn nie wieder sehen, unwürdiger Mann, ich werde ihn nie wieder empfangen."

Ich konnte nicht antworten, sondern stand auf und ging.

Als ich nach Hatton Garden zurückkehrte, wartete mein Mann auf das Abendessen. Ich verbarg meinen Kummer. Wir hatten an diesem Abend eine Party im Drury Lane Theatre veranstaltet und von dort aus zu einem ausgewählten Konzert im Count de Belgeioso's am Portman Square. Lord Lyttelton sollte sich uns an beiden Orten anschließen. Wir gingen zum Theaterstück; aber meine Aufregung verursachte so heftige Kopfschmerzen, dass ich mich entschuldigen musste, weil ich unsere Verabredung beim kaiserlichen Botschafter nicht eingehalten hatte.

Am nächsten Morgen sprach ich mit Mr. Robinson über Miss Wilmot. Er leugnete nicht, dass er eine solche Person kannte, dass er sie besucht hatte; aber er schob die ganze Schuld an seiner Indiskretion auf Lord Lyttelton . Er wollte wissen, wer mich über sein Verhalten informiert habe. Ich weigerte mich, es zu sagen; und er hatte eine zu hohe Meinung von seinem falschen Mitarbeiter, um ihn eines solchen Verrats zu verdächtigen.

Auf einer von Mrs. Parrys Kartenpartys traf ich Mrs. Abington.[16] Ich hielt sie für die lebhafteste und bezauberndste Frau, die ich je gesehen hatte; Ihre Manieren waren faszinierend und der besondere Geschmack ihrer

Kleidung erregte allgemeine Bewunderung. Meine Fantasie wanderte wieder auf die Bühne, und ich dachte, die Heldin der Bühnenkunst sei von allen menschlichen Geschöpfen am beneidenswertesten.

Ungefähr zu dieser Zeit beobachtete ich, dass Herr Robinson häufig Besucher des jüdischen Stammes hatte; dass er oft verschlossen mit ihnen war und dass irgendwelche geheimen Verhandlungen im Gange waren, die mir völlig fremd waren. Unter anderem war Herr King ein ständiger Besucher; Tatsächlich war er seit unserer Ehe oft privat mit meinem Mann zusammen gewesen. Ich befragte Herrn Robinson zum Thema dieser seltsamen und wiederholten Interviews. Er versicherte mir, dass die Leute, die ich gesehen hatte, nur aus juristischen Gründen kamen und dass es in seinem Beruf notwendig sei, höflich zu allen Schichten der Menschen zu sein. Wann immer ich auf eine weitere Erklärung drängte, nahm er einen unzufriedenen Ton an und forderte mich auf, mich nicht in seine beruflichen Aktivitäten einzumischen. Ich habe es aufgegeben; und die Stube unseres Hauses wurde von Juden fast so oft besucht, als ob es ihre Synagoge gewesen wäre.

Mr. Robinsons Vormittage waren seinen bärtigen Freunden gewidmet, seine Abende seinen modischen Begleitern; aber meine Stunden waren alle dem Kummer gewidmet, denn ich hörte jetzt, dass mein Mann selbst während seiner Ehe eine Bindung hatte, die er nicht gebrochen hatte, und dass seine Untreue ebenso öffentlich war, wie der Ruin seiner Finanzen unvermeidlich war. Ich protestierte – ich war fast außer Kontrolle. Meine Not war nutzlos, mein Wunsch, unsere Ausgaben zu kürzen, wirkungslos. Mr. Robinson hatte sich vor der Gründung unserer Gewerkschaft tief in eine Anleiheschuld beträchtlichen Ausmaßes verwickelt und von Zeit zu Zeit Geld auf Rentenbasis geliehen – einen Betrag, um den anderen zu begleichen –, bis jeder Liquidationsplan undurchführbar schien. Während dieser ganzen Zeit war meine Mutter in Bristol.

Lord Lyttelton , der feststellte, dass jeder Verführungsplan scheiterte, setzte seine einzige Hoffnung, meine Ehre zu bändigen , auf die Gewissheit, dass mein Mann zugrunde gehen würde. Deshalb unternahm er jeden Schritt und nutzte jede Gelegenheit, um noch tiefer in das Unglück hineingezogen zu werden. Es wurden Partys nach Richmond und Salt Hill sowie zu den Rennen Ascot Heath und Epsom unternommen, bei denen Herr Robinson seinen Anteil an den Kosten trug, zuzüglich der Postpferde. Wann immer er vor seiner zunehmenden Indiskretion zurückzuschrecken schien, versicherte Lord Lyttelton ihm, dass durch sein Interesse eine Anstellung von ehrenhafter und finanzieller Bedeutung erreicht werden könne, obwohl ich jede Gelegenheit nutzte, um seiner Lordschaft zu versichern, dass mich keine Rücksicht auf der Welt jemals dazu zwingen würde Opfer seiner List.

Lady Lyttelton , gestochen von Chas. Townley aus dem Gemälde von Richard Casway

Mr. Fitzgerald schenkte mir immer noch unablässige Aufmerksamkeit. Seine Manieren gegenüber Frauen waren wunderbar interessant. Er warnte mich häufig vor dem Libertin Lyttelton und beklagte ebenso häufig das fehlgeleitete Vertrauen, das Mr. Robinson in ihn setzte. Lord Lytteltons schamloses Verhalten gegenüber einer liebenswürdigen Frau, von der er getrennt wurde, und seine grausame Vernachlässigung einer Dame namens Dawson, die schon lange mit ihm verbunden war, zeigten die Unwürdigkeit seines Charakters. Er war der allerletzte Mann auf der Welt, für den ich jemals die geringste Voreingenommenheit hegen konnte; Für mich war er das verhassteste aller existierenden Wesen. Wahrscheinlich werden diese Seiten gelesen, wenn die Hand, die sie geschrieben hat, im Grab vermodert , wenn der Gott, der alle Herzen richtet, wissen wird, wie unschuldig ich an der kleinsten ehelichen Untreue war. Ich gebe diese feierliche Erklärung ab, weil es böswillige Geister gegeben hat, die mich in der Fülle ihrer Verleumdung verleumdeten, indem sie meine Treue bereits in dieser frühen Phase meines Daseins verdächtigten. Diese Seiten sind die Seiten der Wahrheit, ohne Romantik und ohne Ausschmückung durch die Anmut der Ausdrucksweise, und ich weiß, dass ich zu oft Opfer von Ereignissen geworden bin, um zum stillschweigenden Duldungsgegner zu werden , wenn ich grob falsch dargestellt wurde. Ach! Von allen geschaffenen Wesen wurde ich am stärksten von den Umständen und nicht von der Neigung unterworfen.

Ungefähr um diese Zeit wurde eines Abends eine Party in Vauxhall veranstaltet. Herr Fitzgerald war derjenige, der es vorschlug, und es bestand aus sechs oder acht Personen. Die Nacht war warm und die Gärten überfüllt. Wir aßen in dem Kreis, in dessen Mitte sich die Statue von Händel befindet . Als es spät wurde, oder besser gesagt, früher am Morgen, löste sich unsere Gesellschaft auf, und außer Mr. Robinson, Mr. Fitzgerald und mir blieb niemand übrig. Plötzlich war in der Nähe des Orchesters ein Geräusch zu hören. Eine Menschenmenge hatte sich versammelt und zwei Herren stritten heftig. Mr. R. und Fitzgerald rannten aus der Box. Ich erhob mich, um ihnen zu folgen, aber sie verloren sich in der Menge, und ich hielt es für das Klügste, meinen Platz wieder einzunehmen, den ich gerade verlassen hatte, da dies der einzig sichere Weg war, mich in Sicherheit zu finden. Einen Moment später kehrte Fitzgerald zurück. „Robinson“, sagte er, „ist gegangen, um dich an der Eingangstür zu suchen. Er dachte, du hättest die Loge verlassen.“

„Das habe ich für einen Moment getan“, sagte ich, „aber ich hatte Angst, ihn in der Menge zu verlieren, und bin deshalb zurückgekehrt.“

„Lassen Sie mich Sie zur Tür führen; wir werden ihn dort sicherlich finden“, antwortete Mr. Fitzgerald. „Ich weiß, dass er unruhig sein wird.“

Ich nahm seinen Arm und wir rannten hastig zur Eingangstür an der Vauxhall Road.

Herr Robinson war nicht da. Wir machten uns auf die Suche nach unserer Kutsche. Es stand in einiger Entfernung. Ich war alarmiert und verwirrt. Mr. Fitzgerald trieb mich voran. „Seien Sie nicht beunruhigt; wir werden ihn bestimmt finden", sagte er, „denn ich habe ihn vor nicht einmal fünf Minuten hier gelassen." Während er sprach, brach er abrupt ab. Ein Diener öffnete die Tür einer Chaiselongue. Daran waren vier Pferde angespannt; und im Licht der Lampen am Fußweg konnte ich deutlich eine Pistole in der Tasche der offenen Tür erkennen. Ich zog mich zurück. Mr. Fitzgerald legte seinen Arm um meine Taille und versuchte , mich die Stufe der Chaiselongue hinaufzuheben, während der Diener aus einiger Entfernung zusah. Ich widersetzte mich und fragte, was er mit einem solchen Verhalten meinte. Seine Hand zitterte übermäßig, während er mit leiser Stimme sagte: „Robinson kann nur gegen mich kämpfen." Ich hatte eine unbeschreibliche Angst. Ich ließ ihn los und rannte zur Eingangstür. Mr. Fitzgerald nahm nun Mr. Robinson wahr. "Da kommt er!" rief er mit lockerer Lässigkeit. „Wir hatten die falsche Kutsche gefunden, Mr. Robinson. Wir haben uns um Sie gekümmert, und Mrs. Robinson ist unaussprechlich beunruhigt."

„Das bin ich tatsächlich!" sagte ich. Mr. Robinson nahm jetzt meine Hand. Wir stiegen in die Kutsche und Mr. Fitzgerald folgte uns. Als wir in Richtung Hatton Garden weiterfuhren, blitzten unaufhörlich Blitze am Himmel. Die Kombination der Ereignisse erschreckte mich und ich befand mich in einer Situation, die jeden Alarm besonders gefährlich machte, denn ich befand mich mehrere Monate in diesem Zustand, der später damit endete, dass ich mir mein einziges Kind, meine geliebte Maria, vorstellte.[17]

Ich hatte oft von Mr. Fitzgeralds Neigung zum Duell gehört . Ich erinnerte mich an meine eigene heikle Situation; Ich schätzte die Sicherheit meines Mannes. Deshalb erwähnte ich das Abenteuer des Abends nicht, insbesondere als Mr. Fitzgerald auf unserem Weg nach Hatton Garden bemerkte, dass er „fast einen seltsamen Fehler gemacht und die Kutsche einer anderen Person in Besitz genommen hätte". Diese Bemerkung schien so plausibel, dass zu diesem Thema nichts weiter gesagt wurde.

Von diesem Abend an war ich besonders vorsichtig, wenn es darum ging, Fitzgerald zu meiden. Er war ein zu gewagtes und zu faszinierendes Wesen, als dass ihm auch nur die geringsten

Zeichen von Selbstvertrauen zugestanden worden wären. Wann immer er anrief, wurde ich ihm verweigert, und als er schließlich erkannte, dass sein Plan nicht durchführbar war, verzichtete er darauf und rief selten an, außer um seinen Namen als Besucher einer Zeremonie zu hinterlassen.

Ich erzähle diese Ereignisse, diese Pläne für meine Verzauberung nicht , um so etwas wie persönliche Eitelkeit zu vermitteln, denn ich kann mit Wahrheit behaupten, dass ich mich nie zu einer Bewunderung berechtigt gefühlt habe, die meine Sicherheit gefährden oder den Wüstling dazu verleiten könnte, die meines Mannes zu untergraben Ehre . Aber ich führe die Fallstricke, die mir gelegt wurden, auf drei Ursachen zurück: erstens auf meine Jugend und Unerfahrenheit, mein mädchenhaftes Aussehen und meine einfachen Manieren; zweitens der teure Lebensstil, in dem Mr. Robinson lebte, obwohl er nicht als Mann mit unabhängigem Vermögen bekannt war; und drittens die offensichtliche Vernachlässigung, die ich von meinem Mann erfahren musste, den Lord Lytteltons Gesellschaft als einen Mann von universeller Tapferkeit gebrandmarkt hatte.

Ich war nun an jedem öffentlichen Ort in und um die Metropole namentlich bekannt. Unser Bekanntenkreis vergrößerte sich täglich. Meine Freundin Lady Yea war meine ständige Begleiterin. Mr. Robinson geriet in Verzweiflung, weil er fest davon überzeugt war, dass keine sparsame Anstrengung oder professionelle Arbeit seine zerrütteten Finanzen regeln könnte , da die hohen Schulden, die er vor seiner Heirat mit mir hatte, den Grundstein für jede weitere Peinlichkeit gelegt hatten.

Nun nahte der Augenblick, in dem das Arkanum entwickelt werden sollte, und eine Hinrichtung auf Mr. Robinsons Vermögen auf Antrag eines Rentenempfängers löste die Zweifel und Befürchtungen, die mich schon lange plagten. Durch die offensichtliche Unruhe meines Mannes und seine häufigen Gespräche mit Personen von mysteriöser Art war ich bestens auf dieses Ereignis vorbereitet. In der Tat erschien mir diese Krise eher tröstlich als entsetzlich, denn ich hoffte und vertraute darauf, dass nun die Zeit gekommen sei, in der die Vernunft über die Torheit weichen würde und die Erfahrung die Dornen aufzeigen würde, die die angenehmen Wege der Verschwendung verstreuen.

Hätte Herr Harris seinen Sohn zu diesem Zeitpunkt großzügig unterstützt, bin ich voll und ganz davon überzeugt, dass er sich diskret und regelmäßig verhalten hätte. Sein erstes Engagement war die Grundlage all seines Unglücks. Die Unmöglichkeit, diese Schulden zu begleichen (der Grund, warum sie aufgenommen wurden, ist mir bis heute unbekannt) machte ihn verzweifelt. Wie könnte ein junger, gut ausgebildeter Mann[18] in einer solchen Metropole ohne irgendeine Versorgung überleben? Mr. Harris war ein Mann des Glücks, und er hätte wissen müssen, dass die Not der gefährlichste Begleiter der Jugend ist; Diese Torheit kann zwar durch Freundlichkeit zurückgewonnen werden, wird aber selten durch die Strenge unmitleidiger Naturen in Laster verdunkelt.

Von Hatton Garden zogen wir zu einem Haus, das uns ein Freund in Finchley geliehen hatte. Hier hoffte ich, wenigstens ruhig zu bleiben, bis der gefährliche Moment vorüber war, der mich zur Mutter machen sollte. Ich habe hier meine Zeit der Anfertigung der kleinen Garderobe meines Kindes gewidmet; Meine schönsten Musselin-Kleider habe ich in Kittel und Roben umgewandelt, mit meiner Spitze habe ich sie liebevoll verziert. Es war eine äußerst angenehme Aufgabe, und ich musste oft lächeln, wenn ich darüber nachdachte, dass ich erst drei Jahre vor dieser Zeit eine Wachspuppe angezogen hatte, die fast so groß war wie ein Neugeborenes.

Mr. Robinson hatte in London viele Geschäfte zu erledigen, und ich war fast ständig allein in Finchley. Von unserem heimischen Establishment gab es nur einen, der uns nicht im Stich ließ, und er war ein Neger! – einer dieser verachteten, erniedrigten Rasse, deren Gesicht die Farbe trägt , die allzu oft die Herzen ihrer gerechten und gefühllosen Unterdrücker kennzeichnet . Ich habe auf meiner Reise durchs Leben herausgefunden, dass die beiden männlichen Hausangestellten , die sich am meisten für mein Interesse interessierten und meinem Schicksal am treuesten folgten, beide Neger waren!

Meine Mutter kehrte nun aus Bristol zurück und ich genoss den Trost ihrer Gesellschaft. Ich habe meine Zeit zwischen Lesen, Schreiben und dem Anfertigen einer kleinen Garderobe für meinen erwarteten Schatz aufgeteilt. Ich habe die geschäftigen Szenen des Lebens wenig bereut; Ich seufzte nicht wegen öffentlicher Aufmerksamkeit. Ich hatte das Gefühl, dass mir durch diese Veränderung der Situation eine schwere Last vom Herzen genommen wurde, und tröstete meinen Geist mit dem Gedanken, dass das Schlimmste passiert war, was uns widerfahren könnte. Gnädiger Himmel! Wie hätte ich schaudern sollen, wenn ich damals über die dunkle Perspektive meines Schicksals nachgedacht hätte!

Mr. Robinson reiste fast täglich nach London, und manchmal begleitete ihn mein Bruder George, der noch ein Junge war, auf einem kleinen Pony. Eines Tages, nachdem ich von einem ihrer Ausritte zurückgekehrt war, teilte mir mein Bruder mit, dass er mit Mr. Robinson in Marylebone gewesen sei und dass er gewartet und Mr. Robinsons Pferd gehalten habe, während er einen morgendlichen Besuch gemacht habe. Ich hatte damals keinen Bekannten, der in Marylebone wohnte. Ich fragte meinen Bruder nach dem Ort, und er beharrte auf seiner ursprünglichen Geschichte. „Aber", fügte er hinzu, „wenn Sie Mr. Robinson etwas darüber sagen, werde ich Ihnen nie sagen, wohin wir in Zukunft gehen." Ich versprach, nicht zu erwähnen, was er gesagt hatte, und mein Geist beschäftigte sich intensiv mit den verschiedensten Vermutungen.

Ein paar Tage später besuchte Herr Robinson erneut und mein Bruder wurde der Dame vorgestellt. Aus dem Verhalten und der Unterhaltung beider Parteien konnte selbst ein Jugendlicher, der kaum Teenager war, keine positiven Schlussfolgerungen ziehen . Neben dem Schornstein hing meine Uhr, die ich bei der allgemeinen Zerstörung unseres Anwesens verloren geglaubt hatte. Es war mit musikalischen Trophäen emailliert und zeichnete sich durch eine Stahlkette von einzigartiger Schönheit aus. Als mein Bruder es beschrieb, wurde mein Verdacht bestätigt; und Mr. Robinson versuchte nicht einmal, seine Untreue zu leugnen.

Mr. Robinson, der feststellte, dass seine Gläubiger unerbittlich waren, und fürchtete, er könnte seine persönliche Freiheit gefährden, wenn er in der Nähe von London bliebe, teilte mir mit, dass ich ihn in ein paar Tagen nach Tregunter begleiten müsse . Der Gedanke, meine geliebte Mutter zu verlassen, zu einem Zeitpunkt, an dem ich die Aufmerksamkeit meiner Eltern so dringend brauchte, verspürte einen heftigen Schmerz. Meine Qual war extrem. Es kam mir vor, als würde ich sie nie wieder sehen; dass die Härte und die demütigenden Verspottungen der Verwandtschaft meines Mannes mich vorzeitig ins Grab schicken würden; dass mein Kind unter Fremden zurückbleiben würde und dass meine Mutter kaum die Kraft hätte, mich zu überleben. Dann rechnete ich mit den Unannehmlichkeiten einer so langen Reise, denn Tregunter House lag nur wenige Meilen von Brecon entfernt. Ich fürchtete mich vor der verächtlichen Vulgarität und den scharfen Blicken von Miss Betsy und Mrs. Molly. Ich betrachtete all diese Dinge mit Entsetzen; Aber die Angemessenheit des Ehelebens erforderte das Opfer, und ich stimmte bereitwillig zu, es zu bringen.

Mit zärtlichem Bedauern, mit quälenden Vorahnungen verabschiedete ich mich von meiner Mutter und meinem Bruder. Ein solcher Abschied würde die Macht der Sprache nur verspotten! Meine heikle Situation, meine Jugend, meine Zuneigung zu meiner besten aller Mütter – all das trug dazu bei, meinen Kummer zu vergrößern; aber die Ruhe eines Mannes, die Freiheit eines Mannes standen auf dem Spiel, und mein Schöpfer kann bezeugen, dass mein Herz, wenn ich mit der Treue und Zuneigung gesegnet worden wäre, die ich verdiente, zur Einhaltung jeder Pflicht und jedes Anspruchs bereit war, die es verschönert hätte häuslicher Anstand.

Wir machten uns auf den Weg nach Tregunter . Als wir dort ankamen, merkte ich sofort, dass unser Unglück unsere Geschwindigkeit übertroffen hatte. Miss Robinson hieß uns kaum willkommen, und Molly war verdrießlich, sogar zu beleidigendem Missfallen.

Herr Harris war von zu Hause, als wir ankamen. Doch kurz darauf kehrte er zurück. Seine Begrüßung war hart und gefühllos. „Nun! Du bist also aus einem Gefängnis entkommen und nun bist du hierher gekommen, um Buße für deine Torheiten zu tun? Nun! Und was willst du?" Ich konnte nicht antworten. Ich betrat das Haus und eilte sofort in mein altes Zimmer, wo meine Tränen dem Herzen Erleichterung verschafften, das vor Schmerz fast platzte.

Dennoch beschwor Mr. Robinson mich, das eigenwillige Temperament seines Onkels geduldig zu ertragen, und ich tat es, obwohl ich jeden Tag mit nutzlosen und unmenschlichen Fragen gehänselt wurde, wie zum Beispiel: „Wie lange, glauben Sie, werde ich Sie unterstützen? Was soll aus Ihnen werden?" in einem Gefängnis? Was haben Bettler zu heiraten?" Mit vielen anderen, ebenso gefühlvoll und hochgesinnt!

Das Herrenhaus von Tregunter bot für den weiblichen Geist nur wenige Quellen der Unterhaltung. Herr Harris hatte im Handel ein beträchtliches Vermögen erworben, und obwohl die Kunst, Reichtum anzuhäufen, erfolgreich praktiziert worden war , waren die feineren Bestrebungen geistiger Kräfte völlig vernachlässigt worden. Bücher waren in Tregunter unbekannt , mit Ausnahme einiger Zeitschriften oder periodischer Veröffentlichungen, die sich Miss Robinson zu verschiedenen Zeiten von ihren jugendlichen Nachbarn auslieh . Allerdings befand sich in einer der Stuben ein altes Spinett . Musik gehörte zu meinen frühen Freuden, und manchmal versuchte ich vergeblich , aus diesem in der Zeit erschütterten und vernachlässigten Instrument eine Art klingelnde Harmonie zu erzeugen. Diese Versuche führten jedoch häufig zu Beleidigungen für mich. „Ich sollte besser daran denken, mein Brot zu bekommen; Frauen ohne Vermögen hatten kein Recht, den Geschäften feiner Damen zu folgen. Tom hätte besser die Tochter eines guten Kaufmanns geheiratet als das Kind eines ruinierten Kaufmanns, der nicht in der Lage war, seinen Lebensunterhalt zu verdienen." Das waren die Bemerkungen meines liebenswürdigen und aufgeklärten Schwiegervaters!

Eines Tages, daran erinnere ich mich besonders, hatte Herr Harris eine große Gesellschaft zum Abendessen eingeladen; John und Charles Morgan, Esqrs ., Parlamentsabgeordnete, mit einem alten Geistlichen namens Jones und mehreren anderen waren anwesend. Damals war ich nur noch zwei Wochen von meinem gefährlichen Moment entfernt. Einer aus der Gesellschaft drückte seine Zufriedenheit darüber aus, dass ich gekommen sei, um Tregunter einen kleinen Fremden zu geben; und wandte sich an Herrn Harris und fügte hinzu:

„Sie haben Ihr Haus gerade rechtzeitig für einen Kindergarten fertiggestellt."

„Nein, nein", antwortete Mr. Harris lachend, „sie kamen hierher, weil die Gefängnistüren offen waren, um sie aufzunehmen."

Ich spürte, wie mein Gesicht rot bis scharlachrot wurde; Alle Anwesenden schienen Mitleid mit meinem Kummer zu haben, und ich wäre vor Verwirrung fast unter den Tisch gesunken. Mr. Robinsons Empörung war offensichtlich; aber es wurde sowohl durch Pflicht als auch durch Notwendigkeit zurückgehalten.

Das Herrenhaus war noch nicht fertig; und ein paar Tage nach unserer Ankunft teilte mir Herr Harris mit, dass er keine Unterkunft für meine bevorstehende Entbindung habe. Wohin sollte ich gehen? war die nächste Frage. Nach vielen Beratungen mit der Familie wurde beschlossen, dass ich in das etwa anderthalb Meilen entfernte Trevecca House umziehen und dort dieser elenden Welt meinen erstgeborenen Liebling schenken sollte.

Ich zog nach Trevecca; Es war ein geräumiges Herrenhaus am Fuße eines gewaltigen Berges, der wegen seiner Form Zuckerhut genannt wurde. Ein Teil des Gebäudes wurde in eine Flanellmanufaktur umgewandelt, und die Bewohner gehörten der Huntingdon- Schule an. Hier genoss ich die süße Ruhe der Einsamkeit; Hier wanderte ich durch Wälder, die von der wilden Üppigkeit der Natur umhüllt waren, oder streifte auf der Seite des Berges umher, während die blauen Dämpfe um seinen Gipfel schwebten. Oh, Gott der Natur! Herrscher des Universums der Wunder! Wie inbrünstig habe ich dich in diesen interessanten Momenten verehrt!

Wie oft habe ich an meinem kleinen Wohnzimmerfenster gesessen und den blassen Mondstrahlen zugesehen, die zwischen den düsteren und ehrwürdigen Eiben huschten, die ihren feierlichen Schatten über den kleinen Garten werfen! Wie oft bin ich die vom Tau des Morgens übersäten Waldwege entlang geschlendert und habe die Brombeerzweige abgeschüttelt, die um mich herum hingen! Wie ruhig fühlte ich mich, der Tyrannei meiner Verwandten entkommen, und wie wenig bereute ich die geschäftigen Szenen modischer Torheit! Zweifellos hat mich der Schöpfer mit der starken Neigung geformt, das Erhabene und Schöne seiner Werke zu verehren! Aber es war mir noch nie zuteil, einem verbindenden Geist, einem kongenialen Geist zu begegnen, der (sozusagen von der Welt abstrahiert) im heiligen Verkehr der Seele, der erhabenen Vereinigung der Sinnlichkeit, ein Universum finden könnte.

Im Trevecca House war ich ruhig, wenn auch nicht vollkommen glücklich. Dort vermied ich die niedrigen Verspottungen unkultivierter Naturen, die unverschämte Vulgarität des Stolzes und die überheblichen Triumphe einer Familie, deren höchster Zweig meinem Stamm ebenso unterlegen war wie das kleine Unkraut unter dem höchsten Baum, der ihn überschattet. Ich hatte eine Verbindung mit einer Familie geschlossen, die weder Gefühle noch Sensibilität besaß; Ich war dazu verdammt, die Gesellschaft der Unwissenheit und des Stolzes zu ertragen; Ich wurde behandelt, als wäre ich das erbärmlichste aller Wesen gewesen, selbst zu einer Zeit, als mein bewusster Geist ihre Kräfte so weit überstieg, dass er ihn verletzen konnte, so wie der Berg über den weißen Zinnen meiner damals einsamen Behausung aufragte.

Nach meinem Umzug nach Trevecca sah ich Miss Robinson oder Mrs. Molly selten; Mr. Harris besuchte mich nie, obwohl ich nicht mehr als anderthalb Meilen von Tregunter entfernt war . Endlich kam der erwartete, wenn auch für mich höchst gefährliche Moment, der ein neues und zärtliches Interesse in meiner Brust weckte, das meinem liebevoll schlagenden Herzen mein Kind, meine Maria, präsentierte. Ich kann die Empfindungen meiner Seele in dem Moment nicht beschreiben, als ich den kleinen Liebling an meine Brust, meine mütterliche Brust, drückte; als ich seine Hände, seine Wangen, seine Stirn küsste, während es sich eng an mein Herz schmiegte und jene Zuneigung zu beanspruchen schien, die es nie verfehlte, es zu wärmen. Sie war das schönste aller Kleinkinder! Ich hielt mich für die glücklichste aller Mütter; Ihr erstes Lächeln schien etwas Himmlisches zu sein – etwas, das dazu bestimmt war, meine dunkle und trostlose Existenzperspektive zu erhellen.

Zwei Tage, nachdem mein Kind dieser Welt des Kummers vorgestellt wurde, wurde meine Krankenschwester, Mrs. Jones, eine äußerst ausgezeichnete Frau, von den Leuten in der Manufaktur dringend gebeten, das Kind zu sich zu bringen; Sie wollten „das Baby des jungen Gutsherrn, die kleine Erbin von Tregunter " sehen. Es war vergebens, dass ich mich vor den Folgen des Besuchs fürchtete, denn es war im Monat Oktober; aber Mrs. Jones versicherte mir, dass Kleinkinder in diesem Teil der Welt am Tag ihrer Geburt sehr häufig ins Freie getragen würden; Sie deutete auch an, dass meine Weigerung die Gefühle der ehrlichen Menschen verletzen würde und eher den Anschein von Stolz als von mütterlicher Zärtlichkeit erwecken würde. Diese Idee war der Ausschlag für meine Zustimmung; und meine kleine Liebste, versunken in die Erschaffung ihres eigenen romantischen

Geburtsortes, machte ihren ersten Besuch bei ihren freundlichen, aber unkultivierten Landsfrauen.

Kaum hatte Mrs. Jones den Kreis betreten, war sie schon von der blickenden Menge umringt. Das Kind war mit besonderer Ordentlichkeit gekleidet, und nichts Sterbliches könnte schöner aussehen. Tausend und Abertausend Segenswünsche wurden auf die „Erbin von Tregunter " überhäuft, denn so nannten sie sie phantasievoll; Tausendmal erklärten sie, dass das Baby das Ebenbild ihres Vaters sei. Mrs. Jones kam zu mir zurück; jedes Wort, das sie aussprach, beruhigte mein Herz; Ein süßer und dankbarer Glanz verriet zum ersten Mal die unbeschreibliche Befriedigung, die ein liebevoller Elternteil empfindet, wenn er das Lob eines geliebten Sprösslings hört. Doch diese kleine Abwesenheit erschien mir wie eine Ewigkeit; Eine Vielzahl von Ängsten stellten Gefahren in unterschiedlichen Formen dar, und der Gegenstand all meiner Fürsorge, all meiner Zuneigung lag mir jetzt näher als je zuvor an meinem Herzen.

Inmitten dieser süßen und unvergesslichen Empfindungen betrat Mr. Harris mein Zimmer. Er erkundigte sich unvermittelt, wie es mir ginge, setzte sich neben mein Bett und begann, über Familienangelegenheiten zu sprechen. Ich war zu schwach, um viel zu sagen; und er hatte nicht den Feinsinn, zu berücksichtigen, dass Mrs. Jones, meine Krankenschwester und für mich fast eine Fremde, Zeugin unseres Gesprächs war.

"Also!" sagte Herr Harris, „und was wollen Sie mit Ihrem Kind machen?“

Ich habe keine Antwort gegeben.

„Ich werde es dir sagen ", fügte er hinzu. „Binden Sie es sich auf den Rücken und arbeiten Sie daran.“

Ich zitterte vor Entsetzen.

„Die Gefängnistüren sind offen“, fuhr Herr Harris fort. „Tom wird im Gefängnis sterben ; und was soll aus dir werden?“

Ich schwieg.

Jetzt kam Miss Robinson zu Besuch. Sie sah mich an, ohne eine Silbe zu sagen; Aber während sie die Gesichtszüge meines Kindes betrachtete, ihr unschuldiges schlafendes Gesicht, ihre kleinen Grübchenhände auf der Brust gefaltet, murmelte sie:

„Armer kleiner Kerl! Armes Ding! Es wäre eine Gnade, wenn es Gott gefallen würde, es zu nehmen!" Meine seelische Qual war kaum zu ertragen.

Ungefähr drei Wochen nach diesem Zeitraum trafen Briefe ein, in denen Mr. Robinson darüber informiert wurde, dass seine Gläubiger immer noch unerbittlich seien und dass der Ort seines Verstecks bekannt sei. Er wurde davor gewarnt, das Risiko einer Verhaftung einzugehen; tatsächlich wusste er, dass ein solches Ereignis seinen Ruin bei Mr. Harris vollenden würde, von dem er keinerlei Hilfe erhalten sollte. Er teilte mir diese Nachricht mit und teilte mir gleichzeitig mit, dass er Trevecca unbedingt sofort verlassen müsse. Ich war immer noch äußerst geschwächt, denn meine geistigen Leiden hatten meine körperliche Kraft fast ebenso stark beeinträchtigt wie die Gefahren, denen ich kürzlich ausgesetzt war. Aber die Vorstellung, ohne meinen Mann in Trevecca zu bleiben, war schrecklicher als die Aussicht auf Vernichtung, und ich antwortete ohne zu zögern: „Ich bin bereit, mit Ihnen zu gehen."

Meine gute Amme, eine sehr liebenswürdige Frau und unter vierzig Jahre alt, beschwor mich, meine Reise aufzuschieben. Sie teilte mir mit, dass es in meinem damals schwachen Zustand gefährlich sei, dies zu tun. Die Freiheit meines Mannes war in Gefahr und mein Leben schien von geringer Bedeutung zu sein; denn schon in dieser frühen Phase meiner Tage war ich des Daseins überdrüssig.

Am folgenden Morgen reisten wir ab. Mrs. Jones bestand darauf, mich auf der ersten Tagesreise zu begleiten. Mr. Robinson, meine Krankenschwester und ich saßen in einer Postkutsche; Meine Maria wurde auf ein Kissen auf Mrs. Jones' Schoß gelegt. Die Blässe des Todes breitete sich auf meinem Gesicht aus, und die armen, ehrlichen Menschen der Berge und Dörfer sahen uns mit Trauer, wenn auch nicht ohne ihren Segen, gehen. Weder Mr. Harris noch die aufgeklärten Frauen von Tregunter äußerten bei diesem Anlass auch nur das geringste Bedauern oder ihre Besorgnis. Am Abend erreichten wir Abergavenny. Meine wenigen verbliebenen Kräfte waren erschöpft und ich konnte nicht weitergehen. So einzigartig diese Verfolgungen auch erscheinen mögen, Herr Robinson weiß, dass sie nicht im geringsten übertrieben sind.

In Abergavenny trennte ich mich von Mrs. Jones, und da ich kein Hausmädchen bei mir hatte, blieb es mir überlassen, die gesamte Obhut für Maria zu übernehmen. Da ich im zarten Schoß des Wohlstands aufwuchs, hatte ich nur wenig über den häuslichen Beruf gelernt; Der schmückende Teil der Bildung war verschwenderisch gewesen, aber das Nützliche war nie einem Mädchen zuteil geworden, das als zur Unabhängigkeit geboren galt. Angesichts dieser Nachteile fühlte ich mich angesichts der beschwerlichen Aufgabe, die ich zu erledigen hatte, in einer sehr misslichen Lage; Doch bald siegte die Notwendigkeit mit der sanften Stimme mütterlicher Zuneigung, und ich gehorchte ihren Geboten als den Geboten der Natur.

Mrs. Jones, deren ausgezeichnetes Herz mitfühlend war für alles, was ich erlitt, hätte mich in einem so heiklen Augenblick nicht verlassen, wenn sie nicht die Witwe eines Kaufmanns in Brecon gewesen wäre und ihr Zuhause verlassen hatte, wo sie zwei Töchter zurückgelassen hatte – Sehr hübsche junge Frauen – um mich zu betreuen, musste sie zu ihnen zurückkehren. Mit wiederholten guten Wünschen und einigen Tränen des Bedauerns, die aus ihrem Gefühl und ihrem sanften Herzen flossen, trennten wir uns.

Am nächsten Tag fuhren wir weiter nach Monmouth. Da einige Verwandte meiner Mutter dort lebten, insbesondere meine Großmutter, wollte ich dort bleiben, bis meine Kräfte wieder einigermaßen wiederhergestellt waren. Wir wurden mit echter Zuneigung empfangen; Wir wurden mit ungeheuchelter Gastfreundschaft umarmt. Das gute und ehrwürdige Objekt meines Besuchs freute sich, ihr Urenkelkind zu umarmen, und das Familienfeuer war häufig ein Schauplatz ruhiger und angenehmer Gespräche. Wie sehr unterschieden sich diese Momente von denen, die ich mit den niederen Einwohnern von Tregunter verbracht hatte !

Meine Großmutter war, obwohl sie damals fast siebzig Jahre alt war, immer noch eine sympathische Frau; sie war in ihrer Jugend von zarter Schönheit gewesen; und die schlichte Einfachheit ihres Kleides, das immer entweder aus brauner oder schwarzer Seide bestand, die Frömmigkeit ihres Geistes und die Milde ihrer Natur machten sie zu einem äußerst liebenswerten Objekt.

Sobald ich wieder zu Kräften kam, wurde ich zu vielen angenehmen Unterhaltungen eingeladen. Aber das Lieblingsvergnügen , das ich gewählt habe, war das Wandern am Fluss Wye oder die Erkundung der antiken Überreste von Monmouth Castle, von denen ein Teil bis zum Garten des Wohnhauses meiner Großmutter reichte. Ich begleitete meine liebenswürdige und verehrte Verwandte auch ständig in die Kirche; und ich habe oft mit einer Mischung aus Freude und fast Neid die ruhige Resignation beobachtet, die die Religion in ihrem Geist ausstrahlte, selbst am Ende der menschlichen Existenz. Diese ausgezeichnete Frau starb im Jahr 1780 an einem allmählichen Verfall.

Wir wohnten etwa einen Monat in Monmouth, als ich zu einem Ball eingeladen wurde. Der Tapetenwechsel stärkte meine Stimmung und stärkte mich, und ich konnte zum Tanzen überredet werden. Damals gefiel mir das Vergnügen besonders gut, und meine teilweisen Freunde schmeichelten mir, indem sie sagten, dass ich die labyrinthische Figur wie eine Sylphe vermaß. Ich war damals Krankenschwester; und im Laufe des Abends wurde Maria in ein Vorzimmer gebracht, um die einzige Unterstützung zu erhalten, die sie jemals erhalten hatte. Da ich mir der Gefahren, die ein solches Ereignis mit sich brachte, nicht bewusst war, gab ich ihr sofort nach dem Tanz die gewohnte Nahrung. Es war durch die Heftigkeit des Trainings und die Hitze des Ballsaals unruhig, und als ich nach Hause kam, fand ich mein Kind in starken Krämpfen vor.

Meine Ablenkung, meine Verzweiflung waren schrecklich; Mein Geisteszustand machte es mir unmöglich, dem Kind irgendeine innere Nahrung zu geben, selbst wenn sein kleiner Mund ausgetrocknet war oder der Anfall auch nur im geringsten nachließ. Ich war etwas weniger als hektisch; die ganze Nacht saß ich mit ihr auf meinen Armen; Ein angesehener Mediziner war anwesend. Die Krämpfe hielten an und meine Situation war schrecklich; Diejenigen, die es miterlebten, vermied es sorgfältig, mir mitzuteilen, dass die Gefahr für mein Kind von meinem Tanz ausginge; Hätte ich es damals gewusst, hätte ich meiner Meinung nach wirklich den Verstand verloren.

In diesem verzweifelten Zustand, mit nur kurzen Ruhepausen, blieb mein Schatz bis zum Morgen bestehen. Alle meine Freunde kamen, um sich zu erkundigen, unter anderem auch ein Geistlicher, der meine Großmutter besuchte. Er sah, wie das Kind, wie man glaubte, sterben würde; Er sah mich immer noch dort sitzen, wo ich in der Nacht zuvor meinen Platz der Verzweiflung eingenommen hatte, in der Benommenheit unaussprechlichen Kummers verharrt. Er beschwor mich, das Kind entfernen zu lassen. Ich hatte rasendes Fieber; Die Auswirkungen, mein Kind zwölf Stunden lang nicht ernährt zu haben, begannen, meine eigene Existenz zu gefährden, und ich freute mich auf meine Auflösung als das glücklichste Ereignis, das mir widerfahren konnte.

Noch immer lag Maria auf meinem Schoß, und noch immer widerstand ich jedem Versuch, sie zu entfernen. Gerade zu diesem Zeitpunkt erinnerte sich der Geistliche, dass er gesehen hatte, wie eines seiner Kinder durch ein einfaches Experiment von Krämpfen befreit wurde, und er bat mich um Erlaubnis, die Wirkungen ausprobieren zu dürfen. Das Kind wurde von meinem Arzt übergeben und ich antwortete: „So verzweifelt das Mittel auch sein mag, ich beschwöre Sie, es zu verabreichen.“

Er mischte nun einen Esslöffel Anisschnaps mit einer kleinen Menge Walrat und gab ihn meinem Säugling. In wenigen Minuten ließen die krampfhaften Krämpfe nach, und in weniger als einer Stunde versank sie in einen süßen und ruhigen Schlaf. Das, was ich fühlte, mag den Vorstellungen einer liebevollen Mutter entsprechen, aber meine Feder würde bei dem Versuch, es zu beschreiben, scheitern.

Nun traten einige Umstände ein, die Herrn Robinson Grund zu der Annahme gaben, dass er in Monmouth nicht sicher sei, und wir bereiteten uns auf einen Umzug in ein anderes Viertel vor. Der Tag, an dem wir unsere Reise beginnen sollten, war festgesetzt, als eine Hinrichtung für eine beträchtliche Summe eintraf und Mr. Robinson nicht mehr die Freiheit hatte zu reisen. Mein Alarm war grenzenlos; Die Summe war zu groß für die Möglichkeit einer Liquidation, und da ich Mr. Robinsons verzweifeltes Vermögen kannte, hielt ich es sowohl für ungerecht als auch für unhöflich, den Versuch zu unternehmen, sie zu leihen. Glücklicherweise war der Sheriff des Landkreises ein Freund der Familie. Er war ein Gentleman und liebenswürdiger Mann und bot uns an, uns nach London zu begleiten, um einem unangenehmen Dilemma aus dem Weg zu gehen. Wir machten uns noch am selben Abend auf den Weg und schliefen nicht, bis wir in der Metropole ankamen.

Ich eilte sofort zu meiner Mutter, die in der Buckingham Street, York Buildings, dem heutigen Adelphi, wohnte. Ihre Freude war grenzenlos. Sie hat mich tausendmal geküsst, sie hat mein wunderschönes Kind geküsst; während Mr. Robinson den Tag damit verbrachte, die Geschäfte zu erledigen, die ihn nach London geführt hatten. Er war von einem Freund verhaftet worden, in der Hoffnung, dass so nahe an der Wohnung seines Vaters eine solche Summe gezahlt worden wäre; Zumindest wird dies als Grund für solch unfreundliches Verhalten angeführt![19]

Die Angelegenheit wurde jedoch nach einer Erklärung geregelt, und Mr. Robinson mietete eine Unterkunft in der Nähe der Berners Street, wohin wir noch am selben Abend einzogen. Meine kleine Gedichtsammlung, die ich zur Veröffentlichung veranlasst hatte und die seit meiner Heirat bereitlag, beschloss ich nun, sofort zu drucken. Es waren tatsächlich Kleinigkeiten, sehr Kleinigkeiten; Ich habe sie seitdem mit einem Anflug von Selbstvorwurf durchgelesen und mich gefragt, wie ich es wagen könnte, sie der Öffentlichkeit zu präsentieren. Ich vertraue darauf, dass kein Exemplar mehr übrig ist, außer dem, das meine liebe Teilmutter liebevoll aufbewahrt hat und das sich jetzt in meinem Besitz befindet.

Ich war schon ein paar Tage in der Stadt, als mich einige Freundinnen überredeten, eine von ihnen gegründete Gruppe nach Ranelagh zu begleiten. Mr. Robinson lehnte es ab, hinzugehen, aber nach langem Flehen stimmte ich zu. Ich war jetzt fast zwei Jahre verheiratet; meine Person hat sich erheblich verbessert; Ich war größer geworden als damals, als ich Mr. Robinsons Frau wurde, und hatte nun mehr die Manieren einer Frau von Welt als die mädchenhafter Einfachheit, die mich bisher charakterisiert hatte , obwohl ich einige Monate von London entfernt gewesen war, und a ein Teil von ihnen war rustiziert zwischen Bergen. Das Kleid, das ich trug, war schlicht und einfach; es bestand aus helllila schimmerndem Glanz . Mein Kopf hatte einen Kranz aus weißen Blumen; Die ganze Gruppe lobte mich für mein Aussehen und begleitete die Gruppe nach Ranelagh, da ich wenig Lust auf öffentliche Vergnügungen hatte und mein Herz vor häuslicher Fürsorge klopfte.

Die erste Person, die ich sah, als ich die Rotunde betrat, war George Robert Fitzgerald. Er zuckte zusammen, als hätte er einen Stromschlag erhalten. Ich wandte meinen Kopf ab und wäre ihm aus dem Weg gegangen; aber er verließ sofort zwei Freunde, mit denen er spazieren ging, und stellte sich mir vor. Er brachte seine große Freude zum Ausdruck, mich wieder in „der Welt" zu sehen; war überrascht, mich zum ersten Mal ohne meinen Mann in der Öffentlichkeit anzutreffen, und bat um Erlaubnis, mir in meinem Haus seinen Respekt erweisen zu dürfen. Ich antwortete, dass ich „bei ein paar Freunden zu Besuch" sei. Er verneigte sich und gesellte sich zu seinen Gefährten.

Im Laufe des Abends hörte er jedoch nicht auf, mir zu folgen. Wir verließen die Rotunde früh; und während wir auf die Kutsche warteten, bemerkte ich Fitzgerald erneut im Vorzimmer. Wir kamen am Vorraum vorbei und an der Tür wartete seine eigene Kutsche.

Am folgenden Mittag korrigierte ich gerade einen Korrekturabzug meines Bandes, als der Diener plötzlich Mr. Fitzgerald ankündigte!

Ich war durch diesen unerwarteten Besuch etwas beunruhigt und empfing Herrn Fitzgerald mit einer kalten und verlegenen Miene, die ihn offensichtlich beschämte; Im Moment der Überraschung verspürte ich auch ein wenig weltliche Eitelkeit, denn mein Morgenkleid war eher darauf ausgelegt, mütterliche Fleißigkeit zu demonstrieren, als elegante und geschmackvolle *Déshabille*. In einem kleinen Korb neben meinem Stuhl schlief meine kleine Maria; Mein Tisch war mit Papieren bedeckt, und alles um mich herum bot das gemischte Durcheinander eines Arbeitszimmers und eines Kinderzimmers.

Seit Mrs. Jones mich in Abergavenny verlassen hatte, hatte ich es mir zur unveränderlichen Regel gemacht, mein Kind immer an- und auszuziehen. Ich habe es nie zugelassen, dass es in eine Wiege gelegt oder außerhalb meiner Gegenwart gefüttert wurde. Ein länglicher Korb mit vier Henkeln (mit einem Kissen und einer kleinen Nackenrolle) diente ihr tagsüber als Bett; Nachts hat sie mit mir geschlafen. Ich hatte zu oft von der Vernachlässigung gehört, die Bedienstete gegenüber kleinen Kindern an den Tag legen, und beschloss, niemals ein Kind von mir ihrer Unwissenheit oder Unaufmerksamkeit auszusetzen. Mitten in den Pflichten eines Elternteils fand mich nun der fröhliche, hochmodische Fitzgerald; Und wenn mich geschäftliche oder, sehr selten, öffentliche Vergnügungen von der Beschäftigung abhielten, war meine Mutter stets meine Stellvertreterin.

Mr. Fitzgerald sagte tausend höfliche Dinge; aber was mich bezauberte, war die Bewunderung meines Kindes. Er erklärte, er habe noch nie eine so junge Mutter oder ein so schönes Kind gesehen. Bei der ersten Bemerkung seufzte ich, aber die letzte erfreute meine Brust; Sie war in der Tat eine der hübschesten kleinen Sterblichen, auf die jemals die Sonne schien.

Das Hauptthema war Lob meiner Gedichte. Ich lächle, während ich daran denke, wie weit die Unverschämtheit der Schmeichelei das Urteil widerlegen kann. Herr Fitzgerald nahm den Korrekturbogen zur Hand und las einen der Pastorale. Ich erkundigte mich, auf welchem Weg er meinen Wohnort entdeckt hatte; Er teilte mir mit, dass seine Kutsche mich in der Nacht zuvor nach Hause gefolgt sei. Er verabschiedete sich nun.

Am folgenden Abend stattete er uns einen weiteren Besuch ab; Ich sage uns, weil Mr. Robinson zu Hause war. Mr. Fitzgerald trank Tee mit uns und schlug vor, am nächsten Tag eine Party zu veranstalten, um in Richmond zu speisen. Dies verneinte ich entschieden; mit der Behauptung, dass meine Pflichten gegenüber meinem Kind es unmöglich machten, einen Tag von ihr fern zu bleiben.

Am darauffolgenden Mittwoch begleitete mich Herr Robinson erneut nach Ranelagh. Dort trafen wir Lord Northington, Lord Lyttelton , Kapitän O'Bryan, Kapitän Ayscough , Mr. Andrews und mehrere andere, die im Laufe des Abends alle ihre Aufmerksamkeit bewiesen. Aber da Mr. Robinsons geistesgestörte Lage es nicht zuließ, dass wir Gäste zu Hause empfangen konnten, entschuldigte ich mich damit, dass wir bei einem Freund waren und uns noch nicht in einer Stadtresidenz niedergelassen hatten. Lord Lyttelton war besonders aufdringlich; aber er erhielt die gleiche Antwort, die ich jedem anderen Fragesteller gegeben hatte.

Kurze Zeit später wurde Herr Robinson verhaftet. Jetzt kam meine Stunde der Prüfung. Er wurde in das Haus eines Sheriff-Offiziers gebracht, und in wenigen Tagen wurden gegen ihn Haftstrafen in Höhe von zwölfhundert Pfund verhängt, hauptsächlich aus Rückständen von Renten und anderen Forderungen jüdischer Gläubiger; denn ich kann stolz und wahrheitsgemäß erklären, dass er weder zu diesem Zeitpunkt noch zu irgendeinem Zeitpunkt danach fünfzig Pfund für mich oder irgendeinen Händler auf meine Rechnung schuldete.

Mr. Robinson wusste, dass es sinnlos sein würde, Mr. Harris um Hilfe zu bitten; Tatsächlich war sein Geist zu sehr deprimiert, um sich für die Regelung seiner Angelegenheiten anzustrengen. Nachdem er drei Wochen in der Obhut eines Sheriffbeamten gewartet hatte (während dieser Zeit hatte ich ihn keine einzige Stunde, weder Tag noch Nacht) verlassen, war er gezwungen, sich der Notwendigkeit zu fügen, in Gefangenschaft zu geraten.

Ich kümmerte mich nur wenig; Meine ganze Sorge galt Mr. Robinsons Ruhe und der Gesundheit meines Kindes. Die Wohnung, die wir bekamen, lag im oberen Teil des Gebäudes mit Blick auf einen Schlägerplatz. Mr. Robinson war ein Experte in allen Kraft- und Aktivitätsübungen und fand jeden Tag ein Vergnügen, an dem ich nicht teilnehmen konnte. Ich hatte andere Beschäftigungen, die interessanter waren: die Pflege einer geliebten und immer noch hilflosen Tochter.[20]

Neun Monate und drei Wochen lang habe ich kein einziges Mal die Schwelle unserer trostlosen Behausung überschritten; Obwohl jede Verlockung angeboten und alle Anstrengungen unternommen wurden, um mich aus meiner häuslichen Bindung herauszuholen. Unzählige Nachrichten und Briefe von Lords Northington und Lyttelton , von Herrn Fitzgerald und vielen anderen wurden mir übermittelt. Aber sie alle, außer Lord Northingtons, waren in der Sprache der Galanterie diktiert, voller Liebeserklärungen und des Wunsches, mich aus meiner unangenehmen und demütigenden Situation zu befreien – und wurden daher mit Verachtung, Verachtung und Empörung behandelt. Denn Gott kann bezeugen, dass ich zu diesem Zeitpunkt noch nie darüber nachgedacht hatte, die Gelübde zu brechen, die ich meinem Mann am Altar gegeben hatte.

Was habe ich in dieser langwierigen Gefangenschaft erlitten! Mein kleiner Gedichtband verkaufte sich gleichgültig; mein Gesundheitszustand war erheblich beeinträchtigt; und das geringe Einkommen, das Mr. Robinson von seinem Vater erhielt, reichte kaum aus, um ihn zu ernähren. Ich werde nicht auf ein langweiliges Detail vulgärer Sorgen und vulgärer Szenen eingehen; Ich verließ meine Wohnung selten und erst am Abend, wenn ich mit meinem Mann auf dem Tennisplatz spazieren ging, um Luft zu schnappen und mich zu bewegen.

Bei einem dieser Nachtspaziergänge erfreute meine kleine Tochter meine Ohren zum ersten Mal mit der Artikulation von Worten. Der Umstand hinterließ bei mir einen starken und unauslöschlichen Eindruck. Es war ein klarer Mondscheinabend; das Kind lag in den Armen ihres Kindermädchens; sie tanzte mit ihr auf und ab und spielte mit ihr; Ihr Blick war auf den Mond gerichtet, auf den sie mit ihrem kleinen Zeigefinger zeigte. Plötzlich zog eine Wolke darüber hinweg, und das Kind seufzte mit einem langsamen Senken der Hand deutlich: „Alles weg!" Dies war bei ihrer Zofe üblich gewesen, wenn das Kind etwas wollte, das man ihr vorenthalten oder verbergen sollte. Diese kleinen Nichtigkeiten werden dem gewöhnlichen Leser unbedeutend erscheinen, aber für den Elternteil, dessen Herz durch Sensibilität geadelt ist, werden sie zu Angelegenheiten von wichtigem Interesse. Ich kann nur hinzufügen, dass ich bis fast Mitternacht lief, jede Wolke beobachtete, die über den Mond zog, und ebenso oft mit einem rauschenden Gefühl hörte, wie meine kleine Plapperin ihre Beobachtung wiederholte.

Nach viel Muße und vielen melancholischen Stunden wandte ich meine Gedanken wieder den Musen zu. Ich wählte „Gefangenschaft" als Thema meiner Feder und verfasste bald ein Quartgedicht von einiger Länge; Es war meiner früheren Produktion überlegen, aber es war voller Mängel, voller schwacher oder mühsamer Linien. Heutzutage lese ich meine frühen Kompositionen nie mehr ohne einen Hauch auf meiner Wange, der meine bescheidene Meinung über sie ausdrückt.

Zu dieser Zeit wurde mir mitgeteilt, dass die Herzogin von Devonshire[21] die Bewunderin und Förderin der Literatur sei. Mit einer Mischung aus Schüchternheit und Hoffnung schickte ich ihr Grace einen ordentlich gebundenen Band meiner Gedichte, begleitet von einem kurzen Brief, in dem ich mich für ihre Mängel entschuldigte und mein Alter als einzige Entschuldigung für ihre Ungenauigkeit anführte. Mein Bruder, ein charmanter junger Mann, war der Überbringer meiner ersten literarischen Spende im Heiligtum des Adels. Die Herzogin ließ ihn ein und erkundigte sich mit der großzügigsten und liebenswürdigsten Sensibilität nach einigen Einzelheiten über meine Situation, mit der Bitte, dass ich sie am nächsten Tag besuchen würde.

Ich wusste nicht, was ich tun sollte. Ihre Großzügigkeit forderte meine Zustimmung; Da ich jedoch während der langen Gefangenschaft meines Mannes ihn nie für eine halbe Stunde verlassen hatte, verspürte ich eine Art Widerwillen, der die romantische Festigkeit meines Geistes schmerzte, während ich darüber nachdachte, was ich als einen Bruch meiner häuslichen Bindung ansah. Auf ausdrückliche und ernsthafte Bitte von Herrn Robinson stimmte ich jedoch zu und nahm dementsprechend die Einladung der Herzogin an.

Während meiner Abgeschiedenheit von der Welt hatte ich mein Kleid meiner Situation angepasst. Sauberkeit war immer mein Stolz; aber jetzt war Schlichtheit die Übereinstimmung mit der Notwendigkeit. Einfache Kleidungsstücke wurden zum Aufenthaltsort der Widrigkeiten; und das schlichte braune Satinkleid, das ich bei meinem ersten Besuch bei der Herzogin von Devonshire trug, kam mir so seltsam vor wie eine Geburtstagsklage vor Gericht für die Tochter eines frisch verheirateten Bürgers.

Das Aussehen und Benehmen der Herzogin zu beschreiben, als sie den hinteren Salon des Devonshire House betrat, wäre unmöglich; Milde und Sensibilität strahlten in ihren Augen und strahlten ihr Gesicht aus. Sie drückte ihre Überraschung darüber aus, einen so jungen Menschen zu sehen, der bereits solche Wechselfälle des Schicksals erlebt hatte; Sie beklagte sich darüber, dass mein Schicksal so wenig im Verhältnis zu dem stand, was sie gern als mein Verdienst bezeichnete, und bat mich mit einer Träne sanften Mitgefühls, einen Beweis ihrer guten Wünsche anzunehmen. Mir fehlten die Worte, um meine Gefühle auszudrücken, und ich wollte gerade gehen, als die Herzogin mich bat, sie oft zu besuchen und meine kleine Tochter mitzubringen.

Ich besuchte die liebenswürdige Herzogin häufig und wurde stets mit den herzlichsten Beweisen meiner Freundschaft empfangen. Meine kleine Tochter, deren Krankenschwester ich noch war, begleitete mich meist und erfuhr immer die liebevollsten Zärtlichkeiten meiner verehrten Gönnerin, meiner liberalen und liebevollen Freundin. Oftmals erkundigte sich die Herzogin sehr genau nach der Geschichte meines Kummers und schenkte mir ebenso oft Tränen spontanen Mitgefühls. Aber mein Schicksal war so, dass mein Mann, obwohl ich der Partner seiner Gefangenschaft und der hingebungsvolle Sklave seiner Bedürfnisse war, ihr nachgab, während ich die Wertschätzung dieser besten aller Frauen durch ein Verhalten pflegte, das über jede Verwerfung hinausging in den niedrigsten und erniedrigendsten Intrigen; Während meiner kurzen Abwesenheit bei der Herzogin — denn ich verließ das Gefängnis nur, um ihrer Aufforderung zu folgen — war er dafür bekannt, dass er die Vernachlässigtesten ihres Geschlechts aufnahm, Frauen, deren niedriges, zügelloses Leben ihnen die Schande einbrachte und Ausgestoßene der Gesellschaft. Diese schändlichen Treffen wurden arrangiert, sogar während ich in meiner eigenen Wohnung war, in einem Nebenzimmer und mit Hilfe eines Italieners, der ebenfalls dort gefangen war. Ich wurde über das Verfahren informiert und befragte Herrn Robinson zu diesem Thema. Er bestritt den Vorwurf; aber ich nutzte die sich bietende Gelegenheit und war überzeugt, dass die Untreue meines Mannes sowohl häufig als auch schändlich war.

Dennoch verfolgte ich meinen Plan der strengsten häuslichen Anstandlichkeit; Dennoch habe ich meinen Glauben unantastbar bewahrt, meinen Namen unbefleckt. Manchmal ertrug ich die schlimmsten Leiden, den Schmerz enttäuschter Hoffnung und den Druck finanzieller Nöte.

Während meiner langen Abgeschiedenheit von der Gesellschaft, da ich nicht mit denen verkehren konnte, die das Schicksal in eine ähnliche missliche Lage gebracht hatte, erkundigte sich keine meiner Freundinnen auch nur, was aus mir geworden sei. Diejenigen, die in meinen glücklicheren Stunden von mir beschützt und mit der herzlichsten Gastfreundschaft empfangen worden waren, vernachlässigten nun alle freundliche Beileidsbekundung mitfühlender Gefühle und mieden sowohl mich als auch meine trostlose Wohnung. Von dieser Stunde an habe ich nie mehr die Zuneigung zu meinem eigenen Geschlecht gespürt, die vielleicht manche Frauen empfinden; Ich habe mein Herz nie dazu gebracht, ihre Freundschaft zu schätzen oder mich über die kurze Aussicht auf einen erfolgreichen Tag hinaus auf ihre Aufmerksamkeit zu verlassen. Tatsächlich habe ich mein eigenes Geschlecht fast durchweg als meine erbittertsten Feinde empfunden; Ich habe wenig Freundlichkeit von ihnen erfahren, obwohl mir oft die Brust weh tat, weil ihr Neid, ihre Verleumdung und ihre Böswilligkeit sie quälten.

Cicerone der Galanterie meines Mannes erwähnte, hieß Albanesi. Er war der Ehemann einer schönen römischen Frau dieses Namens, die einige Jahre zuvor in der Hemisphäre der Galanterie große Aufmerksamkeit erregt hatte und dort als strahlendes Sternbild geleuchtet hatte. Sie war früher die Mätresse eines Prinzen von Kurland und später des Covet de Belgeioso , des kaiserlichen Botschafters; aber in der Zeit, als ich sie zum ersten Mal sah, war sie, glaube ich, einem Leben voller hemmungsloser Unschicklichkeit gewidmet. Sie besuchte häufig ihren Mann, der während der Leitung von Mr. Hobart,[22] dem heutigen Earl of Buckinghamshire, eine Position im Opernhaus innehatte. Ich erinnere mich, dass sie eine der hübschesten Frauen war, die ich je gesehen hatte, und dass ihr Kleid überaus prächtig war. Satin, reich bestickt oder mit Spitzenspitze besetzt, war ihre Alltagskleidung; und ihre persönliche Anziehungskraft wurde durch die besondere Würde und Anmut, mit der sie ging, erheblich gesteigert: In wenigen Worten war diese Frau ein beeindruckendes Beispiel für Schönheit und Verschwendung.

Sposo besuchte , versäumte sie es nie, sich in meiner Abgeschiedenheit aufzudrängen. Mr. Rabinson ermutigte ihre Besuche eher, als dass sie sie ablehnte, und ich war verpflichtet, die schöne Angelina (denn so war ihr Vorname) zu empfangen, wie abstoßend mir eine solche Gefährtin auch sein mochte. Bei jedem Interview nutzte sie die Gelegenheit, meine romantische häusliche Bindung lächerlich zu machen; lachte über meine Torheit, meine Jugend (denn ich war damals noch nicht achtzehn Jahre alt) in solch einer schändlichen Dunkelheit zu verschwenden; und stellte mir im ganzen Glanz der phantasievollen Landschaft das herrliche Leben vor, in das ich eintreten könnte, wenn ich nur meine eigene Macht kennen und die Fesseln der ehelichen Einschränkung sprengen würde. Sie erzählte mir einmal, dass sie dem Earl of Pembroke gegenüber erwähnt hatte, dass es eine junge verheiratete Dame gäbe, die mit ihrem Mann in höchst demütigender Gefangenschaft sei; Sie sagte, sie habe meine Person beschrieben und Lord Pembroke sei bereit, mir seine Dienste anzubieten.

Dieser Vorschlag brachte die Bedeutung der Besuche von Signora Albanesis voll zum Ausdruck, und ich beschloss, in Zukunft jedes Gespräch mit ihr zu vermeiden. Sie war damals zwischen dreißig und vierzig Jahre alt, und ihr Glanztag versank stündlich in der Dunkelheit der Vernachlässigung; Dennoch zögerte sie immer noch, sich von den schillernden Meteoren abzuwenden, die die Mode ihr in den Weg geworfen hatte, und nachdem sie jedes persönliche Gefühl für die Befriedigung ihrer Eitelkeit geopfert hatte, versuchte sie nun, auf der Zerstörung eines anderen ein farbenfrohes, vergängliches Gebilde aufzubauen. Zusätzlich zu ihren Überzeugungen machte ihr Ehemann, Angelo Albanesi, die Welt der Galanterie immer wieder zum Thema seiner Gespräche. Ganze Abende saß er in unserer Wohnung und erzählte lange Intrigengeschichten, lobte die Großzügigkeit eines Adligen, die romantische Ritterlichkeit eines anderen, das Opfer, das ein Dritter einem verehrten Gegenstand gebracht hatte, und das prächtige Einkommen, das ein Vierter bescheren würde jede junge Dame mit Bildung und geistiger Begabung, die seinen Schutz annehmen und Teilhaberin seines Vermögens sein würde. Ich habe immer über Albanesis Anspielungen gelächelt; und ich fand immer noch etwas Vergnügen in seiner Gesellschaft, wenn er es für angebracht hielt, sein Gespräch von seinem Lieblingsthema abzulenken Thema. Dieser Italiener war zwar weder jung noch einigermaßen gutaussehend, aber ungewöhnlich unterhaltsam; er konnte singen, außerdem verschiedene Musikinstrumente imitieren, war ein ausgezeichneter Possenreißer und ein sehr geschickter Stecher; Einige seiner Platten wurden unter der Aufsicht von Sherwin ausgeführt und er galt als vielversprechender Künstler.

Würde ich die Hälfte dessen beschreiben, was ich während der fünfzehnmonatigen Gefangenschaft erlitten habe, würde die Welt es als eine Erfindung eines Romans betrachten. Aber Mr. Robinson weiß, was ich ertragen musste und wie geduldig und wie richtig ich meinen Geist an die strengen Anstandsregeln eines Ehelebens angepasst habe; er weiß, dass meine Pflicht als Ehefrau vorbildlich und meine Keuschheit unantastbar war; er weiß, dass weder Armut noch Dunkelheit, weder die Verspottungen der Welt noch seine Vernachlässigung mich auch nur zum kleinsten Fehler verleiten könnten; er weiß, dass ich meine schmerzlichen Demütigungen mit einem fröhlichen, klaglosen Geist ertragen habe; dass ich mich ehrenhaft für sein Wohlergehen eingesetzt habe; und dass meine Aufmerksamkeit ausschließlich ihm und meinem Kind gewidmet war.

Nun kam die Zeit, in der Herr Robinson durch die Tilgung einiger Schulden und die Bereitstellung neuer Anleihen und Sicherheiten für andere erneut seine Freiheit erlangte. Ich übermittelte die Nachricht sofort meiner lieben Herzogin von Devonshire, und sie schrieb mir einen Brief mit freundlichen Glückwünschen; sie war damals in Chatsworth.

Die ersten Momente der Emanzipation waren ein Genuss für die Sinne. Ich hatte das Gefühl, neugeboren zu sein; Ich sehnte mich danach, alle meine alten und vertrauten Freunde wiederzusehen, und vergaß fast, dass sie mich so unwürdig vernachlässigt hatten. Alles, was vergangen war, erschien nun wie eine melancholische Vision. Die Düsternis hatte sich aufgelöst und eine neue Perspektive schien sich vor mir aufzuhellen.

Der erste öffentliche Vergnügungsort, den ich besuchte, war Vauxhall. Ich hatte oft Gelegenheit gehabt, einen traurigen Kontrast zu beobachten, als ich die elegante Wohnung von Devonshire House verließ, um die dunklen Galerien eines Gefängnisses zu betreten; aber das Gefühl, das ich empfand, als ich die Musik hörte und die fröhliche Menschenmenge bei diesem ersten öffentlichen Besuch nach so langer Abgeschiedenheit sah, war unbeschreiblich. Im Laufe des Abends trafen wir viele alte Bekannte – einige, die vorgaben, nichts von unseren vergangenen Peinlichkeiten zu wissen, und andere, die sich uns mit der Leichtigkeit modischer Apathie anschlossen; unter ihnen war Lord Lyttelton , der unverschämt bemerkte: „Trotz allem, was passiert war, war ich schöner als je zuvor." Ich antwortete nur mit einem Blick verächtlicher Empörung, der den mutigen, gefühllosen Kommentator zum Schweigen brachte und ihn davon überzeugte, dass er, obwohl er im Glück gefallen war; Ich war immer noch sehr stolz.

Nachdem Herr Robinson wieder einmal seine Freiheit erlangt hatte, wie sollten wir ehrenhaft und vorwurfslos überleben? Er wandte sich an seinen Vater, aber jede Hilfe wurde ihm verweigert; er konnte seinem Beruf nicht nachgehen, da er sein Referendariat noch nicht abgeschlossen hatte. Ich beschloss, meine Gedanken auf die literarische Arbeit zu richten und entwarf verschiedene Werke, von denen ich hoffte, zumindest eine anständige Unabhängigkeit zu erlangen. Ach! Wie wenig kannte ich damals die Ermüdung oder die Gefahr geistiger Beschäftigungen! Wie wenig konnte ich voraussehen, dass der Tag kommen würde, an dem meine Gesundheit beeinträchtigt sein würde und meine Gedanken ständig mit einer so zerstörerischen Verfolgung beschäftigt wären! In dem Moment, in dem ich diese Seite schreibe, spüre ich in jeder Faser meines Gehirns die fatale Überzeugung, dass es sich um eine zerstörerische Arbeit handelt .

William Brereton in der Figur des Douglas nach einem Gemälde von N. Hone

In diesem Moment der Angst, der Hoffnung und der Angst wandten sich meine Gedanken erneut einem dramatischen Leben zu; und als wir mit meinem Mann im Spätherbst im St. James's Park spazieren gingen, wurden wir von Herrn Brereton vom Drury Lane Theatre angesprochen. Ich hatte ihn in den letzten zwei Jahren nicht gesehen und er schien sich darüber zu freuen, uns kennengelernt zu haben. Zu dieser Zeit wohnten wir bei Lyne's, dem Konditor, in der Old Bond Street. Herr Brereton ging nach Hause und speiste mit uns; und nach dem Abendessen drehte sich das Gespräch um meine Vorliebe für die Bühne, die er nachdrücklich als vielversprechenden Schauplatz für das empfahl, was er meine vielversprechenden Talente nannte. Die Idee schoss wie Elektrizität durch mein Gehirn. Ich fragte Mr. Robinson nach seiner Meinung, und er stimmte nun bereitwillig zu, dass ich den Prozess leiten würde. Er hatte wiederholt an seinen Vater geschrieben und ihn um die kleinste Hilfe gebeten, ihn zu unterstützen, bis er seinen Beruf ausüben konnte; aber jeder Brief blieb unbeantwortet, und wir hatten keine Hoffnung außer auf unsere eigenen geistigen Anstrengungen.

Einige Zeit später zogen wir in eine ruhigere Lage um und bezogen eine sehr gepflegte und komfortable Wohnungssuite in der Newman Street. Ich befand mich damals schon einige Monate in einem Zustand häuslicher Fürsorge, und mein Gesundheitszustand schien in einem prekären Zustand zu sein, weil ich mich zu lange den Pflichten einer Mutter gewidmet hatte und meine älteste Tochter Maria pflegte. In dieser Unterkunft stattete uns Mr. Brereton eines Morgens völlig unerwartet einen zweiten Besuch ab und brachte einen Freund mit, den er beim Betreten des Salons vorstellte. Dieser Fremde war Mr. Sheridan.[23]

Ich war überwältigt von Verwirrung. Ich weiß nicht warum, aber ich verspürte ein Gefühl der Demütigung, als ich feststellte, dass mein Aussehen nachlässig *déshabillé war* und mein Geist ebenso wenig auf das vorbereitet war, was meiner Meinung nach das Motiv seines Besuchs war. Ich erlangte jedoch bald meine Erinnerung wieder, und das Theater wurde folglich zum Thema des Diskurses.

Auf Mr. Sheridans dringende Bitte hin rezitierte ich einige Passagen aus Shakespeare. Ich war beunruhigt und schüchtern; Aber die Sanftheit seines Benehmens und die beeindruckende Ermutigung, die er mir gab, zerstreuten meine Ängste und verleiteten mich dazu, weiterzumachen.

Herr Sheridan hatte damals zusammen mit Herrn Lacey und Doktor Ford kürzlich einen Anteil am Drury Lane Theatre erworben; Er wurde bereits als Autor von „Die Rivalen“ und „Die Duenna“ gefeiert, und sein Geist spiegelte sich offensichtlich in seinen Manieren wider, die auffallend und betörend ansprechend waren.

Die Ermutigung, die ich in diesem Aufsatz erhielt, und das Lob, das Herr Sheridan großzügig austeilte, veranlassten mich, meine Talente öffentlich unter Beweis zu stellen. und mehrere Besuche, die Herr Sheridan rasch wiederholte, führten schließlich zu einer Vereinbarung für diesen Zeitraum. Meine Absicht wurde Mr. Garrick mitgeteilt, der, obwohl er sich für einige Spielzeiten von der Bühne zurückgezogen hatte, freundlicherweise Schutz versprach und sich ebenso freundlich verpflichtete, mein Lehrer zu sein.

Der einzige Einwand, den ich gegen den Gedanken hatte, auf der Bühne aufzutreten, war mein damals zunehmender Zustand häuslicher Besorgnis. Zu der Zeit, als Mr. Sheridan mir zum ersten Mal vorgestellt wurde, befand ich mich einige Monate in der Situation, die mich später, durch die Geburt von Sophia, zum zweiten Mal zur Mutter machte. Doch meine unvorsichtige Zuneigung zu Maria war so groß, dass ich immer noch Krankenschwester war; und meine Konstitution wurde durch die Auswirkungen dieser Umstände erheblich beeinträchtigt.

Im Greenroom des Drury Lane Theatre wurde ein Termin vereinbart. Herr Garrick, Herr Sheridan, Herr Brereton und mein Mann waren anwesend; Ich rezitierte dort die Hauptszenen von Julia (Mr. Brereton wiederholte die von Romeo), und Mr. Garrick entschied sich ohne zu zögern für diese Figur als Probe meines Debüts.

Es ist unmöglich, die verschiedenen Gefühle der Hoffnung und Angst zu beschreiben, die mich erfüllten, als der wichtige Tag im Theaterzettel angekündigt wurde. Ich schrieb an die Herzogin von Devonshire in Chatsworth, informierte sie über meinen geplanten Prozess und erhielt ein freundliches Genehmigungsschreiben, in dem ich meinen Plan billigte und mir Erfolg wünschte. Jede Sehnsucht meines Herzens schien nun völlig befriedigt zu sein; und mit einem an Freude grenzenden Eifer bereitete ich mich auf die bevorstehende Anstrengung vor.

Mr. Garrick war bei den Proben unermüdlich gewesen und hatte oft die ganze Rolle von Romeo selbst durchgespielt, bis er von der Ermüdung des Rezitierens völlig erschöpft war. Dies war nur kurze Zeit vor dem Tod dieses angesehenen Schauspielers.

Das Theater war voller modischer Zuschauer; Der Greenroom und das Orchester (wo Mr. Garrick nachts saß) waren voller Kritiker. Mein Kleid war aus blassrosa Satin, mit Krepp besetzt und reich mit Silber besetzt; Mein Kopf war mit weißen Federn geschmückt, und mein monumentaler Anzug war für die letzte Szene aus weißem Satin und völlig schlicht, außer dass ich einen Schleier aus durchsichtigster Gaze trug, der mir vom Hinterkopf bis zu den Füßen reichte und eine Perlenkette um meine Taille, an der ein entsprechend gestaltetes Kreuz hing.

Als ich mich dem Seitenflügel näherte, klopfte mein Herz krampfhaft; Dann begann ich zu befürchten, dass mein Vorsatz scheitern würde, und ich stützte mich auf den Arm der Krankenschwester und fiel fast in Ohnmacht. Herr Sheridan und mehrere andere Freunde ermutigten mich, fortzufahren; und schließlich näherte ich mich mit zitternden Gliedern und ängstlicher Besorgnis dem Publikum.

Der tosende Applaus, der mich begrüßte, überwältigte fast alle meine Fähigkeiten. Ich stand stumm und beugte mich vor Angst, die erst nachließ, als ich die wenigen Sätze der ersten kurzen Szene schwach artikuliert hatte, während der ganzen Zeit, in der ich es nie gewagt hatte, das Publikum anzusehen.

Als ich in den Greenroom zurückkehrte, wurde ich erneut ermutigt, soweit mein Aussehen als lobenswert erachtet wurde; denn von meinen Kräften konnte man noch nichts wissen, da meine Ängste meine Stimme und mein Handeln gleichsam gelähmt hatten. Da es sich bei der zweiten Szene um die Maskerade handelte, hatte ich Zeit, mich zu sammeln. Ich werde nie das Gefühl vergessen, das mir durch den Kopf ging, als ich zum ersten Mal in Richtung der Grube blickte. Ich sah einen allmählichen Aufstieg von Köpfen. Alle Augen waren auf mich gerichtet und das Gefühl, das sie vermittelten, war furchtbar beeindruckend; Aber die scharfen, durchdringenden Augen von Mr. Garrick, die ihren Glanz aus der Mitte des Orchesters strahlten, waren vor allen anderen die auffälligsten Objekte.[24]

Als ich Mut fasste, nahm der Applaus zu; und die Nacht endete mit lautstarkem Beifall. Ich wurde von allen Seiten gelobt; aber das Lob eines einzigen Objekts, dem ich am meisten gefallen wollte, schmeichelte sogar bis zur menschlichen Eitelkeit. Dann erlebte ich zum ersten Mal in meinem Leben eine Befriedigung, die Sprache nicht auszudrücken vermochte. Ich hörte, wie einer der faszinierendsten Männer und bedeutendsten Genies meiner Zeit mich mit teilweiser Anerkennung ehrte . Ein neues Gefühl schien in meiner Brust zu erwachen; Ich verspürte den Nacheifer, den die Seele mit Freude fördert und bei dem die Erlangung von Ruhm dem geschätzten Objekt Freude bereiten wird. Ich hatte bis zu diesem Zeitpunkt keinen anderen Impuls gespürt als den der Freundschaft; Ich war ein Beispiel ehelicher Treue gewesen; aber ich hatte nie die Gefahren gekannt, denen das fühlende Herz in einer von den Zuneigungen der Seele völlig unbeeinflussten Achtungsgemeinschaft ausgesetzt ist.

Die zweite Figur, die ich spielte, war Amanda in „A Trip to Scarborough".[25] Das Stück wurde von Vanbrughs „Relapse" abgeändert; und das Publikum, das annahm, es handele sich um ein neues Stück, äußerte, als es sich getäuscht sah, ein erhebliches Maß an Missbilligung. Ich hatte unvorstellbare Angst, als Mrs. Yates, die das Zischen des Publikums nicht mehr ertragen konnte, die Bühne verließ und mich dem Sturm der Kritiker allein überließ. Ich stand einige Augenblicke da, als wäre ich versteinert. Mr. Sheridan vom Seitenflügel forderte mich auf, die Bretter nicht zu verlassen; Der verstorbene Herzog von Cumberland[26] forderte mich von der Bühnenloge auf, Mut zu fassen: „Es liegt nicht an Ihnen, sondern am Stück, sie zischen", sagte Seine Königliche Hoheit. Ich machte einen Knicks; und dieser Knicks schien das ganze Haus zu elektrisieren, denn es folgte ein donnernder, ermutigender Applaus. Die Komödie wurde weitergeführt und ist bis heute ein Standardstück im Drury Lane Theatre.

Die dritte Figur, die ich spielte, war Statira in „Alexander der Große". Mr. Lacey, damals einer der Besitzer des Drury Lane Theatre, war der Held des Abends, und die Rolle der Roxana wurde von Mrs. Melmoth gespielt . Wieder wurde ich mit einem *Jubel empfangen* , der meine Eitelkeit befriedigte. Mein Kleid war weiß und blau, nach dem Vorbild der persischen Tracht gefertigt; und obwohl es damals auf der Bühne einzigartig war, trug ich weder einen Reifen noch Puder; meine Füße waren in reich verzierten Sandalen gefesselt, und das ganze Kleid war malerisch und charakteristisch.

Obwohl ich immer mit dem schmeichelhaftesten Beifall aufgenommen wurde, waren die Charaktere, in denen ich am beliebtesten war, Ophelia, Julia und Rosalind. Palmira war auch eine meiner am meisten anerkannten Darstellungen. Die letzte Figur, die ich spielte, war Sir Harry Revel in Lady Cravens Komödie „Das Miniaturbild". und das Epoglied in „The Irish Widow"[27] war mein letzter Abschied von der Arbeit meines Berufs.

Mr. Sheridan teilte mir nun mit, dass er wünschte, ich würde mich daran gewöhnen, in der Komödie aufzutreten, da die Tragödie offensichtlich nicht nur meine *Stärke , sondern auch meine Vorliebe* zu sein schien. Gleichzeitig teilte er mir mit , dass er mir eine Rolle in „The School for Scandal" wünsche. Ich fühlte mich durch meine zunehmende Größe so entmutigt, dass ich mich entschuldigte und Herrn Sheridan mitteilte, dass ich wahrscheinlich zu der Zeit, in der sein seitdem gefeiertes Stück zum ersten Mal aufgeführt würde, in meinem Zimmer bleiben sollte. Er nahm die Entschuldigung an und in kurzer Zeit schenkte ich der Welt mein zweites Kind, Sophia. Ich wohnte jetzt in der Southampton Street, Covent Garden.

Vor dieser Veranstaltung hatte ich meinen Benefizabend, an dem ich die Rolle der Fanny in „The Clandestine Marriage" spielte. Herr King, der Lord Ogleby ; Miss Pope, Miss Sterling; und Frau Heidelberg, Frau Hopkins.

Mr. Sheridans Aufmerksamkeit war mir gegenüber unermüdlich. Es machte ihm Freude, meine Bedeutung im Theater zu fördern; er lobte meine Talente und interessierte sich für meine häuslichen Annehmlichkeiten. Ich war vor meinem Debüt verlobt und erhielt ein damals als ansehnlich angesehenes Gehalt. Meine Benefizveranstaltung wurde schmeichelhaft besucht. Die Kisten waren mit Persönlichkeiten allerhöchsten Ranges und der höchsten Mode gefüllt, und ich freute mich mit Freude sowohl auf Berühmtheit als auch auf Glück.

Nach sechs Wochen verlor ich mein Kind. Sie starb unter Krämpfen in meinen Armen und mein Kummer war unbeschreiblich. Am Tag seiner Auflösung besuchte mich Herr Sheridan; Das kleine Leidende lag auf meinem Schoß und ich beobachtete es mit quälender Angst. Es waren nun fünf Monate vergangen, seit Mr. Sheridan mir zum ersten Mal vorgestellt wurde; und obwohl ich in dieser Zeit viele Beweise seiner außerordentlichen Sensibilität gesehen hatte, hatte ich noch nie einen gesehen, der sich so stark in mein Gedächtnis eingeprägt hatte, wie sein Gesichtsausdruck beim Betreten meiner Wohnung. Wahrscheinlich hat er das Gefühl des Augenblicks vergessen, aber sein Eindruck wird mir für immer in Erinnerung bleiben.

Ich hatte keine Macht zu sprechen. Er sagte nur: „Wunderschönes kleines Geschöpf!" Gleichzeitig schaute ich mein Kind an und seufzte mit einem Grad mitfühlender Trauer, der meine Seele durchdrang. Hatte ich jemals einen solchen Seufzer aus der Brust eines Mannes gehört? Ach! Ich habe nie den süßen, wohltuenden Trost der ehelichen Sympathie gekannt; Ich wurde nie von dem geliebt, den das Schicksal dazu bestimmt hatte, der rechtmäßige Herrscher über meine Handlungen zu sein. Ich verurteile Herrn Robinson nicht; Ich weiß nur zu gut, dass wir unsere Zuneigung nicht beherrschen können. Ich bedauere nur, dass er bei seinen Untreuen keinen Anstand beachtet hat; und dass er, während er seine eigene Launen befriedigte, vergaß, wie sehr er seine Frau den erniedrigendsten Demütigungen aussetzte.

Der Tod von Sophia hat meine Stimmung so tief getroffen, dass ich völlig unfähig war, in dieser Staffel noch einmal aufzutreten. Ich erhielt daher die Erlaubnis von Herrn Sheridan, Bath zu besuchen, um mich auszuruhen. Von Bath ging es nach Bristol – nach Bristol! Warum scheint mein Stift plötzlich blockiert zu sein, während ich das Wort schreibe? Ich weiß nicht warum, aber der Gedanke an meinen Heimatort begleitet mich immer mit einer undefinierbaren Melancholie. Ich sehe sofort das gotische Bauwerk, die einsamen Kreuzgänge, die hohen Gänge des antiken Münsters – denn nur wenige Schritte von seiner Mauer entfernt klopfte diese Brust, die noch nie ein Jahr des Glücks erlebt hat, zum ersten Mal, als sie die Luft einatmete dieser bösen Welt! Wird dieses Herz in Kürze in seinen geweihten Bereichen verformen? Nur der Himmel weiß es, und seinem Willen beuge ich mich bedingungslos.

Ich transkribiere diese Passage am 29. März 1800. Ich spüre, wie sich meine Gesundheit verschlechtert und mein Geist gebrochen ist. Ich blicke zurück, ohne es zu bereuen, dass so viele meiner Tage gezählt sind; und wenn ich die Wahl hätte, würde ich sie nicht noch einmal messen wollen. Aber wohin wandere ich? Ich werde meine melancholische Geschichte fortsetzen.

Immer noch unruhig, immer noch verwirrt von schmerzlichen Sorgen, kehrte ich nach London zurück. Ich hatte damals mein neunzehntes Jahr noch nicht vollendet, viele Monate später. Bei meiner Ankunft übernachtete ich am Leicester

Square. Mr. Sheridan besuchte mich nach meiner Rückkehr in die Stadt und teilte mir das traurige Schicksal von Mr. Thomas Linley,[28] dem verstorbenen Bruder von Mrs. Sheridan, mit – er war leider beim Herzog von Ancaster ertrunken . Ein paar Tage später besuchte mich Mr. Sheridan erneut mit dem Vorschlag, im Sommer in Mr. Colmans Theater am Haymarket zu spielen.[29] Ich hatte mehrere Angebote von Provinzmanagern abgelehnt und fühlte mich angegriffen fast unüberwindliche Abneigung gegen den Gedanken ans Spazierengehen. Herr Sheridan empfahl mir dennoch dringend, das Angebot von Herrn Colman anzunehmen; und ich stimmte schließlich zu, unter der Bedingung, dass die Rollen, die ich spielen sollte, ausgewählt und begrenzt waren. Dem stimmte Herr Colman bereitwillig zu.

Die erste Rolle, die in die Liste aufgenommen wurde, war Nancy Lovel in der Komödie „The Suicide". Ich erhielt den geschriebenen Charakter und wartete auf die Probe; aber mein Erstaunen war grenzenlos, als ich den Namen von Miss Farren[30] in den Rechnungen verkündet sah. Ich schrieb einen Brief an Herrn Colman und bat um eine Erklärung. Er antwortete, dass er die Rolle Miss Farren versprochen hatte, die damals ein oder zwei Spielzeiten im Haymarket Theatre aufgeführt hatte. Ich fühlte mich beleidigt. Ich bestand darauf, dass Herr Colman seine Verpflichtung erfüllte oder mir die Erlaubnis gab, London zu verlassen; letzteres lehnte er ab. Ich verlangte, die Rolle der Nancy Lovel zu übernehmen. Mr. Colman war zu sehr an Miss Farren interessiert, um das Risiko einzugehen, sie zu beleidigen. Ich weigerte mich zu spielen, bis ich diese erste Figur, wie durch Vereinbarung, wieder zu mir zurückbekommen hatte, und der Sommer verging, ohne dass ich einen einzigen Auftritt hatte, obwohl mein Gehalt wöchentlich und regelmäßig gezahlt wurde.

Im darauffolgenden Winter spielte ich mit zunehmendem Erfolg folgende Rollen:

Ophelia, in „Hamlet".

Viola, in „Zwölfte Nacht".

Jacintha, in „Der verdächtige Ehemann".

Fidelia, in „The Plain Dealer".

Rosalind, in „Wie es euch gefällt."

Oriana, in „The Inconstant“.

Octavia, in „All for Love“.

Perdita, in „Das Wintermärchen“.

Palmira, in „Mahomet“.

Cordelia, in „König Lear“.

Alinda, in „Das Gesetz der Lombardei“.

Die irische Witwe.

Araminta, in „The Old Bachelor“.

Sir Harry Revel, in „Das Miniaturbild“.

Emily, in „The Runaway“.

Miss Richley, in „The Discovery“.

Statira , in „Alexander der Große“.

Julia, in „Romeo und Julia“.

Amanda, in „Die Reise nach Scarborough“.

Lady Anne, in „Richard der Dritte“.

Imogen, in „Cymbeline“.

Lady Macbeth,[31] in „Macbeth“ usw.

Jetzt begann ich, die Gefahren zu erkennen, die ein dramatisches Leben mit sich bringt. Zu dieser Zeit wurden mir die verlockendsten Versuchungen entgegengebracht, mich von den Pfaden der häuslichen Ruhe abzubringen – häusliches Glück, das kann ich nicht sagen, denn es war nie meine Bestimmung, es zu erfahren. Aber ich hatte immer noch den Trost eines unbefleckten Namens. Ich hatte die höchste weibliche Schirmherrschaft, einen Kreis der angesehensten und parteiischsten Freunde.

Während dieser Zeit bekam ich täglich Besuch von meiner besten Mutter. Mein jüngster Bruder war im vergangenen Winter nach Livorno abgereist, wo mein ältester seit vielen Jahren als Kaufmann ersten Ansehens etabliert war.

Würde ich die Namen derer erwähnen, die in diesem Augenblick der öffentlichen Gefahr die Versuchung des Glücks in sich trugen, könnte ich bei vielen Familien der vornehmen Welt einige Vorwürfe erregen. Zu den anderen, die mir am großzügigsten anboten, meine Indiskretion zu erkaufen, gehörte der verstorbene Herzog von Rutland; Als Mittel, mich völlig von meinem Mann zu trennen, wurde eine Abfindung von sechshundert Pfund pro Jahr vorgeschlagen. Ich lehnte das Angebot ab. Ich wollte in den Augen der Öffentlichkeit seiner Schirmherrschaft würdig bleiben. Ich werde nicht im kleinsten Detail auf die Versuchungen eingehen, die meine Standhaftigkeit bedrohten.

Die schmeichelhaften und eifrigen Aufmerksamkeiten, die Mr. Sheridan an den Tag legte, standen in deutlichem Kontrast zur deutlichen und zunehmenden Vernachlässigung meines Mannes. Ich fand jetzt heraus, dass er zwei Frauen in einem Haus in Maiden Lane, Covent Garden, unterstützte. Der eine war Figurentänzer im Drury Lane Theatre; die andere, eine Frau mit angeblichem Libertinismus. Damit verbrachte er alle Stunden, die er mir stehlen konnte; und ich stellte fest, dass mein Gehalt zuweilen nicht den Kosten entsprach, die durch einen erweiterten Kreis neuer Bekanntschaften entstanden waren, den Mr. Robinson seit meinem Auftritt in der dramatischen Szene gebildet hatte. Darüber hinaus wurden die Anleihegläubiger so lautstark, dass alle meine Leistungen ihren Forderungen angepasst wurden; und im zweiten Jahr nach meinem Auftritt im Drury Lane Theatre überredete mich Mr. Robinson erneut, dem Tregunter einen Besuch abzustatten .

Ich wurde jetzt höflicher und herzlicher empfangen als bei jeder anderen Ankunft zuvor. Obwohl die angebliche Heiligkeit von Miss Robinsons Manieren ein dramatisches Leben verurteilte, galt die Arbeit als gewinnbringend und die angebliche Unmoral wurde folglich toleriert! So abstoßend dieser Besuch auch für mich war, ich hoffte dennoch, dass er das Interesse meines Mannes wecken und seine Versöhnung mit seinem Vater bestätigen würde; Deshalb habe ich beschlossen, es zu unternehmen. Ich hatte jetzt das Gefühl, dass ich meinen Lebensunterhalt ehrenvoll verdienen konnte ; und das Bewusstsein der Unabhängigkeit ist das einzig wahre Glück in dieser Welt der Demütigungen.

Mr. Harris hatte sich nun im Tregunter House niedergelassen, und zu meiner Unterhaltung wurden mehrere Parteien im In- und Ausland gegründet. Ich wurde als das wahre Orakel der Mode konsultiert; Ich wurde mit der neugierigsten Neugier angestarrt und untersucht. Mrs. Robinson, die vielversprechende junge Schauspielerin, war eine ganz andere

Persönlichkeit als Mrs. Robinson, die von Sorgen überwältigt worden war und unter dem Deckmantel vulgärer Prahlerei um Asyl bat. Ich blieb nur zwei Wochen in Wales und kehrte dann nach London zurück, um mich auf die Eröffnung des Theaters vorzubereiten.

Auf unserem Weg in die Stadt hielten wir in Bath, wo Mr. Robinson Mr. George Brereton traf, mit dem er in Newmarket einige Zeit zuvor Bekanntschaft gemacht hatte. Herr Brereton war ein vermögender Mann und mit seiner schönen Cousine verheiratet, der Tochter von Major Brereton, dem damaligen Zeremonienmeister in Bath. Zu einem früheren Zeitpunkt hatte Herr Robinson Herrn George Brereton eine Geldsumme geschuldet, für die er einen Schuldschein ausgestellt hatte. Bei unserer Ankunft in Bath erhielten wir einen Besuch von diesem Gläubiger, der Mr. Robinson versicherte, dass er mit der Zahlung seiner Rechnung keine Eile habe, und uns gleichzeitig sehr ernsthaft drängte, einige Tage in dieser schicken Stadt zu bleiben. Wir hatten es nicht eilig, nach London zurückzukehren, da wir noch über drei Wochen Urlaub hatten. Wir wohnten im „Three Tuns", einem der besten Gasthäuser, und Mr. Brereton war bei allen Gelegenheiten besonders aufmerksam.

Der Beweggrund dieser Beharrlichkeit wurde mir schließlich durch eine heftige und innige Liebeserklärung offenbart, die mich in Erstaunen versetzte und verwirrte. Ich wusste, dass Mr. Brereton ein äußerst ungestümes Temperament hatte; dass er viele Duelle geführt hatte; dass er zu jeder Empörung fähig war; und dass er meinen Mann völlig in seiner Gewalt hatte. Jeder Vorstoß, den er zu machen wagte, wurde von mir mit Empörung zurückgewiesen. Ich hatte nicht vor, Mr. Robinson über seine Gefahr zu informieren, und ich dachte, die einzige Möglichkeit, ihr zu entgehen, bestehe darin, sofort nach Bristol aufzubrechen, wo ich vor meiner Rückkehr in die Metropole einige Tage verbringen wollte.

Am nächsten Morgen, als wir das Gasthaus in der Temple Street verließen, um Clifton zu besuchen, wurde Mr. Robinson auf Antrag von Mr. George Brereton verhaftet, der in einem oberen Zimmer wartete, um die Ausführung des Gerichtsbeschlusses zu sehen. Ich habe den genauen Betrag vergessen, für den Mr. Robinson seinen Schuldschein gegeben hatte, aber ich erinnere mich gut daran, dass die Höhe dieser

Summe außerhalb seiner Zahlungsfähigkeit lag. Unsere Bestürzung war unbeschreiblich.

Wenige Minuten später wurde mir mitgeteilt, dass eine Dame mit mir sprechen möchte. Ich kam zu dem Schluss, dass es sich um einen alten Bekannten handelte, und war froh darüber, dass ich in diesem verwirrenden Dilemma immer noch einen Freund hatte, mit dem ich sprechen konnte, und folgte dem Kellner in ein anderes Zimmer. Herr Robinson wurde vom Sheriffbeamten festgenommen.

Als ich die Wohnung betrat, erblickte ich Herrn Brereton.

„Nun, meine Dame", sagte er mit einem sarkastischen Lächeln, „Sie haben Ihren Mann in eine ziemliche Verlegenheit gebracht! Wären Sie nicht streng gegen mich gewesen, wäre nicht nur diese dürftige Schuld erlassen worden, sondern auch jede Summe, die ich verlangen konnte." Er hätte mich jetzt entweder bezahlen, gegen mich kämpfen oder ins Gefängnis gehen müssen, und das alles, weil Sie mich mit so beispielloser Strenge behandeln .

Ich bat ihn, nachzudenken, bevor er mich in die Irre trieb.

„Ich habe darüber nachgedacht", sagte er, „und ich finde, dass Sie die Macht besitzen, mit mir zu machen, was Sie wollen. Versprich mir, nach Bath zurückzukehren – um dich freundlicher zu verhalten – und ich werde deinen Mann in diesem Moment entlassen."

Ich breche in Tränen aus.

„Sie können nicht so unmenschlich sein, solche Bedingungen vorzuschlagen!" sagte ich.

„Die Unmenschlichkeit ist auf Ihrer Seite", antwortete Mr. Brereton. „Aber ich habe keine Zeit zu verlieren; ich muss nach Bath zurückkehren; meine Frau ist gefährlich krank; und ich möchte nicht, dass mein Name in einem Geschäft dieser Art preisgegeben wird."

„Dann lassen Sie um Himmels willen meinen Mann frei!" sagte ich. Mr. Brereton lächelte, als er klingelte und dem Kellner befahl, nach seiner Kutsche zu suchen. Ich verlor nun jegliche Selbstbeherrschung und verurteilte mit den schärfsten Beschimpfungen die Schande seines Verhaltens. „Ich werde nach Bath zurückkehren", sagte ich; „Aber es soll dazu dienen, Ihre unehrenhaften , barbarischen Machenschaften aufzudecken. Ich werde dieser lieben Frau mitteilen, wie verräterisch Sie gehandelt haben. Ich werde der Welt verkünden, dass die gewöhnlichen Künste der Verführung für den Geist eines Wüstlings und einer Frau nicht verdorben genug sind Spieler."

Ich sprach diese Worte so laut aus, dass er seine Farbe änderte und von mir verlangte, diskret und geduldig zu sein.

„Niemals, solange du mich beleidigst und meinen Mann in deiner Gewalt hältst", sagte ich. „Du hast die Empörung fast bis zum Äußersten getragen; du hast den ganzen Stolz und den ganzen Groll meiner Seele geweckt, und ich werde so weitermachen." Ich finde es richtig."

versuchte nun, mich zu beruhigen. Er versicherte mir, dass ihn eine aufrichtige Achtung mir gegenüber antrieb; und dass er, da er wusste, wie wenig mein Mann mich schätzte, es für einen Akt der Freundlichkeit hielt, mich von ihm zu entfremden. „Seine Vernachlässigung Ihnen gegenüber wird jeden Schritt, den Sie unternehmen, rechtfertigen", fügte er hinzu; „Und es ist eine Frage von allgemeinem Erstaunen, dass Sie, der Sie bei anderen Gelegenheiten mit solch einem angemessenen Geist handeln können, solche Untreue von einem Ehemann weiterhin geduldig ertragen sollten." Ich schauderte; denn dieser Vorwand wurde in vielen Fällen als Entschuldigung für freizügige Annäherungsversuche angeführt; und die Gleichgültigkeit, mit der ich behandelt wurde, war im Theater und in meinem gesamten Freundeskreis Gegenstand von Gesprächen.

Ich war über diese neue Demütigung so verzweifelt, dass ich es nicht in Worte fassen konnte, und lief mit quälender Unruhe im Zimmer auf und ab.

„Wie wenig verdient ein solcher Ehemann eine solche Frau!" fuhr Herr Brereton fort; „Wie geschmacklos muss er sein, eine solche Frau dem allerniedrigsten und erniedrigtesten Geschlecht zu überlassen! Verlass ihn und flieg mit mir. Ich bin bereit, jedes Opfer zu bringen, das du verlangst. Soll ich Mr. Robinson vorschlagen, es zu lassen?" Du gehst? Soll ich ihm seine Freiheit anbieten, unter der Bedingung, dass er durch sein Verhalten beweist, dass er dich nicht liebt ?

Ich war fast außer Kontrolle.

„Hier, Madam", fuhr Mr. Brereton fort, nachdem er vier oder fünf Minuten innegehalten hatte, „hier ist die Freilassung Ihres Mannes." Mit diesen Worten warf er einen beschrifteten Zettel auf den Tisch. „Jetzt", fügte er hinzu, „vertraue ich auf Ihre Großzügigkeit."

Ich zitterte und war nicht in der Lage zu sprechen. Mr. Brereton beschwor mich, meine Stimmung zu beruhigen und meinen Kummer vor den Leuten im Gasthaus zu verbergen. „Ich werde nach Bath zurückkehren", sagte er. „Ich erwarte dort, Sie zu sehen." Er verließ nun den Raum. Ich sah, wie er in seine Kutsche stieg und von der Tür des Gasthauses wegfuhr. Dann eilte ich mit der Entlassung zu meinem Mann; Nachdem alle Kosten für die Verhaftung kurz darauf beglichen waren, machten wir uns auf den Weg nach Bath.

Mr. Robinson erkundigte sich kaum, was vorgefallen sei; aber ich versicherte ihm, dass meine Überzeugungen zu einer so plötzlichen Änderung in Mr. Breretons Verhalten geführt hatten. Ich sagte, dass ich hoffe, dass er seine Freiheit nie wieder in die Hände eines Spielers oder die Ruhe seiner Frau in die Macht eines Wüstlings legen würde. Er schien sich der Gefahr, die sowohl das eine als auch das andere mit sich brachte, nicht bewusst zu sein.

Wir erwarteten Postbriefe und warteten am folgenden Tag, einem Sonntag, in Bath. Um Mr. Brereton aus dem Weg zu gehen, zogen wir jedoch zum White Lion Inn um. Aber was war mein Erstaunen, als ich am Nachmittag, am Fenster stehend, Mr. George Brereton mit seiner Frau und ihrer nicht weniger liebenswerten Schwester auf der gegenüberliegenden Seite des Weges gehen sah! Jetzt stellte ich fest, dass die Geschichte ihrer gefährlichen Krankheit nicht wahr war, und ich schmeichelte mir, dass ich nicht gesehen wurde, bevor ich mich vom Fenster zurückzog.

Wir setzten uns nun zum Abendessen, und wenige Minuten später wurde Mr. George Brereton vom Kellner angekündigt. Er verneigte sich kalt vor mir und entschuldigte sich sofort tausendfach bei Mr. Robinson; erklärte, dass er den Wechsel bezahlt habe; dass er wegen des Geldes bedroht wurde; und dass er, wenn auch zu spät, nach Bristol kam, um die stattgefundene Verhaftung zu verhindern. Herr Robinson antwortete skeptisch, dass es jetzt von geringer Bedeutung sei; und Mr. Brereton verabschiedete sich mit den Worten, dass er die Ehre haben würde , uns am Abend wiederzusehen. Wir warteten nicht auf seine Begleitung, sondern machten uns gleich nach dem Abendessen auf den Weg nach London.

Bei meiner Ankunft in der Stadt traf ich Herrn Sheridan, dessen Verhalten nichts von seiner interessanten Aufmerksamkeit eingebüßt hatte. Er besuchte mich weiterhin sehr häufig und beriet mich immer sehr freundlich . Er wusste, dass Mr. Robinson mich nicht ausreichend beschützte, aber er war zu großzügig, um seine Befriedigung auf die Beleidigung eines anderen zu stützen. Die glücklichsten Momente, die ich damals kannte, erlebte ich in der Gesellschaft dieses angesehenen Wesens. Er sah, dass ich einem Mann schlecht geschenkt wurde, der mich weder liebte noch schätzte; Er beklagte mein Schicksal, aber mit so feinem Anstand, dass es mich tröstete und mir gleichzeitig die Unglücklichkeit meiner Situation offenbarte. Bei meiner Rückkehr in die Stadt erneuerte der Herzog von Rutland seine Bitten. Auch von mehreren anderen Personen habe ich die grenzenloseste Wertschätzung und Bewunderung erfahren. Auf der Liste wurde ich von einem königlichen Herzog, einem hohen Marquis und einem Stadtkaufmann mit beträchtlichem Vermögen mit Vorschlägen freizügiger Natur angesprochen, die mir durch Hutmacher, Mantuamacher usw. übermittelt wurden. Gerade zu dieser Zeit besuchte mich mein ältester Bruder England; aber seine unüberwindbare Abneigung gegen meinen Beruf als Schauspielerin war so groß, dass er nur einmal, während eines mehrmonatigen Aufenthalts in London, versuchte, mich auftreten zu sehen. Er hat es dann nur versucht; denn als ich auf den Brettern vorankam, sprang er von seinem Platz in der Bühnenloge auf und verließ sofort das Theater. Meine liebe Mutter hatte keine geringere Abneigung gegen die Verfolgung; Sie hat mich nie auf der Bühne gesehen, aber mit schmerzlichem Bedauern. Glücklicherweise blieb mein Vater einige Jahre außerhalb Englands, so dass er mich nie in meiner beruflichen Rolle sah.

Mit jedem Abend, an dem ich auftrat, steigerte sich meine Beliebtheit, und meine Aussichten auf Ruhm und Reichtum begannen sich zu verbessern. Wir haben jetzt das Haus gemietet, das zwischen den Hummums und den Bedford Arms in Covent Garden liegt ; Es wurde (glaube ich) von Doktor Fisher erbaut, der die Witwe des berühmten Schauspielers Powel heiratete; aber Mr. Robinson bezog die

Räumlichkeiten von Mrs. Mattocks vom Covent Garden Theatre. Das Haus war in jeder Hinsicht besonders praktisch; aber vor allem wegen seiner Nähe zur Drury Lane. Hier hoffte ich, zumindest ein paar fröhliche Tage zu genießen, da sich mein Freundeskreis fast stündlich vergrößerte.

Einer von denen, die mir die meiste Aufmerksamkeit schenkten, war Sir John Lade. Der gutmütige Baronet, der damals gerade volljährig war, war unser ständiger Besucher, und Karten trugen dazu bei, die Abende zu verschönern, die nicht der dramatischen Arbeit gewidmet waren . Mr. Robinson spielte tiefer als diskret, aber am Ende einiger Wochen war er ein sehr beachtlicher Gewinner.

Je mehr das Spiel Einfluss auf den Geist meines Mannes gewann, desto geringer wurde sein kleiner Rest an Wertschätzung für mich. Wir hatten jetzt Pferde, einen Phaeton und Ponys; und meine Kleidungsmode wurde mit schmeichelhafter Gier befolgt. Mein Haus war voller Besucher, und meine Morgenwachen waren so überfüllt, dass ich kaum eine ruhige Stunde zum Lernen finden konnte. Mein Bruder war zu diesem Zeitpunkt nach Italien zurückgekehrt.

Mr. Sheridan war immer noch mein wertvollster Freund. Er beriet mich mit der sanftesten Besorgnis und warnte mich vor der Gefahr, die Kosten mit sich bringen würden und die den wachsenden Fortschritt meines dramatischen Rufs unterbrechen könnten. Er sah die Trophäen, die mir die Schmeichelei in den Weg warf; und er beklagte, dass ich von allen Seiten von Versuchungen umgeben war. In jedem Wort, das er aussprach, lag etwas wunderbares Mitgefühl ; Seine Ermahnungen schienen von einer vorausschauenden Macht diktiert worden zu sein, die ihm sagte, dass ich dazu bestimmt war, getäuscht zu werden!

In meiner jetzigen Situation fiel es mir schwer, der Gesellschaft von Mr. Sheridan zu entgehen. Er war Intendant des Theaters. Ich konnte es nicht vermeiden, ihn bei den Proben und hinter den Kulissen zu sehen und mich mit ihm zu unterhalten, und seine Gespräche faszinierten und bezauberten mich immer. Der glänzende Ruf, den er sich zu Recht wegen seiner überragenden Talente erworben hatte, und der Ruhm, der durch seine berühmte „Schule für Skandale“ vervollständigt wurde, hatten ihn nun so bewundert, dass alle Schichten seiner Gesellschaft den Hof machten. Der Greenroom wurde von Adligen und genialen Männern frequentiert; unter diesen waren Mr. Fox[32] und der Earl of Derby. Die Bühne wurde nun von den allerbesten Kritikern erleuchtet und von den allerhöchsten Talenten geschmückt; und es ist nicht wenig bemerkenswert, dass das Drama in dieser Saison, in der die Hauptdarsteller von Frauen unter zwanzig Jahren gespielt wurden, ungewöhnlich produktiv war und das Theater mehr als sonst besucht wurde. Unter ihnen waren Miss Farren (jetzt Lady Derby), Miss Walpole (jetzt Mrs. Atkins), Miss P. Hopkins (jetzt Mrs. John Kemble) und ich.

Ich war damals mehr als vier Jahre verheiratet; meine Tochter Maria Elizabeth war fast drei Jahre alt. Ich war damals seit meinem fünfzehnten Lebensjahr an allen öffentlichen Orten gesehen und bekannt; Dennoch wusste ich so wenig über die Täuschungen der Welt, als ob ich in den Wüsten Sibiriens erzogen worden wäre. Ich hielt jede Frau für freundlich, jeden Mann für aufrichtig, bis ich Beweise dafür entdeckte, dass ihre Charaktere trügerisch waren.

Ich hatte inzwischen zwei Staffeln, eine Tragödie und eine Komödie, mit Miss Farren und dem verstorbenen Mr. Henderson aufgeführt. Mein erster Auftritt in Palmira (in „Mahomet") war mit der Zaphna von Mr. J. Bannister im Jahr zuvor; und obwohl die außergewöhnlichen komischen Kräfte dieses hervorragenden Schauspielers und liebenswürdigen Mannes seinen Ruf als Komiker begründet haben, galt sein erster Essay über die Tragödie als ein Abend höchster Versprechung. Die Herzogin von Devonshire ehrte mich immer noch mit ihrer Schirmherrschaft und Freundschaft, und ich genoss auch die Wertschätzung mehrerer angesehener und angesehener Frauen.

Das Stück „Das Wintermärchen" wurde in dieser Saison von Ihren Majestäten inszeniert.[33] Ich war noch nie vor der königlichen Familie aufgetreten ; und die erste Figur, in der ich auftauchen sollte, war die von Perdita. Ich hatte die Rolle oft gespielt, sowohl mit der Hermine von Mrs. Hartley als auch mit der von Miss Farren, aber ich verspürte ein seltsames Maß an Beunruhigung, als ich sah, dass mein Name bekannt gegeben wurde, um sie vor der königlichen Familie aufzuführen.[34]

Im Greenroom wurde ich zu diesem Anlass versammelt; und Mr. Smith, dessen Gentleman-Manieren und aufgeklärte Unterhaltung ihn zu einer Zierde des Berufsstandes machten, der die Rolle des Leontes spielte, rief lachend aus: „Bei Gott, Mrs. Robinson, Sie werden den Prinzen erobern, denn … " Heute Abend siehst du schöner aus als je zuvor. Ich lächelte über das unverdiente Kompliment und konnte kaum ahnen, welch große Vielfalt an Ereignissen die Ausstellung an diesem Abend mit sich bringen würde!

Als ich im Flügel gegenüber der Loge des Prinzen stand und darauf wartete, auf die Bühne zu gehen, stellte Mr. Ford, der Sohn des Managers und jetzt ein angesehener Verteidiger der Gesetze, einen Freund vor, der ihn begleitete; dieser Freund war Lord Viscount Malden, jetzt Earl of Essex.[36]

Wir kamen einige Minuten lang ins Gespräch, wobei der Prinz von Wales uns die ganze Zeit beobachtete und häufig mit Colonel (jetzt General) Lake und dem ehrenwerten Mr. Legge, dem Bruder von Lord Lewisham, sprach, der auf seinem Royal wartete Hoheit. Ich eilte durch die erste Szene, nicht ohne große Verlegenheit, wegen der aufmerksamen Aufmerksamkeit, mit der der Prinz von Wales mich ehrte . Tatsächlich hörten ich einige schmeichelhafte Bemerkungen Seiner Königlichen Hoheit, als ich in der Nähe seiner Loge stand, und ich war von Verwirrung überwältigt.

Die besondere Aufmerksamkeit des Prinzen wurde von allen bemerkt , und am Ende des Stücks war ich erneut begeistert. Beim letzten Knicks erwiderte die königliche Familie herablassend eine Verbeugung vor den Darstellern; aber gerade als der Vorhang fiel, begegneten meine Augen denen des Prinzen von Wales, und mit einem Blick, den ich nie vergessen werde, neigte er sanft seinen Kopf ein zweites Mal; Ich spürte das Kompliment und errötete vor Dankbarkeit.

Während der Unterhaltung hörte Lord Malden nie auf, sich mit mir zu unterhalten. Er war jung, sympathisch und vollkommen gebildet. Er bemerkte den besonderen Applaus, den der Prinz meiner Darbietung zuteil werden ließ; sagte tausend höfliche Dinge; und hielt mich im Gespräch, bis die Aufführung des Abends zu Ende war.

Ich ging gerade zu meinem Stuhl, der wartete, als ich die königliche Familie traf, die die Bühne überquerte. Ich wurde erneut mit einer sehr deutlichen und tiefen Verbeugung des

Prinzen von Wales geehrt . Als ich nach Hause zurückkehrte, gab ich eine Party zum Abendessen; und das ganze Gespräch konzentrierte sich auf Lobreden auf die Person, die Anmut und die liebenswürdigen Manieren des berühmten Thronfolgers.

Zwei oder drei Tage später stattete mir Lord Malden einen Morgenbesuch ab. Mr. Robinson war nicht zu Hause und ich empfing ihn ziemlich unbeholfen. Aber die Verlegenheit seiner Lordschaft übertraf meine bei weitem. Er versuchte zu sprechen – hielt inne, zögerte, entschuldigte sich ; Ich wusste nicht warum. Er hoffte, ich würde ihm verzeihen; dass ich etwas, das er mitteilen musste, nicht erwähnen würde; dass ich die besondere Zartheit seiner Situation bedenken und dann so handeln würde, wie ich es für richtig halte. Ich konnte seine Bedeutung nicht verstehen und bat daher darum, dass er sich deutlich ausdrückte.

Nach einigen Momenten offensichtlichen Grübelns zog er zitternd einen kleinen Brief aus seiner Tasche. Ich nahm es und wusste nicht, was ich sagen sollte. Es war an Perdita gerichtet. Ich lächelte, ich glaube eher sarkastisch, und öffnete das *Billet* . Es enthielt nur wenige Worte, die jedoch mehr als nur die allgemeine Höflichkeit zum Ausdruck brachten; sie waren mit Florizel signiert .[37]

„Nun, mein Herr, und was bedeutet das?" sagte ich halb wütend.

„Können Sie den Autor nicht erraten?" sagte Lord Malden.

„Vielleicht Sie selbst, Mylord", rief ich ernst.

„Bei meiner Ehre , nein", sagte der Viscount. „Ich hätte es nicht gewagt, Sie wegen einer so kurzen Bekanntschaft so anzusprechen."

Ich drängte ihn, mir zu sagen, von wem der Brief kam. Er zögerte erneut; er wirkte verwirrt und bedauerte, dass er sich vorgenommen hatte, es zu überbringen.

„Ich hoffe, dass ich Ihre gute Meinung nicht verliere", sagte er; "Aber-"

„Aber was, Mylord?"

„Ich konnte nicht ablehnen – denn der Brief ist vom Prinzen von Wales."

Ich war erstaunt; Ich gestehe, dass ich aufgeregt war; aber ich war auch etwas skeptisch, was den Wahrheitsgehalt von Lord Maldens Behauptung anbelangte. Ich erwiderte eine formelle und zweifelhafte Antwort, und seine Lordschaft verabschiedete sich kurz darauf.

Tausendmal habe ich diesen kurzen, aber ausdrucksstarken Brief gelesen. Dennoch glaubte ich nicht unbedingt, dass es vom Prinzen geschrieben wurde; Ich betrachtete es eher als ein von Lord Malden durchgeführtes Experiment, entweder in Bezug auf meine Eitelkeit oder auf die Angemessenheit meines Verhaltens. Am nächsten Abend wiederholte der Viscount seinen Besuch. Wir hatten eine Kartenparty von sechs oder sieben Personen, und der Prinz von Wales war erneut Gegenstand grenzenloser Lobeshymnen. Lord Malden bezeichnete die Manieren seiner Königlichen Hoheit als die elegantesten und faszinierendsten; von seinem Temperament als dem einnehmendsten; und von seiner Seele her war er am vollsten von allen liebenswürdigen Gefühlen. Ich hörte diese Lobpreisungen, und mein Herz klopfte vor Stolz, während die Erinnerung an den teilweisen, aber zart respektvollen Brief wanderte, den ich am Morgen zuvor erhalten hatte.

Am nächsten Tag brachte mir Lord Malden einen zweiten Brief. Er versicherte mir, dass der Prinz höchst unglücklich sei, weil er befürchtete, dass ich durch sein Verhalten beleidigt würde, und dass er mich beschwor, an diesem Abend ins Oratorium zu gehen, wo er mich durch irgendein Zeichen davon überzeugen würde, dass er der Verfasser der Briefe sei , vorausgesetzt, ich war immer noch skeptisch hinsichtlich ihrer Echtheit.

Ich ging ins Oratorium; und als der Prinz meinen Platz in der Balkonloge einnahm, bemerkte er mich fast augenblicklich. Er hielt die gedruckte Rechnung vor sein Gesicht und fuhr sich mit der Hand über die Stirn, während er mich immer noch ansah. Ich war verwirrt und wusste nicht, was ich tun sollte. Mein Mann war bei mir und ich hatte Angst, er könnte beobachten, was passierte. Dennoch machte der Prinz weiterhin Gebärden, wie zum Beispiel seine Hand am Rand des Kästchens bewegend, als würde er schreiben, und dann mit dem Herzog von York[39] (damals Bischof von Osnaburg) sprechen, der mich ebenfalls mit besonderer Aufmerksamkeit ansah.

Ich beobachtete nun, wie einer der Herren dem Prinzen ein Glas Wasser brachte; Bevor er es an die Lippen hob , sah er mich an. Das Verhalten Seiner Königlichen Hoheit war so markant, dass viele Zuschauer es bemerkten; mehrere Personen in der Grube richteten ihren Blick auf die Stelle, an der ich saß; und am folgenden Tag bemerkte einer der Tagesdrucke, dass es eine Passage in Drydens Ode gab, die dem Prinzen von Wales besonders interessant erschien, der –

„Auf die Messe geschaut

Wer verursachte seine Sorge,

Und seufzte und schaute und seufzte wieder."[40]

Wie schmeichelhaft es auch für die weibliche Eitelkeit gewesen sein mag, zu wissen, dass mir der am meisten bewunderte und versierteste Prinz Europas hingebungsvoll verbunden war; So gefährlich für das Herz auch ein solcher Götzendienst war, den Seine Königliche Hoheit viele Monate lang in fast täglichen Briefen bekundete, die mir Lord Malden übermittelte, dennoch lehnte ich jedes Interview mit Seiner Königlichen Hoheit ab. Ich war gegenüber all seiner Anziehungskraft nicht unempfindlich; Ich hielt ihn für einen der liebenswürdigsten Männer. In seiner Sprache lag eine schöne Unbefangenheit, eine warme und enthusiastische Anbetung, die in jedem Brief zum Ausdruck kam und mich interessierte und bezauberte. Diese Korrespondenz dauerte den ganzen Frühling bis zur Schließung des Theaters und gab mir jeden Tag eine neue Gewissheit unantastbarer Zuneigung.

Nachdem wir einige Monate lang korrespondiert hatten, ohne jemals miteinander zu sprechen (denn ich lehnte es immer noch ab, Seine Königliche Hoheit zu treffen, aus Angst vor dem *Eklat* , den eine solche Verbindung hervorrufen würde, und aus Angst, ihn nach Meinung seiner königlichen Verwandten zu verletzen), Durch die Hände von Lord Malden erhielt ich das Miniaturporträt des Prinzen, gemalt vom verstorbenen Herrn Meyer. Dieses Bild ist jetzt in meinem Besitz. In der Hülle befand sich ein kleines aus Papier ausgeschnittenes Herz, das ich auch habe; Auf einer Seite stand geschrieben: *„Je ne change qu'en."* mourant ;" auf der anderen Seite: „Unveränderlich für meine Perdita durch das Leben."

Während vieler Monate vertraulicher Korrespondenz habe ich Seiner Königlichen Hoheit stets den besten Rat gegeben, der in meiner Macht stand; Ich lehnte jeden schmutzigen und interessierten Gedanken ab; Ich empfahl ihm, geduldig zu sein, bis er sein eigener Herr werde; zu warten, bis er mehr über meine Denkweise und meine Manieren wusste, bevor er sich öffentlich auf eine Bindung zu mir einließ; und vor allem nichts zu tun, was den Unmut der Familie seiner Königlichen Hoheit erregen könnte. Ich bat ihn, sich daran zu erinnern, dass er jung war und von der Ungestümheit der Leidenschaft vorangetrieben wurde; Sollte ich zustimmen, meinen Beruf und meinen Mann aufzugeben, wäre ich völlig seiner Gnade ausgeliefert. Ich stellte mir die Versuchungen vor, denen die Schönheit ihn aussetzen würde; die vielen Künste, die er praktizieren würde, um meine Zuneigung zu untergraben; die öffentlichen Schmähungen, die mich mit Verleumdung und Neid überhäufen würden; und das Elend, das ich erleiden würde, wenn er, nachdem ich ihm jeden Vertrauensbeweis gegeben hatte, seine Gefühle mir gegenüber ändern würde. Zu all dem erhielt ich wiederholt die Zusicherung unantastbarer Zuneigung; und ich bin der festen Überzeugung, dass Seine Königliche Hoheit meinte, was er verkündete – tatsächlich war seine Seele zu aufrichtig, sein Geist zu liberal und sein Herz zu empfänglich, um vorsätzlich zu täuschen oder auch nur für einen Moment den Gedanken einer absichtlichen Täuschung zu hegen .

Bei jedem Gespräch mit Lord Maiden merkte ich, dass er die Aufgabe, die er übernommen hatte, bereute; aber er versicherte mir, dass der Prinz fast in Panik geriet, wenn er den Wunsch äußerte, sich nicht einzumischen. Ich erinnere mich, wie Seine Lordschaft mir einmal erzählte, dass der verstorbene Herzog von Cumberland ihn am frühen Morgen in seinem Haus in der Clarges Street besucht hatte, ihm mitteilte, dass der Prinz meinetwegen sehr unglücklich sei, und ihn anflehte, seine Dienste fortzusetzen eine kurze Zeit länger. Das Establishment des Prinzen war damals in Aufregung; Zu dieser Zeit residierte seine Königliche Hoheit noch im Buckingham House.

Es wurde nun der Vorschlag gemacht, dass ich Seine Königliche Hoheit in männlicher Verkleidung in seinen Gemächern treffen sollte. Ich war es gewohnt, in diesem Kleid aufzutreten, und der Prinz hatte mich, glaube ich, in der Rolle der irischen Witwe gesehen. Gegen diesen Plan habe ich entschieden Einspruch erhoben. Die Unhöflichkeit eines solchen Schrittes sowie die Gefahr der Entdeckung ließen mich vor dem Vorschlag zurückschrecken. Meine Weigerung versetzte Seine Königliche Hoheit in größte Aufregung, wie aus dem Brief hervorgeht, den ich am nächsten Morgen erhielt. Lord Malden beklagte erneut, dass er sich auf den Geschlechtsverkehr eingelassen hatte, und erklärte, dass er selbst eine so heftige Leidenschaft für mich entwickelt habe, dass er der elendeste und unglücklichste aller Sterblichen sei.

Obwohl Mr. Robinson in dieser Zeit kein Brieffreund an meinem Briefverkehr mit dem Prinzen war, verhielt er sich völlig nachlässig. Er war gegenüber meinem Ruhm und meiner Ruhe völlig nachlässig; verbrachte seine Freizeit mit den verlassensten Frauen, und sogar meine eigenen Diener beklagten sich über seine unerlaubten Annäherungsversuche. Ich erinnere mich an einen, der sogar bis zur Hässlichkeit schlicht war; sie war klein, schlecht gebaut, schäbig und schmutzig; Einmal, als ich von einer Probe zurückkam, stellte ich fest, dass diese Frau mit meinem Mann in meinem Zimmer eingesperrt war. Ich wusste auch, dass Mr. Robinson seine Verbindung mit einer Frau fortsetzte, die in Maiden Lane wohnte und nur eine der wenigen war, die seinen häuslichen Abfall bewies.

Seine Gleichgültigkeit führte natürlich zu einer Entfremdung der Wertschätzung auf meiner Seite, und die zunehmende Verehrung des bezauberndsten aller Sterblichen versöhnte mich stündlich mit dem Gedanken einer Trennung. Die grenzenlosen Zusicherungen dauerhafter Zuneigung , die ich von Seiner Königlichen Hoheit in vielen Dutzend der beredtesten Briefe erhielt, die Verachtung, die ich von meinem Mann erfuhr, und die ständige Arbeit , die ich auf mich nahm, um ihn zu unterstützen, begannen schließlich meine Kraft zu ermüden. Noch immer zögerte ich, Gegenstand öffentlicher Kritik zu werden, und noch immer machte ich meinem Mann Vorwürfe wegen der Unfreundlichkeit seines Verhaltens.

[Die Erzählung von Frau Robinson endet hier.]

FORTSETZUNG

Unter den Personen, die zu verschiedenen Zeiten die Aufmerksamkeit der Öffentlichkeit auf sich gezogen haben, gibt es nur wenige, deren Tugenden so wenig bekannt waren oder deren Charaktere so ungerecht eingeschätzt wurden wie der Gegenstand der vorangegangenen Memoiren. Die zahlreichen Umstände, durch die Mrs. Robinsons spätere Lebensjahre geprägt waren, in engen Grenzen zusammenzufassen , wird eine nicht geringe Schwierigkeit sein. Die früheren Perioden ihres Daseins, die durch die Erzählung aus ihrer eigenen Feder interessanter geworden sind, wurden zweifellos zu Recht von dem nachdenklichen und aufrichtigen Leser geschätzt, dessen Mitgefühl sie unbedingt geweckt haben. Dass sie die Geschichte eines Lebens, das kaum weniger ereignisreich als unglücklich war, nicht zu Ende bringen konnte, kann nicht umhin, Gegenstand aufrichtigen Bedauerns zu sein.

Die Konflikte, die den Geist erschütterten, und die Leidenschaften, die in der Brust von Mrs. Robinson aufeinander folgten, als ihre Erzählung endete, einer Krise, die vielleicht die wichtigste in ihrem Leben war, lassen sich leichter begreifen als beschreiben. Ein mühsamer, aber fesselnder Beruf, dessen Gewinn nicht im Vergleich zu den Ausgaben ihres Establishments stand, und die Bemühung ihres berühmten Liebhabers, bei dem sie natürlich Schutz suchte, teilten ihre Aufmerksamkeit und verwirrten ihren unerfahrenen Geist. Die Voreingenommenheit ihres königlichen Verehrers fing an, Beobachtungen zu erregen, Neugier zu wecken und die bösartigen Leidenschaften zu provozieren, die unter einer gespielten Sorge um Anstand die Gestalt von Tugend annahmen. In den Tagesdrucken wimmelte es von Hinweisen auf die Gunst von Mrs. Robinson gegenüber „einer Person, deren Manieren unwiderstehlich waren und deren Lächeln den Sieg bedeutete". Diese Umstände, zusammen mit den ständigen Vergnügungen Lord Maldens, dessen Aufmerksamkeiten ebenso wenig verstanden wie böswillig interpretiert wurden, trugen dazu bei, ein junges Geschöpf abzulenken, dessen exponierte Lage, sein schwankender und ungeformter Charakter es tausend Fehlern und Gefahren gegenüber nur allzu abstoßend machte .

Die Beendigung ihrer Korrespondenz mit dem Prinzen schien das schmerzhafteste Mittel zu sein, das ein Herz ergreifen konnte, das von seinen Leistungen fasziniert und durch seine Beteuerungen unantastbarer Verbundenheit besänftigt war. Sie war sich bewusst, dass in den Augen der Welt der Ruf der Frau als unbefleckt gilt, während der Ehemann, der seine Schande passiv erduldet , ihr die Sanktion seines Schutzes gewährt. Die Kreise der Mode lieferten mehr als ein Beispiel für diese zuvorkommende Duldung der ehelichen Verkommenheit. Hätte Mrs. Robinson es mit ihren eigenen Gefühlen in Einklang bringen können, unter dem Dach ihres Mannes zu bleiben, dessen Schutz sie verloren hatte, und die Untreue noch schlimmer zu machen, die Aufmerksamkeit ihres berühmten Verehrers hätte ihrer Popularität vielleicht einen zusätzlichen *Jubel verleihen können* . Auch ihr Mann dürfte in seinen weltlichen Aussichten nicht darunter gelitten haben, dass er gegenüber den Beweggründen seines königlichen Besuchers ein wenig blind war. Aber ihre naive Natur erlaubte es ihr nicht, den Mann, zu dem sie einst Zuneigung empfunden hatte, zum Gegenstand von Spott und Verachtung zu machen. Sie beschloss daher, der Welt zu trotzen und sich als Unterstützung gegen ihre Tadel auf den Schutz und die Freundschaft dessen zu verlassen, dem sie ihren Respekt opferte.

Die Intendanten des Drury Lane Theatre vermuteten, dass Mrs. Robinson sich am Ende der Saison von der Bühne zurückziehen wollte, und ließen keine Mittel aus, die sie dazu bewegen könnten, ihre Verpflichtungen zu erneuern. Aus diesem Grund boten sie ihr einen erheblichen Vorschuss auf ihr Gehalt an, während sie auf ihre Bitten unentschlossene Antworten erwiderte. Da sie in einem Beruf, dem sie begeistert anhing, stündlich aufstieg, war der öffentliche Beifall, den ihr Aussehen immer wieder hervorrief, zu erfreulich, als dass sie ohne Reue darauf verzichtet hätte.

Während dieser Unentschlossenheit wurde sie von zahlreichen anonymen Briefen verfolgt, die sie weiterhin mit Spott oder Verachtung behandelte. Die Korrespondenz zwischen Mrs. Robinson und dem Prinzen war bisher lediglich brieflicher Natur. Dieser Verkehr hatte mehrere Monate gedauert, da Mrs. Robinson nicht den Mut aufgebracht hatte, ein persönliches Gespräch zu wagen und den Vorwürfen der Welt zu trotzen.

Schließlich, nach vielen Gefühlsschwankungen, stimmte Mrs. Robinson einer Unterredung mit ihrem königlichen Geliebten zu, und die Leitung von Lord Malden schlug vor, sie in der Residenz seiner Lordschaft in der Dean Street in Mayfair stattfinden zu lassen. Aber die eingeschränkte Situation des Prinzen, der von einem strengen Erzieher kontrolliert wurde, machte die Durchführung dieses Projekts schwierig. Anschließend wurde ein Besuch im Buckingham House erwähnt; wogegen Mrs. Robinson entschieden Einspruch erhob, da es sich um einen überstürzten Versuch handelte, der für ihren erhabenen Verehrer große Gefahr bedeutete. Als Lord Maiden erneut konsultiert wurde, wurde beschlossen, dass der Prinz Mrs. Robinson für einige Augenblicke in Kew treffen sollte,[41] am Ufer der Themse, gegenüber dem alten Palast, der damaligen Sommerresidenz der älteren Prinzen. Zur Darstellung dieses Vorfalls ist ein Auszug aus einem Brief von Frau Robinson, den sie einige Jahre später an einen geschätzten und inzwischen verstorbenen Freund schrieb, der während der Zeit dieser Ereignisse in Amerika lebte, für den Leser möglicherweise nicht unakzeptabel. Das Datum dieses Briefes stammt aus dem Jahr 1783.

Das erste Treffen von Frau Robinson und dem Prinzen von Wales. Originalradierung von Adrien Marcel

„Endlich wurde ein Abend für dieses lange gefürchtete Interview festgelegt. Lord Maiden und ich aßen im Gasthaus auf der Insel zwischen Kew und Brentford. Wir warteten auf das Signal, den Fluss in einem Boot zu überqueren, das zu diesem Zweck eingestellt worden war. Himmel Ich kann sehen, wie viele Konflikte mein aufgeregtes Herz in diesem wichtigen Moment ertragen musste. Ich war dankbar für seine Zuneigung, mit der ich über viele Monate hinweg korrespondiert hatte. Die exquisite Sensibilität, die durch jede Zeile atmete, und seine leidenschaftlichen Beteuerungen hatten meinen schwachen Entschluss erschüttert. Das Taschentuch wurde am anderen Ufer geschwenkt, aber in der Dämmerung war Lord Maiden kaum noch wahrnehmbar Ich nahm meine Hand, stieg ins Boot und ein paar Minuten später landeten wir vor den Eisentoren des alten Kew Palace. Das Interview dauerte nur einen Moment die Allee entlanggehen. Sie eilten uns entgegen. Der Prinz sprach nur wenige, kaum artikulierte Worte, als uns der Lärm von Menschen, die aus dem Palast kamen, erschreckte. Der Mond ging jetzt auf; und der Gedanke, belauscht zu werden oder seine Königliche Hoheit zu so ungewöhnlicher Stunde draußen zu sehen, versetzte die ganze Gruppe in Angst und Schrecken. Nach ein paar weiteren, sehr liebevollen Worten des Prinzen trennten wir uns und Lord Maiden und ich kehrten zur Insel zurück. Während dieser kurzen Zusammenkunft verließ der Prinz weder die Allee noch die Anwesenheit des Herzogs von York. Ach! Mein Freund, wenn mein Geist früher von Wertschätzung beeinflusst war, so wurde er jetzt zu der enthusiastischsten Bewunderung erweckt. Der Rang des Prinzen versetzte das Wesen, das ihn jetzt als Liebhaber und Freund betrachtete, nicht mehr in Ehrfurcht. Die Anmut seiner Person, die unwiderstehliche Süße seines Lächelns, die Zärtlichkeit seiner melodischen und doch männlichen Stimme werden mir in Erinnerung bleiben, bis jede Vision dieser sich verändernden Szene vergessen sein wird.

„Viele und häufige Gespräche fanden danach an diesem romantischen Ort statt; unsere Spaziergänge dauerten manchmal bis nach Mitternacht; der Herzog von York und Lord Malden waren immer dabei; unser Gespräch bestand aus allgemeinen Themen. Der Prinz hatte von seinem Als Kind war ich völlig zurückgezogen und hatte natürlich viel Freude daran, mich über die geschäftige Welt, ihre Sitten und Beschäftigungen, Charaktere und Landschaften zu unterhalten. Ansonsten trug ich immer eine dunkle Kutte Unsere Gruppe hüllte sich im Allgemeinen in Mäntel, um sie zu verbergen, mit Ausnahme des Herzogs von York, der uns fast durchweg durch die Zurschaustellung eines gelbbraunen Mantels erschreckte, der auffälligsten Farbe , die er für ein Abenteuer dieser Art hätte wählen können. Die elegante und faszinierende Unbefangenheit Die Manieren seiner Königlichen Hoheit trugen nicht wenig dazu bei, unsere Spaziergänge zu beleben. Er sang mit exquisitem Geschmack, und die Töne seiner Stimme, die die Stille der Nacht durchbrachen, erschienen meinen verzauberten Sinnen oft wie mehr als nur eine tödliche Melodie. Oft habe ich die Distanz beklagt, die das Schicksal zwischen uns gebracht hat. Wie hätte meine Seele einen solchen Ehemann vergöttert !

Ach! Wie oft habe ich in der glühenden Begeisterung meiner Seele den Wunsch geäußert, dass dieses Wesen mir allein gehörte! bei dem Teilmillionen Schutz suchen sollten.

„Der Herzog von York stand nun kurz davor, das Land nach Hannover zu verlassen; der Prinz war ebenfalls im Begriff, seine erste Niederlassung zu erhalten; und die Befürchtung, dass seine Bindung an eine verheiratete Frau seiner Königlichen Hoheit nach Meinung des Königs schaden könnte Die Welt legte großen Wert auf die Vorsicht, die wir ausnahmslos beobachteten. Es verging eine beträchtliche Zeit in diesen entzückenden Szenen des visionären Glücks, und ich betrachtete mich als den gesegnetsten Menschen, den wir hatten Ich habe unsere Treffen in der Nachbarschaft von Kew genossen und freute mich, wie ich merke, nur auf die Anpassung des Hauses Seiner Königlichen Hoheit an das öffentliche Bekenntnis unserer gegenseitigen Verbundenheit.

„Ich hatte meinen Beruf aufgegeben. Am letzten Abend meines Auftritts auf der Bühne verkörperte ich die Figur von Sir Harry Revel in den Komödien „The Miniature Picture" von Lady Craven[42] und „The Irish Widow". ' Als ich den Greenroom betrat, teilte ich Mr. Moody, der in der Farce mitspielte, mit, dass ich nach dieser Nacht nicht mehr erscheinen sollte, und versuchte zu lächeln, während ich sang, und wiederholte:

„ Oh , Freude euch allen in vollem Maße,

    Das wünscht und betet Witwe Brady!'

Das waren die letzten Zeilen meines Liedes in „The Irish Widow". Dieser Versuch, die Emotionen zu verbergen, die ich empfand, als ich einen Beruf aufgab, den ich so sehr liebte, war von kurzer Dauer, und ich brach bei meinem Erscheinen in Tränen aus. Mein Bedauern, als ich mich daran erinnerte, dass ich zum letzten Mal die Gremien betrat, auf denen ich so oft die überaus erfreulichen Zeugnisse öffentlicher Zustimmung erhalten hatte; wo geistige Anstrengung durch private Werte ermutigt wurde; Dass ich vor einer glücklichen Gewissheit floh, vielleicht um der Phantom-Enttäuschung nachzujagen, überforderte fast meine Fähigkeiten und beraubte mich für einige Zeit der Fähigkeit, mich zu artikulieren. Glücklicherweise musste die Person, die neben mir auf der Bühne stand, die Szene beginnen, was mir Zeit gab, mich zu sammeln. Ich ging jedoch mechanisch stumpfsinnig durch die Geschäfte des Abends und trotz der jubelnden Mienen und des Applauses des Publikums war ich mehrmals einer Ohnmacht nahe.

„Die Tageszeitungen befriedigten nun die Bosheit meiner Feinde durch die skandalösesten Absätze, die den Prinzen von Wales und mich selbst betrafen. Ich stellte fest, dass es jetzt zu spät war, die stündlich zunehmende Flut von Beschimpfungen zu stoppen, die von allen Seiten über mich hereinbrach. Wann immer ich Als ich in der Öffentlichkeit erschien, war ich überwältigt von der Menge, die mich anstarrte, und musste Ranelagh wegen der neugierigen Menschenmenge, die sich um meine Loge versammelt hatte, kaum wagen Viele Stunden habe ich gewartet, bis sich die Menschenmenge, die meinen Wagen umgab, zerstreute, und ich konnte mir ein Lächeln über die Absurdität eines solchen Vorgehens nicht verkneifen In den folgenden Staffeln war ich fast jeden Abend auf der Bühne und war damals fast fünf Jahre lang mit Mr. Robinson an jedem modischen Unterhaltungsort. Sie, mein lieber Herr, werden in Ihren ruhigen Orten transatlantischer Einfachheit einige Schwierigkeiten haben Bringen Sie diese Dinge mit Ihrem Verstand in Einklang – diese unerklärlichen Beispiele nationaler Absurdität. Und doch ist es so. Ich bin überzeugt, dass, wenn ein Wesen, das über mehr als menschliche Begabungen verfügte, dieses Land besuchen würde, es Gleichgültigkeit, wenn nicht gar völlige Vernachlässigung erfahren würde, während ein weniger würdiger Sterblicher als das Idol seiner Zeit verehrt werden könnte, wenn man ihm zuflüsterte, dass es Berühmtheit erlangte die Kommentare der Menge. Aber Gott sei Dank! Mein Herz war nicht aus gefühlloser Unverschämtheit geformt. Ich schauderte angesichts der Kluft vor mir und verspürte eine kleine Befriedigung in dem Wissen, einen Schritt getan zu haben, den viele, die ihn verurteilten, nicht weniger bereit gewesen wären, nachzuahmen, wenn sie in die gleiche Situation geraten wären.

„Vor meinem ersten Gespräch mit Seiner Königlichen Hoheit war ich erstaunt, in einem seiner Briefe eine äußerst feierliche und verbindliche Bürgschaft zu finden, die ein Versprechen über die Summe von zwanzigtausend Pfund enthielt, die während der Amtszeit seines Königlichen zu zahlen war Hoheit wird erwachsen.

„Dieses Papier wurde vom Prinzen unterschrieben und mit dem königlichen Wappen versiegelt. Es war in Worten ausgedrückt, die so großzügig, so freiwillig und so von wahrer Zuneigung geprägt waren, dass ich kaum die Kraft hatte, es zu lesen. Meine Tränen, angeregt durch das Qualvollste Konflikte verdunkelten die Briefe und löschten fast jene Gefühle aus, die mir bis in die letzte Zeit meines Daseins eingeprägt sein werden. Dennoch fühlte ich mich schockiert und beschämt über die unfeine Idee, mit einem Prinzen finanzielle Verpflichtungen einzugehen Ich verließ mich auf den Genuss all dessen, was das Leben begehrenswert machen würde. Der Gedanke an Zinsen war mir nie in den Sinn gekommen, und ich hatte in dieser entzückenden Gewissheit meinen ganzen zukünftigen Schatz gezählt Ich hatte viele prächtige Geschenke abgelehnt, die Seine Königliche Hoheit für mich bei Grey's und anderen Juwelieren bestellen wollte . Der Prinz schenkte mir ein paar unbedeutende Schmuckstücke, deren Gesamtwert nicht mehr als einhundert Guineen betrug. Auch diese kehrte ich nach unserer Trennung durch die Hände von General Lake zu Seiner Königlichen Hoheit zurück.

„Nun nahte die Zeit, die alle märchenhaften Visionen zerstören sollte, die meinen Geist mit Träumen vom Glück erfüllt hatten. In dem Moment, in dem sich alles auf die Gründung Seiner Königlichen Hoheit vorbereitete, als ich ungeduldig auf die Ankunft jenes Tages wartete, an dem ich es schaffen würde Seht, wie mein verehrter Freund würdevoll die Zurufe seiner zukünftigen Untertanen entgegennimmt. Als ich den öffentlichen Schutz dieses Wesens genießen konnte, für das ich alles aufgegeben habe, erhielt ich einen Brief von Seiner Königlichen Hoheit, einen kalten und unfreundlichen Brief, in dem er mir kurz mitteilte, dass „ wir dürfen uns nicht mehr treffen!'

„Und jetzt, mein Freund, erlaube mir, Gott zum Zeugen zu rufen, dass ich mir nicht bewusst war, warum diese Entscheidung im Kopf Seiner Königlichen Hoheit getroffen wurde. Nur zwei Tage bevor dieser Brief geschrieben wurde, hatte ich den Prinzen und seinen in Kew gesehen Die Zuneigung schien grenzenlos zu sein, da sie unvermindert war.

„Verwundert, betrübt, außerstande, es auszudrücken, schrieb ich sofort an Seine Königliche Hoheit und verlangte eine Erklärung. Er schwieg. Ich schrieb noch einmal , erhielt aber keine Aufklärung über dieses höchst grausame und außergewöhnliche Geheimnis. Der Prinz befand sich damals in Windsor. Ich machte mich in einem kleinen Pony-Phaeton auf den Weg, elend und ohne Begleitung von jemandem außer meinem Postillion (einem neunjährigen Kind). Als wir Hyde Park Corner verließen, teilte mir der Gastwirt dies mit Jeder Wagen, der in den letzten zehn Nächten durch die Heide gefahren war, war angegriffen und geplündert worden. Ich gestehe, dass der Gedanke an eine persönliche Gefahr für mich in dem Zustand, in dem er sich befand, keine Angst hatte, und die Möglichkeit der Vernichtung, ohne das Verbrechen des Selbstmords Kaum hatten wir die Mitte der Heide erreicht, erschreckte mich das plötzliche Auftauchen eines Mannes, der vom Straßenrand kam. Als er ihn bemerkte, gab er seinem Pony sofort die Sporen , und durch einen plötzlichen Sprung unseres leichten Fahrzeugs verlor der Raufbold seinen Griff am vorderen Zügel. Wir fuhren nun mit voller Geschwindigkeit voran, während die Kutsche rannte und versuchte , uns zu überholen. Schließlich waren meine Pferde glücklicherweise schneller als die Beharrlichkeit des Angreifers und wir erreichten sicher das erste „Magpie", ein kleines Gasthaus auf der Heide. Die Beunruhigung, die dieses Abenteuer trotz meiner Entschlossenheit ausgelöst hatte, verstärkte sich noch, als ich mich zum ersten Mal daran erinnerte, dass ich damals in meinem schwarzen Bestand einen brillanten Ohrstecker von sehr beträchtlichem Wert hatte, der nur von jemandem besessen werden konnte Räuber, indem er den Träger erwürgt.

„Wenn mein Herz vor Freude darüber klopfte, dass ich dem Attentat entkommen war, ereignete sich bald darauf ein Umstand, der meine Gefühle nicht beruhigte. Dies war das Erscheinen von Herrn H. Meynell und Frau A. Meine ahnungsvolle Seele sah sofort a Mit eifersüchtigem Eifer deutete er das bis dahin unerklärliche Verhalten des Fürsten daraus, dass er mehrfach den Wunsch geäußert hatte, diese Dame kennenzulernen.

„Bei meiner Ankunft wollte mich der Prinz nicht sehen. Meine Qualen waren jetzt unbeschreiblich . Ich beriet mich mit Lord Malden und dem Herzog von Dorset, deren ehrenhafter Geist und wirklich desinteressierte Freundschaft mir gegenüber schon oft zum Ausdruck kam. Sie waren beide ratlos Um den Grund für diese plötzliche Veränderung in den Gefühlen des

Prinzen herauszufinden, hatte er bisher eifrig nach Gelegenheiten gesucht, mich öffentlich hervorzuheben, als es in der Situation Seiner Königlichen Hoheit angebracht war June I ging auf seinen Wunsch hin in die Loge des Kammerherrn beim Geburtstagsball ; die beunruhigende Beobachtung des Kreises wurde durch die markanten und unüberlegten Aufmerksamkeiten Seiner Königlichen Hoheit auf den Teil der Loge gelenkt, in dem ich nicht gewesen war Viele Minuten bevor ich Zeuge einer einzigartigen Art modischer Koketterie wurde, sah ich, wie eine hochrangige Frau aus dem Blumenstrauß, den sie trug, zwei Rosenknospen auswählte, die sie dem Prinzen schenkte, wie er mir später mitteilte , Sinnbild für sich und ihn.' Ich bemerkte, dass Seine Königliche Hoheit sofort einem Adligen zuwinkte, der inzwischen Teil seines Establishments war, und mir mit ernstem Blick ein paar Worte zuflüsterte und ihm gleichzeitig seine neu erworbene Trophäe überreichte Lord C. betrat die Loge des Kammerherrn, gab mir die Rosenknospen und teilte mir mit, dass er vom Prinzen dazu beauftragt worden sei. Ich habe sie mir in die Brust gelegt und war, wie ich gestehe, stolz auf die Kraft, die sie damit hatten Damit demütigte ich öffentlich einen erhabenen Rivalen, der mich nun auf allen öffentlichen Veranstaltungsorten, bei der Jagd des Königs in der Nähe von Windsor, bei den Kritiken und in den Theatern hervorhob. Der Prinz schien nur glücklich zu sein, seine Zuneigung zu mir zu zeigen.

„Wie schrecklich war dann die Veränderung meiner Gefühle! Und ich wiederhole noch einmal feierlich, dass ich überhaupt keine Ahnung von der Ursache einer so plötzlichen Veränderung hatte.

„Meine ‚gutmütigen Freunde' informierten mich nun sorgfältig über die Vielzahl heimlicher Feinde, die jemals eingesetzt wurden, um den Geist des Prinzen von mir zu entfremden. Ein so faszinierender, so berühmter Liebhaber konnte nicht umhin, den Neid meines eigenen Geschlechts zu erregen. Frauen." Alle Beschreibungen waren darauf bedacht, die Aufmerksamkeit Seiner Königlichen Hoheit auf sich zu ziehen. Leider hatte ich weder Rang noch Macht, mich solchen Gegnern zu widersetzen, und jede kleinliche Verleumdung wurde mit zehnfachen Ausschmückungen wiederholt Die schändlichsten und eklatantesten Unwahrheiten wurden erfunden, und ich wurde erneut mit

Broschüren, Paragraphen und Karikaturen und der ganzen Artillerie der Verleumdung angegriffen, während das einzige Wesen, bei dem ich damals Schutz suchte, in einer Lage war, die dazu nicht in der Lage war es sich leisten zu können.

„So verwirrt schrieb ich dir, mein Freund, und flehte dich um Rat an. Aber du warst weit weg; deine entzückte Seele war in die Pflege der Pflanze der menschlichen Freiheit vertieft, die seitdem in unabhängiger Pracht über deinen glücklichen Provinzen erblüht. Habe es eifrig getan Ich warte auf die Ankunft des Pakets, aber es kam keine Antwort. In meiner Seelenangst beklagte ich mich noch einmal, vielleicht zu heftig, über die Verleumdungen, die meine Feinde begangen hatten Er war sich der Unwahrheit, deren er sich nur allzu bewusst war, bewusst, dass er mir Gerechtigkeit widerfahren ließ. Er schrieb mir einen äußerst beredten Brief, in dem er die von einer verleumderischen Welt behaupteten Gründe zurückwies Anschuldigungen, die propagiert wurden, um mich zu zerstören.

„Ich wohnte jetzt in Cork Street, Burlington Gardens. Das Haus, das zwar ordentlich, aber keineswegs prächtig war, war kürzlich für den Empfang der Gräfin von Derby anlässlich ihrer Trennung von ihrem Herrn hergerichtet worden. Meine Situation ist jetzt jede Stunde Der Prinz bestand immer noch darauf, sich aus meiner Gesellschaft zurückzuziehen. Ich war nun tief in Schulden verwickelt, und ich hoffte, jemals die Macht zu haben, sowohl meinen Mann als auch meinen Beruf aufzugeben.

„Meine Entfremdung vom Prinzen war nun Gegenstand öffentlicher Kritik, während die frisch erstarkten Pfeile meiner alten Feinde, die Tagesdrucke, erneut mit zehnfacher Wut auf meinen wehrlosen Kopf geschleudert wurden. Das Bedauern von Mr. Robinson, jetzt, wo er es getan hatte Er verlor mich, wurde unerträglich; er schrieb mir ständig in der Sprache grenzenloser Zuneigung, und als wir uns trafen, versäumte er es nicht, seinen Kummer über unsere Trennung auszudrücken und sogar den Wunsch nach unserer Wiedervereinigung zum Ausdruck zu bringen.

„Einmal hatte ich beschlossen, zu meinem Beruf zurückzukehren, aber einige Freunde, die ich konsultierte, fürchteten, dass die Öffentlichkeit mein erneutes Erscheinen auf der Bühne nicht dulden würde. Dieser Gedanke schüchterte mich ein und verhinderte meine Bemühungen um die Unabhängigkeit, die mein Romantiker war Die Leichtgläubigkeit hatte mich auf fatale Weise dazu gebracht, auf etwas zu verzichten, das für mich und mein Kind eine reichliche und ehrenhafte Ressource gewesen wäre . Meine Schulden häuften sich auf fast siebentausend Pfund an, deren beleidigende Illiberalität nur durch ihre grenzenlosen Zumutungen ausgeglichen werden konnte , stündlich überfiel mich.

„In der Zwischenzeit wurde ich vom Prinzen völlig vernachlässigt, während Lord Maldens Fürsorge von Tag zu Tag zunahm. Ich hatte keinen anderen Freund, auf den ich mich als Beistand oder Schutz verlassen konnte. Wenn ich Schutz sage, meine ich das nicht so Da Lord Mailden damals noch ärmer war als ich, hatte der Tod der Großmutter seiner Lordschaft, Lady Frances Coningsby, ihn nicht über die Misere seines eigenen kleinen Einkommens gebracht.

„Lord Maidens Aufmerksamkeit für mich setzte ihn erneut allen Demütigungen früherer Zeiten aus. Der Prinz versicherte mir noch einmal seinen Wunsch, unsere frühere Freundschaft und Zuneigung zu erneuern, und drängte mich, ihn im Haus von Lord Malden in der Clarges Street zu treffen. Ich war zu dieser Zeit nicht gerade verzweifelt, tief verschuldet, von meinen Feinden verfolgt und von meinen Verwandten ständig beschimpft. Ich hätte eine Existenz, die für mich jetzt eine unerträgliche Last geworden war, freudig aufgegeben, doch mein Stolz war nicht geringer als ich Ich war voller Kummer, und ich beschloss, trotz aller Leiden meines Herzens ein gelassenes Gesicht zu zeigen, wenn ich den fragenden Blicken meiner siegreichen Feinde begegnete.

„Nach langem Zögern stimmte ich auf Anraten von Lord Malden zu, Seine Königliche Hoheit zu treffen. Er trat mit jedem Anschein zärtlicher Zuneigung an mich heran und erklärte, dass er nie für einen Moment aufgehört habe, mich zu lieben, aber dass ich viele verborgene Feinde hätte , die alle Anstrengungen unternahmen, um mich zu untergraben. Wir verbrachten einige Stunden in einem äußerst freundschaftlichen und entzückenden Gespräch, und ich begann mir einzubilden, dass alle unsere Differenzen beigelegt wurden. Aber welche Worte könnten meine Überraschung und meinen Kummer ausdrücken, als ich ihn traf Königliche Hoheit, gleich am nächsten Tag drehte er im Hyde Park den

Kopf, um mich nicht zu sehen, und tat sogar so, als würde er mich nicht kennen!

„Von diesem Schlag überwältigt, kannte mein Kummer keine Grenzen. Doch der Himmel kann die Wahrheit meiner Behauptung bezeugen, selbst in diesem Moment völliger Verzweiflung, als die Unterdrückung mich auf die Erde beugte, gab ich dem Prinzen keine Schuld. Das habe ich damals und für immer getan." soll seinen Geist als edel und ehrenhaft betrachten Ich konnte mir auch nicht beibringen , zu glauben, dass ein Herz, der Sitz so vieler Tugenden, möglicherweise unmenschlich und ungerecht werden könnte. Von Kindesbeinen an wurde mir beigebracht zu glauben, dass erhöhte Stationen von trügerischen Visionen umgeben sind, die glitzern, aber blenden, wie ein substanzloser Meteor, und schmeicheln, um zu verraten. Es war mein Schicksal, Legionen dieser Phantome zu begegnen; Ich bin unaufhörlich von ihren Verfolgungen gezeichnet und werde am Ende ihr Opfer werden."

Frau Robinson aus einem Gemälde von Gainsborough

Hier bricht die Erzählung von Mrs. Robinson ab, mit einigen Überlegungen, die der Vortrag angeregt hatte. Obwohl sorgfältige Nachforschungen angestellt wurden, um die Unklarheit zu klären, in die die vorangegangenen Ereignisse verwickelt waren, konnten nur wenige Informationen gewonnen werden. Mit Sicherheit lässt sich lediglich ihre endgültige Trennung vom Prince of Wales im Jahr 1781 erfahren.

Das Genie und die einnehmenden Manieren der noch sehr jungen Frau Robinson hatten ihr die Freundschaft vieler der aufgeklärtesten Männer dieser Zeit und dieses Landes eingebracht; Ihr Haus war der Treffpunkt der Talente. Obwohl sie sich der Kräfte ihres Geistes, die sich damals kaum entfaltet hatten, noch nicht bewusst war, wurde sie mit der Bekanntschaft und Wertschätzung von Sir Joshua Reynolds, den Herren Sheridan, Burke, Henderson, Wilkes, Sir John Elliot usw. geehrt , angesehenen Männern Talente und Charakter. Aber obwohl sie von Weisen, Witzigen und Fröhlichen umgeben war, war ihr von Natur aus nachdenklicher Geist immer noch von heimlichem Kummer verschlungen; Weder die Schmeicheleien noch die Beruhigungen der Freundschaft konnten den Pfeil herausziehen, der in ihrem Herzen wühlte. Sie war über die Macht der Befreiung hinaus involviert und beschloss, England zu verlassen und eine Reise nach Paris zu unternehmen.

Ihr Land zu verlassen, wie ein elender Flüchtling zu fliehen oder ein Opfer der Bosheit zu werden und den Triumph ihrer Feinde zu verstärken, waren die einzigen Alternativen, die sich anzubieten schienen. Die Flucht war demütigend und schrecklich, aber in England zu bleiben war undurchführbar. Die Schrecken und Kämpfe ihres Geistes wurden fast unerträglich und raubten ihr beinahe die Vernunft. Die Gründung des Fürsten war nun erfolgt; Ihm, für den sie jedes Opfer gebracht hatte und dem sie ihre gegenwärtigen Verlegenheiten verdankte, hielt sie es für berechtigt, Wiedergutmachung zu verlangen. Sie schrieb an Seine Königliche Hoheit, doch ihr Brief blieb unbeantwortet. Das Geschäft wurde schließlich dem Schiedsverfahren von Mr. Fox unterworfen, und 1783 wurden ihre Ansprüche durch die Gewährung einer Rente von fünfhundert Pfund ausgeglichen, deren Anteil bei ihrem Tod an ihre Tochter fallen sollte. Diese Abfindung sollte als Gegenwert für die Kaution in Höhe von zwanzigtausend Pfund betrachtet werden, die der Prinz Frau Robinson gegeben hatte und die bei seiner Gründung als Gegenleistung für den Verzicht auf einen lukrativen Beruf auf ausdrücklichen Wunsch seiner Königlichen Hoheit zu zahlen war . Für viele Menschen hätte die Zusicherung einer Unabhängigkeit als Trost für die Leiden und Schwierigkeiten gewirkt, durch die sie erlangt worden war; Aber der Geist von Mrs. Robinson ließ sich nicht auf eine Situation ein, die sie aufgrund der Zartheit ihrer Gefühle als eine großartige Erniedrigung betrachtete.

Ungeachtet der Veränderung in ihren Angelegenheiten beschloss Mrs. Robinson zu dieser Zeit, Paris zu besuchen, um sich zu amüsieren und ihre Gedanken durch die Erinnerung an vergangene Szenen abzulenken. Nachdem sie Empfehlungsschreiben an einige angenehme französische Familien und auch an Sir John Lambert, einen in Paris ansässigen englischen Bankier, besorgt hatte, verließ sie London mit dem Vorsatz, zwei Monate in der fröhlichen und glänzenden Metropole Frankreichs zu verbringen. Als Sir John Lambert über ihre Ankunft informiert wurde, bemühte er sich, ihr geräumige Appartements, eine *Remise* , eine Loge in der Oper zu besorgen, mit all den modischen und teuren Dingen usw. , mit denen ein unerfahrener englischer Reisender sofort ausgestattet ist.

Dieser ehrwürdige Ritter vereinte mit der Herzlichkeit des englischen Charakters die *Freundlichkeit* eines Franzosen; Jede Stunde war dem Vergnügen seines geschätzten Gastes gewidmet, der ihn wärmstens empfahl. Für die verschiedenen Spektakel und Orte öffentlicher Unterhaltung wurden mit schmeichelhaftem Eifer Gesellschaften gebildet. Eine glänzende Schar illustrer Besucher ließ es sich nicht nehmen, in der Oper die Loge der *Belle Anglaise zu beehren* .

Kurze Zeit nach der Ankunft von Frau Robinson in Paris wurden ihr der Herzog von Orleans und sein tapferer Freund und Mitarbeiter, der Herzog von Lauzun (später Herzog von Biron), von Sir John Lambert vorgestellt. Dieser unglückliche Fürst entehrte trotz aller Schwankungen seines Nationalcharakters die menschliche Natur durch seine Laster, während die Eleganz seiner Manieren ihn zu einem Vorbild für seine Zeitgenossen machte.

Der Herzog von Orleans erklärte sofort, dass er der schönen Fremden ergeben sei. Seine freizügigen Manieren und die Anmaßung, mit der er seine Entschlossenheit zum Ausdruck brachte, über das Herz von Mrs. Robinson zu triumphieren, trugen dazu bei, sie gegen ihn zu verteidigen; und obwohl es ihm nicht gelang, ihre Fantasie durch seine Pracht zu beeindrucken, ekelte er sie durch seine Überheblichkeit an.

Die bezauberndsten Feste fanden in Mousseau statt, einer Villa des Herzogs von Orleans. in der Nähe von Paris, bei dem Mrs. Robinson es ausnahmslos ablehnte, zu erscheinen. Auf den Ebenen *des Sablons* wurden brillante Rennen *à l'Anglaise ausgestellt* , um die Aufmerksamkeit der unerbittlichen *Anglaise zu fesseln* . Am Geburtstag von Mrs. Robinson wurde ein neuer Versuch unternommen, ihre Abneigung zu bezwingen und ihre Achtung zu gewinnen. In den Gärten von Mousseau wurde ein ländliches Fest veranstaltet, bei dem dieses wunderschöne Pandämonium prächtiger Verschwendung mit ungewöhnlichem Aufwand mit grenzenlosem Luxus geschmückt wurde.

Am Abend prangte inmitten einer prachtvollen Beleuchtung jeder Baum mit den Initialen von *la belle Anglaise* , bestehend aus farbigen Lampen, verflochten mit Kränzen aus künstlichen Blumen. Die Höflichkeit zwang Mrs. Robinson, ein ihr zu Ehren veranstaltetes Fest mit ihrer Anwesenheit zu würdigen . Sie traf jedoch die Vorsichtsmaßnahme und wählte als Begleiterin eine deutsche Dame aus, die damals in Paris lebte, während der ehrwürdige Chevalier Lambert als Anstandsdame für sie da war.

Einige Tage nach der Feier dieses Festes bekundete die Königin von Frankreich ihre Absicht, zum ersten Mal seit ihrer Zeit mit dem Herzog der Normandie, dem späteren Dauphin, öffentlich zu speisen. Der Herzog überbrachte Mrs. Robinson eine Nachricht der Königin, in der er den Wunsch zum Ausdruck brachte, dass *die schöne Anglaise* dazu bewegt werden könnte, beim *Großkonvertiten zu erscheinen* . Mrs. Robinson, die nicht weniger darauf bedacht war, die schöne Marie Antoinette zu sehen, nutzte die Andeutung gern und begann sofort, sich auf den wichtigen Anlass vorzubereiten. Die geschmackvollsten Ornamente wurden von Mademoiselle Bertin, der amtierenden Hutmacherin, beschafft, um eine Form zu schmücken, die reich an einheimischer Schönheit ist und kaum Verschönerung erfordert. Für ihr Aussehen wählte Mrs. Robinson eine blassgrüne, schimmernde Schleppe und einen Körper mit einem Tiffany-Unterrock, geschmückt mit Büscheln zartester Flieder, während ein Federbusch aus weißen Federn ihren Kopf schmückte; Die einheimischen Rosen ihrer Wangen, die vor Gesundheit und Jugend strahlten, waren nach der Mode des französischen Hofes mit tiefstem Rouge befleckt.

Bei der Ankunft des schönen Ausländers, des Herzogs d'Orleans verließ den König, auf den er damals wartete, um ihr einen Platz zu verschaffen, wo die Königin Gelegenheit haben könnte, jene Reize zu beobachten, durch deren Ruhm ihre Neugier geweckt worden war.

Der *Großkonvertit* , bei dem sich der König eher mit Eifer als mit Anmut benahm, lieferte eine großartige Zurschaustellung lukullischen Luxuses. Die Königin aß nichts. Die dünne purpurrote Schnur, die eine Trennlinie zwischen den königlichen Genießern und den starrenden Plebejern zog, befand sich nur wenige Fuß vom Tisch entfernt. Ein kleiner Raum trennte die Königin von Mrs. Robinson, der die ständige Beobachtung und die laut geflüsterten Lobreden Ihrer Majestät äußerst bedrückend schmeichelten. Sie schien mit besonderer Aufmerksamkeit eine Miniatur des Prinzen von Wales zu betrachten, die Mrs. Robinson an ihrer Brust trug und von der sie am folgenden Tag den Herzog von Orleans beauftragte, die Leihgabe zu beantragen. Als die Königin Mrs. Robinsons bewundernden Blick auf ihre weißen und polierten Arme wahrnahm, zog sie ihre Handschuhe an, entblößte sie wieder und stützte sich einige Augenblicke lang auf ihre Hand. Als der Herzog das Bild zurückgab, schenkte er der schönen Besitzerin einen von Antoinettes Hand gefesselten Geldbeutel, den er von ihr der *schönen Anglaise schenken sollte* . Kurz nach diesen Ereignissen verließ Frau Robinson Paris und kehrte in ihr Heimatland zurück.

Im Jahr 1784 nahm ihr Schicksal eine düsterere Farbe an. Sie wurde von einer Krankheit befallen, der sie beinahe zum Opfer gefallen wäre. Durch unvorsichtigen Kontakt mit der Nachtluft auf Reisen, als sie, erschöpft von Müdigkeit und geistiger Angst, in einer Kutsche mit offenen Fenstern schlief, bekam sie ein Fieber, das sie sechs Monate lang an ihr Bett fesselte. Die Krankheit endete am Ende dieser Zeit in einem heftigen Rheuma, das sie nach und nach daran hinderte, ihre Gliedmaßen zu benutzen. So wurde diese schöne und unglückliche Frau im Alter von vierundzwanzig Jahren im Stolz der Jugend und in der Blüte ihrer Schönheit in einen Zustand mehr als infantiler Hilflosigkeit versetzt. Doch selbst unter einer so schweren Katastrophe siegten die Kräfte ihres Geistes und die Elastizität ihres Geistes über die Schwäche ihres Körpers. Diese Hemmung der Freuden und Lebhaftigkeit der Jugend, indem sie ihr externe Ressourcen entzog, führte sie zu einer eifrigeren Kultivierung und Entwicklung ihrer Talente. Aber die Resignation, mit der sie sich einem der schwersten menschlichen Unglücke gestellt hatte, wich der Hoffnung, dass sie, auf die Versicherung ihres Arztes hin, durch die milde Luft eines südlicheren Klimas wahrscheinlich wieder gesund und leistungsfähig werden könnte.

Der liebste Wunsch ihres Herzens, ihre Verwandten wiederzusehen, von denen sie so viele Jahre getrennt gewesen war, lag nun in ihrer Macht, ihn zu erfüllen. Von ihrem älteren Bruder hatte sie häufig die eindringlichsten und liebevollsten Einladungen erhalten, das Land, in dem eine schutzlose Frau selten Opfer von Verleumdung und Verfolgung wird, für immer zu verlassen und im Schoß der häuslichen Ruhe und des Friedens Zuflucht zu suchen , das ihr schon lange fremd war, könnte noch auf sie warten. Begeistert von der Idee, mit dem Ziel ihrer Reise einen so wünschenswerten Erwerb zu verbinden, und nachdem ihr erschöpftes Herz keuchte, nahm sie den Vorschlag eifrig an und machte sich auf den Weg nach Paris mit dem Vorsatz, nach Livorno weiterzureisen. Doch ein Brief ihres Arztes bei ihrer Ankunft, in dem ihr als gewisses Heilmittel für ihre Beschwerden die warmen Bäder von Aix-la-Chapelle in Deutschland verschrieben wurden, machte ihre Pläne zunichte. Wieder einmal strebte sie melancholisch nach dem Segen, den sie nie wieder erlangen sollte.

Während ihres Aufenthalts in Aix-la-Chapelle beruhigte eine Morgendämmerung vergleichsweiser Ruhe ihre Stimmung. Geschützt vor den Machenschaften ihrer Feinde, beschloss sie, zufrieden zu sein, auch wenn das Glück nicht mehr in greifbarer Nähe schien . Die Fleißigkeit und Aufmerksamkeit, die ihr von allen Schichten der Bevölkerung entgegengebracht wurde, bildete ein eindrucksvolles Mittel zwischen der Volatilität und freizügigen Huldigung, die ihr in Paris entgegengebracht wurde, und der anhaltenden Bösartigkeit, die ihr in ihrem Heimatland gefolgt war. Ihre Schönheit, der rührende Zustand ihrer Gesundheit, die Anziehungskraft ihrer Manieren und die Kräfte ihres Geistes interessierten jedes Herz für sie ; während die Sanftmut, mit der sie sich ihrem Schicksal unterwarf, eine Bewunderung hervorrief, die nicht weniger inbrünstig und aufrichtiger war , als ihre Reize in der vollen Glut ihrer Macht jemals erweckt hatten.

Unter den vielen berühmten und aufgeklärten Personen, die damals in Aachen wohnten und Mrs. Robinson durch ihre Freundschaft ehrten , erhielt sie von dem verstorbenen liebenswürdigen und unglücklichen Herzog und der Herzogin von Châtelet besondere Auszeichnungen. Der Herzog war während seiner Zeit als Botschafter in England der Freund und Mitarbeiter des gelehrten Lord Mansfield gewesen; Seine Herzogin, die *Élève* von Voltaire, beanspruchte Gabrielle Emilia, Baroness du Châtelet, für ihre Patin, die von diesem lebhaften und bewundernswerten Schriftsteller so gefeiert wurde. Diese unschätzbare Familie, bestehend aus dem Herzog und der Herzogin, ihren Neffen, den Grafen von Damas, und einer mit dem Herzog von Simianne verheirateten Nichte , war unermüdlich in ihren Bemühungen, das Leid ihrer schönen Freundin zu lindern und den Geist zu erheitern. Bälle, Konzerte, ländliche Frühstücke folgten in fröhlicher und attraktiver Vielfalt aufeinander; Die glücklichen Auswirkungen auf die Gesundheit und den Geist von Mrs. Robinson wurden von dieser englischen Familie als ausreichender Ausgleich für ihre Fürsorge angesehen. Als sie durch schlimmere Anfälle ihrer Krankheit gezwungen wurde, sich aus ihrer Gesellschaft zurückzuziehen, wurden tausende freundliche Listen geplant und ausgeführt, um ihr Leiden zu lindern oder die Niedergeschlagenheit zu mildern, die sie unvermeidlich hervorrief. Manchmal, wenn sie ihr dunkles und melancholisches Bad betrat, dessen Düsterkeit durch hohe Gitterfenster noch verstärkt wurde, sah sie die mit Rosenblättern bedeckte Wasseroberfläche, während die Dampfbäder von aromatischen Düften durchtränkt waren . Wenn der Schmerz Mrs. Robinson die Ruhe nahm, verbrachte der jüngere Teil der Familie häufig die Nacht unter ihren Fenstern, bezauberte ihre Leiden und betörte sie von ihren Sorgen, indem er zur Mandolinebegleitung ihre Lieblingslieder sang.

So vergingen trotz der Krankheit zwei angenehme Winter, in denen der vorübergehende Schimmer der Helligkeit plötzlich verdunkelt wurde und ihre Aussichten in tiefere Schatten gerieten.

Ungefähr zu dieser Zeit hatte Frau Robinson das Unglück, ihren tapferen und respektierten Vater zu verlieren – ein ebenso heftiger wie unerwarteter Schlag, der ihre Fähigkeiten fast erschütterte und eine Zeit lang ihre Stimmung völlig überwältigte. Kapitän Darby war, nachdem sein Glück gescheitert war, durch das Interesse einiger seiner adligen Mitarbeiter an der Indianerexpedition dem Kommando über ein kleines Kampfschiff übertragen worden. Da er nicht regelmäßig zur See geschickt worden war, war dies die einzige Anstellung bei der Marine, die er erhalten konnte. Er war seinem Beruf mit Begeisterung verbunden und ließ keine Gelegenheit aus, sich zu äußern . Die Belagerung von Gibraltar im Jahr 1783 bot ihm eine Gelegenheit, nach der er lange gesehnt hatte, als sein kleines Schiff und seine tapfere Mannschaft durch ihren Mut und ihre Anstrengungen die Bewunderung und den Beifall der Flotte erregten. Nachdem er gekämpft hatte, bis seine Takelage fast zerstört war, wandte er seine Aufmerksamkeit den sinkenden Spaniern zu, die er aus den brennenden Wracks zu reißen suchte, die ihn in alle Richtungen umschwirrten, und hatte die Genugtuung, sie, wenn auch unter Einsatz seines Lebens, zu retten. einige Hundert seiner Mitmenschen. Das Schiff von Kapitän Darby war nach fast einer Stunde das erste, das den Felsen erreichte. Bei seiner Landung empfing ihn General Elliot und umarmte ihn mit dem Lob für sein tapferes Verhalten.

Im Beisein seiner Offiziere beklagte der General, dass ein so tapferer Mann nicht zu einem Beruf erzogen worden sei, dem seine Unerschrockenheit große Ehre erwiesen hätte . Zu dieser Lobrede fügte er hinzu, dass Kapitän Darby mit dem Mut eines Löwen die Festigkeit des Felsens besaß, den er so tapfer verteidigt hatte.

Ihm wurde vom Kommandanten eine Kopie der Depeschen anvertraut , die Kapitän Darby vierundzwanzig Stunden vor der Ankunft des regulären Schiffes ablieferte. Für diesen Fleiß und das vorangegangene Verhalten erhielt er den Dank des Admiralitätsrates, während dem anderen Kapitän die größere Vergütung von fünfhundert Pfund zuteil wurde. Eine so offensichtliche Ungerechtigkeit war nicht geeignet, Kapitän Darbys Abneigung gegen England zu mildern, das er verließ, nachdem er von seiner unglücklichen Familie liebevoll Abschied genommen hatte.

Im Alter von zweiundsechzig Jahren machte er sich auf den Weg, in einem fremden Land das Vermögen zurückzugewinnen, das er im Dienste seines eigenen Landes geopfert hatte. Mit eindringlichen Empfehlungen des Herzogs von Dorset und des Grafen de Simolin reiste er nach Petersburg. Mit dem Grafen von Simolin pflegte er bis in die letzte Zeit seines Bestehens eine feste und eifrige Freundschaft. Kapitän Darby war erst zwei Jahre im russischen Kaiserdienst, als er zum Kommando eines 74- Kanonen- Schiffes befördert wurde, mit dem Versprechen, die erste freie Stelle zum Admiral zu ernennen. Am 5. Dezember 1785 beendete der Tod seine Karriere. Er wurde mit militärischen Ehren begraben und von seinen Freunden, Admiral Greig, den Grafen Czernichef und De Simolin , sowie den Offizieren der Flotte um das Grab gekümmert .[43]

Dieses ehrenvolle Zeugnis für den Wert ihres Vaters war der einzige Trost, der seiner Tochter blieb, deren geschwächte Gesundheit und ihr gebrochener Geist unter diesen wiederholten Schlägen sanken.

In den folgenden vier Lebensjahren von Mrs. Robinson ereigneten sich nur wenige bemerkenswerte Ereignisse. Auf der Suche nach der verlorenen Gesundheit, nach der sie so lange und vergeblich gesucht hatte, beschloss sie, in die Bäder von St. Amand in Flandern zu gehen, jene Gefäße mit abscheulichem Schlamm und Reptilien, die auf anderen Böden unbekannt sind und sich an den Körpern festsetzen derer, die baden. Mrs. Robinson machte viele Besuche in diesen abscheulichen Gräben, bevor sie sich dazu durchringen konnte, sie zu betreten. Weder das Beispiel ihrer Leidensgenossen noch die Zusicherung von Heilungen durch ihre wunderbare Wirksamkeit konnten ihren Ekel lange überwinden. Die Sorge um die Wiederherstellung ihrer Gesundheit und die ernsthaften Einwände ihrer Freunde bewogen sie schließlich, den Versuch zu wagen. Um in der Nähe der Bäder zu sein, die eine Stunde vor Sonnenaufgang betreten werden müssen, mietete sie ein kleines, aber schönes Häuschen in der Nähe der Quelle, wo sie den Sommer 1787 verbrachte. Diese friedlichen Täler und ehrwürdigen Wälder lagen bei Es war keine ferne Zeit, die zum Schauplatz von Krieg und Verwüstung werden sollte, und genau das Cottage, in dem Mrs. Robinson wohnte, wurde in das Hauptquartier eines republikanischen französischen Generals umgewandelt.[44]

Der Prinz von Wales nach einem Gemälde von Sir Thomas Lawrence

alle Versuche , ihre Unordnung zu lindern, als erfolglos erwiesen, gab Mrs. Robinson ihr melancholisches und fruchtloses Unterfangen auf und beschloss erneut, in ihr Heimatland zurückzukehren. Über Paris gelangte sie Anfang 1787 nach England, in diesen Zeitraum kann man den Beginn ihrer literarischen Laufbahn datieren. Bei ihrer Ankunft in London wurde sie von den wenigen Freunden liebevoll empfangen, deren Zuneigung weder durch Ablenkung noch durch schlechte Schicksale geschwächt oder entfremdet werden konnte. Während einer fünfjährigen Abwesenheit hatte der Tod in den kleinen Kreis ihrer Freunde Einzug gehalten; Viele von denen, deren Idee ihr Trost in der Not gewesen war und deren Empfang sie mit Freude erwartet hatte, waren jetzt leider! nicht mehr.[45]

Nachdem sie sich wieder in London niedergelassen hatte und von geselligen und rationalen Freunden umgeben war, begann Mrs. Robinson eine verhältnismäßige Ruhe zu empfinden . Der Prinz von Wales und sein Bruder, der Herzog von York, ehrten ihre Residenz häufig mit ihrer Anwesenheit; Doch ihr Gesundheitszustand, der mehr Ruhe erforderte, und das Unwohlsein ihrer Tochter, die von einer Schwindsuchtsstörung bedroht war, zwangen sie, sich in eine Situation größerer Zurückgezogenheit zurückzuziehen. Die mütterliche Fürsorge für ein geliebtes und einziges Kind nahm jetzt ihre ganze Aufmerksamkeit in Anspruch; Ihr unermüdlicher Einsatz war beispielhaft für die Wiederherstellung eines Wesens, dem sie das Leben geschenkt hatte und dem sie sich liebevoll widmete.

Im Laufe des Sommers wurde sie von ihrem Arzt nach Brighthelmstone geschickt , um dort im Meer zu baden. Während Mrs. Robinson stundenlang mühsam über die Gesundheit ihres leidenden Kindes wachte, betörte sie ihre Angst, indem sie über den Ozean nachdachte, dessen aufeinanderfolgende Wellen, die sich am Ufer brachen, gegen die Mauer ihres kleinen Gartens schlugen. Für einen von Natur aus empfänglichen Geist, der durch traurige Umstände geprägt war, bereitete diese Beschäftigung ein melancholisches Vergnügen, das kaum ohne Reue aufgegeben werden konnte. Ganze Nächte verbrachte Mrs. Robinson an ihrem Fenster in tiefer Meditation und kontrastierte mit ihrer gegenwärtigen Situation die Szenen ihres früheren Lebens.

Jedes Mittel, das eine freundliche und geschickte Krankenschwester erfinden konnte, um ihren Schützling aufzuheitern und zu unterhalten, wurde von dieser liebevollen Mutter während der melancholischen Zeit der Niederkunft ihrer Tochter angewandt . In den Pausen aktiverer Anstrengung, in denen sich die Stille eines Krankenzimmers als günstig für die Muse erwies, ergoss sich Mrs. Robinson mit jenen poetischen Ergüssen, die ihrem Genie so große Ehre erwiesen, und schmückte ihr Grab mit unverwelklichen Lorbeeren. Eines Abends unterhielt sich Frau Robinson mit Herrn Richard Burke[46] und respektierte die Leichtigkeit, mit der moderne Poesie verfasst wurde. Sie wiederholte fast alle dieser schönen Zeilen, die später der Öffentlichkeit vorgelegt wurden, und richtete sich an: „An den, der verstehen wird." ihnen."

"LINIEN

„DEM, DER SIE VERSTEHEN WIRD

„Du bist nicht mehr der Freund meines Herzens;

Hier muss die süße Täuschung enden,

Das hat meine Sinne viele Jahre lang bezaubert,

Durch lächelnde Sommer, trostlose Winter.

Oh, Freundschaft! Bin ich dazu verdammt, es zu finden?

Du bist ein Phantom des Geistes?

Ein glitzernder Schatten, ein leerer Name,

vaperische Flamme einer in der Luft geborenen Vision ?

Und doch, die liebe Täuschung so lange

Ist vor Freude über mein Matin-Lied aufgewacht ,

Hat meine Tränen dazu gebracht, zu vergessen, zu fließen,

    Chas'd Jeder Schmerz wurde gelindert jedes Leid;

Diese Wahrheit, die für mein Ohr unwillkommen ist,

Der tiefe Seufzer schwillt an, erinnert sich an die Träne,

Verleiht dem Sinn die schärfste Klugheit,

Überprüft den warmen Puls des Herzens,

Verdunkelt mein Schicksal und stiehlt sich davon

Jeder Funke Freude durch den traurigen Tag des Lebens.

„Großbritannien, lebe wohl! Ich verlasse deine Küste;

Mein Heimatland bezaubert nicht mehr;

Kein Führer, der den beschwerlichen Weg markiert;

Kein bestimmtes Klima; kein fester Wohnsitz:

Allein und traurig, dazu bestimmt , aufzuspüren

Die weite Weite des endlosen Raums;

Um auf der Höhe des Berges zu sehen,

Durch verschiedene Schattierungen von schimmerndem
Licht,

Die ferne Landschaft verschwindet

Im letzten Glanz des Abschiedstages:

Oder, auf dem zitternden , klaren Strom,

silbernen Strahl des blassen Mondes zu beobachten ;

Oder wenn, in traurigen und klagenden Tönen,

Der traurige Philomel beklagt sich:

In sanften Tönen beklagt sie ihr Schicksal,

Und murmelt über ihren abwesenden Gefährten;

    Inspiriert von göttlicher Sympathie,

Ich werde ihr Leid beweinen – denn es gehört mir.

    Angetrieben von meinem Schicksal, wohin ich auch gehe,

Über brennende Ebenen, über schneebedeckte Hügel,

Oder am Schoß der Welle,

Der heulende Sturm war dazu verdammt , zu trotzen, –

    Wo ist mein einsamer Kurs? Ich beuge mich,

Deinem Bild sollen meine Schritte folgen;

Jedes Objekt, das ich sehen muss ,

Ich werde mich an dich erinnern.

Ja; Ich werde dich in jedem Fluss sehen ,

Das ändert sich mit der Übergangsstunde:

Ich werde deinen Zauberstab finden

Auf den Flügeln jedes Windes getragen:

Deine wilden, ungestümen Leidenschaften verfolgen

Über dem stürmischen Raum der weißen Wellen;

In jeder wechselnden Jahreszeit beweisen

Ein Sinnbild deiner schwankenden Liebe.

„Aus meinem Land, meinen Freunden und dir gerissen,

Die Welt steht meinem Blick offen;

Mit neuen Objekten soll sich mein Geist befassen;

die historische Seite erkunden ;

Süße Poesie soll meine Seele beruhigen;

Philosophie jeder Schmerzkontrolle:

Die Muse, die ich suchen werde – ihr loderndes Feuer

Die schnellen Sinne meiner Seele werden inspirieren;

Mit feineren Nerven soll mein Herz schlagen,

    Berührt von der prometheischen Hitze des Himmels ;

Italiens Stürme werden mein Lied ertragen

In Soft- Link -Notizen ihre Wälder unter;

Auf der nebligen Seite des blauen Hügels,

Durch weglose Wüsten, öde und weit,

Über schroffe Felsen, deren Sturzbäche fließen

Auf dem silbernen Sand unten.

Süßes Land der Melodien! Das ist deins

Die sanftesten Leidenschaften zum Verfeinern;

Deine Myrtenhaine, deine schmelzenden Stämme,

Soll meine Schmerzen harmonisieren und lindern.

Ich werde auch keinen Gedanken dahinter verschwenden,

Über unerbittliche Feinde, unfreundliche Freunde:

Ich fühle, ich fühle ihren giftigen Pfeil

Durchbohre den Lebensnerv in meinem Herzen;

Es vermischt sich mit der Lebenswärme

Das lässt meinen pochenden Puls höher schlagen;

Bald wird diese lebenswichtige Hitze vorbei sein,

Diese pochenden Pulse schlagen nicht mehr!

Nein – ich werde den würzigen Sturm einatmen;

Tauche in den klaren Strom ein, atme neue Gesundheit aus;

Über meiner blassen Wange verbreitet sich die Rose,

Und trinke die Vergessenheit meiner Leiden.

Dieser *Improvisator* löste bei ihrem Zuhörer nicht weniger Überraschung als Bewunderung aus, als ihm der Autor feierlich versicherte, dass dies das erste Mal sei, dass er wiederholt werde. Herr Burke[47] bat sie, das Gedicht niederschreiben zu lassen, eine Bitte, der bereitwillig nachgekommen wurde. Frau Robinson hatte später die Genugtuung, diesen Spross ihres Genies im *Jahresregister eingetragen zu finden* , mit einer schmeichelhaften Lobrede aus der Feder des beredten und genialen Herausgebers.

Mrs. Robinson gönnte sich weiterhin diesen Trost für ihre niedergeschlagenen Gemüter und stellte in Sonetten, Elegien und Oden die Kraft und Vielseitigkeit ihres Geistes zur Schau. In einer dieser Nächte voller melancholischer Inspiration entdeckte sie von ihrem Fenster aus ein kleines Boot, das in der Gischt kämpfte und gegen die Wand ihres Gartens prallte. Daraufhin brachten zwei Fischer in ihren Armen eine Last an Land, die Frau Robinson trotz der Entfernung als einen menschlichen Körper erkannte, den die Fischer, nachdem sie ihn von ihrem Boot aus mit einem Segel bedeckt hatten, am Land zurückließen und verschwanden. Es verging jedoch eine kurze Zeit, bis die Männer zurückkehrten und Treibstoff mitbrachten, mit dem sie vergeblich versuchten , ihren unglücklichen Schützling wiederzubeleben. Betroffen von einem so ergreifenden Umstand, den die Stille der Nacht noch eindrucksvoller machte, blieb Mrs. Robinson einige Zeit regungslos vor Entsetzen an ihrem Fenster stehen. Als sie schließlich ihre Erinnerung wiedererlangte, alarmierte sie die Familie; aber bevor sie den Strand erreichen konnten, waren die Männer wieder abgereist. Der Morgen dämmerte und der Tag brach über der tragischen Szene an. Die Badegäste gingen ohne Bedenken vorbei und nahmen es wieder auf, während die Leiche weiterhin am Ufer ausgestreckt lag, keine zwanzig Meter von den Steinen entfernt. Im Laufe des Tages kamen viele Personen, um sich die Leiche anzusehen, die immer noch nicht abgeholt und unbekannt war. Ein weiterer Tag verging und der Leichnam wurde nicht begraben, da der Herr des Herrenhauses einem Mann ein Grab verweigerte, in dem seine Gebeine anständig ruhen könnten, und als Entschuldigung anführte, er gehöre nicht zu dieser Gemeinde. Frau Robinson, menschlich empört über die Szene, die sich abspielte, bemühte sich, aber ohne Erfolg, durch eine Subskription eine kleine Summe für die Erfüllung der letzten Pflichten gegenüber einem elenden Ausgestoßenen zu beschaffen. Da sie nicht bereit war, die höheren und anspruchsvolleren weiblichen Mächte durch eine auffällige Zurschaustellung ihres Namens zu beleidigen, präsentierte sie den Fischern ihren eigenen Beitrag und lehnte es ab, sich weiter einzumischen. Die Affäre scheiterte; und der Körper des Fremden, der zur Klippe geschleift wurde, wurde von einem Steinhaufen bedeckt, ohne dass der Tribut eines Seufzers oder die Zeremonie eines Gebets erfolgte.

Diese Umstände hinterließen bei Mrs. Robinson einen tiefen und bleibenden Eindruck; Selbst zu einem späteren Zeitpunkt konnte sie sie nicht ohne Entsetzen und Empörung wiederholen. Aus diesem Vorfall entstand das Gedicht „The Haunted Beach", das nur wenige Monate vor ihrem Tod geschrieben wurde.

Im Winter 1790 begann Mrs. Robinson einen poetischen Briefwechsel mit Mr. Robert Merry unter den fiktiven Namen „Laura" und „Laura Maria". Mr. Merry nimmt den Titel „Della Crusca " an.[48]

Mrs. Robinson setzte ihre literarische Laufbahn nun mit doppeltem Eifer fort ; aber geblendet von den falschen Metaphern und der rhapsodischen Extravaganz einiger zeitgenössischer Schriftsteller, ließ sie zu, dass ihr Urteilsvermögen in die Irre geführt und ihr Geschmack pervertiert wurde; ein Fehler, der ihr erst später bewusst wurde. Während ihrer poetischen Verkleidung wurden viele Komplementärgedichte an sie gerichtet; Mehrere Damen des Blue Stocking Clubs, während Mrs. Robinson unbekannt blieb, wagten es sogar, ihre Darbietungen in ihrem gelehrten und kritischen Kreis zu bewundern, ja sogar vorzutragen.

Die Aufmerksamkeit, die diese neuartige Art der Korrespondenz erregte, und die Lobeshymnen auf ihre Gedichte konnten den Stolz der Schriftstellerin nur befriedigen, die ihre nächste Aufführung mit ihrer eigenen Unterschrift an die Zeitung schickte, die unter dem Titel veröffentlicht wurde *Die Welt* bekennt sich gleichzeitig zur Autorin der mit „Laura" und „Laura Maria" signierten Zeilen. Obwohl Mr. Bell ein erklärter Bewunderer des Genies von Mrs. Robinson war, nahm er diese Information mit einem gewissen Maß an Skepsis auf und antwortete: „Das Gedicht, mit dem Mrs. Robinson ihn geehrt hatte , war überaus hübsch; aber das war er." mit dem Autor der erwähnten Produktionen gut vertraut. Mrs. Robinson war über diese Ungläubigkeit ein wenig angewidert und schickte sofort nach Mr. Bell, den sie von ihrer Wahrhaftigkeit und seiner eigenen Ungerechtigkeit überzeugen konnte.

Im Jahr 1791 verfasste Frau Robinson ihr Quartgedicht mit dem Titel „ Ainsi ". va le Monde." Dieses Werk, das dreihundertfünfzig Zeilen enthält, wurde in zwölf Stunden als Antwort auf Mr. Merrys „Laurel of Liberty" geschrieben, das an einem Samstag an Mrs. Robinson geschickt wurde Die Antwort wurde verfasst und der Öffentlichkeit zugänglich gemacht.

Ermutigt durch die Zustimmung der Bevölkerung, die über ihre optimistischsten Hoffnungen hinausging, veröffentlichte Mrs. Robinson nun ihren ersten Aufsatz in Prosa, den Roman „ Vancenza ", dessen gesamte Ausgabe an einem Tag verkauft wurde und von dem seitdem fünf Exemplare erschienen sind. Man muss zugeben, dass diese Produktion ihre Beliebtheit eher der Berühmtheit des Namens der Autorin und dem positiven Eindruck ihrer Talente verdankte, den ihre poetischen Kompositionen beim Publikum hervorriefen, als ihrem eigentlichen Verdienst. Im selben Jahr wurden die Gedichte von Mrs. Robinson gesammelt und in einem Band veröffentlicht. Die Namen von fast sechshundert Abonnenten mit den herausragendsten Rängen und Talenten standen auf der dem Werk vorangehenden Liste.

Der Geist von Mrs. Robinson, der von diesen Bestrebungen, sich selbst auszubeuten, verführt wurde, versöhnte sich allmählich mit dem katastrophalen Zustand ihres Gesundheitszustands; Die traurige Gewissheit völliger und unheilbarer Lahmheit wurde, während sie sich noch in der Blüte und im Sommer des Lebens befand, durch das Bewusstsein intellektueller Fähigkeiten und durch die Aktivität einer fruchtbaren Fantasie gemildert. 1791 verbrachte sie den größten Teil des Sommers in Bath und beschäftigte sich mit leichteren poetischen Kompositionen. Doch selbst diese Erleichterung blieb ihr für eine Weile verwehrt; Die ständige Ausübung der Vorstellungskraft und des Intellekts, die zu einem eintönigen und sesshaften Leben beitrug, beeinträchtigte das System ihrer Nerven und trug zur Schwächung ihres Körpers bei. Ihr Arzt verbot ihr nicht nur, ihre Gedanken zu Papier zu bringen, sondern, wenn es möglich gewesen wäre, überhaupt nachzudenken. Keinem Schulschwänzer, der der Schule entkommen war, konnte es mehr Freude bereiten, einem strengen Lehrer zu entkommen, als Mrs. Robinson, als die Wachsamkeit ihres Arztes nachließ und sie sich wieder ihren Büchern und ihrer Feder widmen konnte.

Als Beispiel für die Leichtigkeit und Schnelligkeit, mit der sie komponierte, sei die folgende Anekdote angeführt. Als sie eines Abends aus dem Bad zurückkam, sah sie ein paar Schritte vor ihrem Stuhl einen älteren Mann, der von einer Menschenmenge vorangetrieben und mit Schlamm und Steinen beworfen wurde. Sein sanftmütiges und widerstandsloses Benehmen erregte ihre Aufmerksamkeit, sie erkundigte sich nach seinen Straftaten und erfuhr mit Mitleid und Überraschung, dass er ein unglücklicher Wahnsinniger war, den man nur unter der Bezeichnung „verrückter Jemmy " kennt. Die Situation dieses elenden Wesens erregte ihre Fantasie und wurde zum Gegenstand ihrer Aufmerksamkeit. Sie wartete stundenlang auf das Erscheinen des armen Verrückten, und was auch immer sie beschäftigte, die Stimme des verrückten Jemmy würde sie mit Sicherheit ans Fenster locken. Sie blickte auf sein ehrwürdiges, aber abgemagertes Gesicht mit fast ehrfurchtsvoller Ehrfurcht, während die barbarischen Verfolgungen der gedankenlosen Menge ihre Gefühle immer wieder quälten .

Eines Nachts nach dem Baden schluckte sie auf Anweisung ihres Arztes fast achtzig Tropfen Laudanum, nachdem sie unter ihrer Krankheit über die üblichen Schmerzen hinaus gelitten hatte. Nachdem sie einige Stunden geschlafen hatte, erwachte sie, rief ihre Tochter und forderte sie auf, einen Stift zu nehmen und aufzuschreiben, was sie diktieren sollte. Fräulein Robinson, die annahm, dass eine so ungewöhnliche Bitte aus dem durch das Opium hervorgerufenen Delirium entspringen könnte, versuchte vergeblich, ihre Mutter von ihrem Vorhaben abzubringen. Der Geist der Inspiration ließ sich nicht unterdrücken, und sie wiederholte das bewundernswerte Gedicht „The Maniac"[49] viel schneller, als es zu Papier gebracht werden konnte.

Während sie diktierte, lag sie mit geschlossenen Augen da, offenbar in der Benommenheit, die Opium häufig hervorruft, und wiederholte das Sprechen wie jemand, der im Schlaf redet. Diese ergreifende Darbietung, die unter solch einzigartigen Umständen hervorgebracht wurde, macht dem Genie nicht weniger Ehre als dem Herzen des Autors.

Am folgenden Morgen hatte Mrs. Robinson nur eine unklare Vorstellung von dem, was geschehen war, und konnte sich von der Tatsache erst überzeugen, als das Manuskript vorgelegt wurde. Sie erklärte, dass sie die ganze Nacht über von dem verrückten Jemmy geträumt habe , sich aber überhaupt nicht bewusst sei, dass sie wach gewesen sei, während sie das Gedicht verfasste, oder von den Umständen, die ihre Tochter erzählt hatte.

Frau Robinson entschloss sich im darauffolgenden Sommer zu einer weiteren Kontinentaltournee mit der Absicht, einige Zeit in Spa zu bleiben. Sie sehnte sich danach, noch einmal die freundliche Begrüßung und großzügige Freundlichkeit zu erfahren, die selbst ihre anerkannten Talente in ihrem Heimatland nicht zu erlangen vermochten. Sie verließ London im Juli 1792 in Begleitung ihrer Mutter und ihrer Tochter. Der empfängliche und energische Geist ist, zum Glück für seinen Besitzer, mit einer elastischen Kraft ausgestattet, die es ihm ermöglicht, sich von den betäubenden Auswirkungen jener widrigen Schicksalsschläge zu erholen, denen er nur allzu anfällig ist. Wenn eine lebhafte Fantasie der Enttäuschung noch mehr Schärfe verleiht, verfügt sie auch über Ressourcen, die ausgeglicheneren Menschen unbekannt sind. Inmitten der deprimierenden Gefühle, die Mrs. Robinson empfand, als sie wieder einmal eine Wanderin aus ihrem Zuhause wurde, suchte sie die Inspiration der Muse und linderte durch die folgenden wunderschönen Strophen die melancholischen Gefühle, die ihr Herz bedrückten.

„Strophen

„GESCHRIEBEN ZWISCHEN DOVER UND CALAIS,

„20. JULI 1792

„Hüpfende Woge, hör auf mit deiner Bewegung,

Bring mich nicht so schnell hinüber;

Hör auf mit deinem tosenden, schäumenden Ozean,

Ich werde deine Wut nicht mehr herausfordern.

„Ah! In meiner Brust pocht es,

Unterschiedliche Leidenschaften herrschen wild;
Liebe, mit stolzem Ressentiment-Treffen,
Abwechselndes Pochen aus Freude und Schmerz.

„Freude, so weit ich von Feinden entfernt bin,
Wo ihre Verspottungen nicht mehr reichen;
Schmerz, das Herz dieser Frau wächst
Wenn ihr Traum vom Glück vorbei ist!

„Liebe, durch launische Fantasie verbannt ,
    Von der Hoffnung verschmäht , empörte Fliegen;
Doch wenn Liebe und Hoffnung verschwinden ,
Unruhige Erinnerung stirbt nie.

„Weit gehe ich, wohin mich das Schicksal führen wird,
Weit über die unruhige Tiefe;
Wo kein fremdes Ohr auf mich hört,
Wo kein Auge für mich weinen wird.

„Stolz war meine verhängnisvolle Leidenschaft!“
Stolz soll mein verletztes Herz sein!
Während jeder Gedanke, jede Neigung,
Dennoch werde ich mich deiner würdig erweisen!

„Nicht ein einziger Seufzer soll meine Geschichte erzählen;
Keine Träne soll meine Wange beflecken;
Stiller Kummer soll meine Herrlichkeit sein, –
Trauer, die sich nicht beugt, um sich zu beschweren!

„Lass den Busen anfällig für Reichweite sein,
Suchen Sie immer noch nach einer Heilung;
Meins verachtet den Gedanken an Veränderung,
Mit Stolz dazu bestimmt , durchzuhalten.

„Doch noch lange nicht alles, was ich schätzte ,
——bevor ich mich verabschiede;
Bevor meine Tage des Schmerzes gemessen werden ,
Nimm das Lied, das dir noch zusteht!

„Aber glauben Sie, keine unterwürfigen Leidenschaften
Versuche, deinen vagabundierenden Geist zu bezaubern;
Nun, ich kenne deine Neigungen,
Waving wie der vorbeiziehende Wind.

„Ich habe es geliebt dich,- habe dich innig geliebt ,
Durch ein Zeitalter weltlichen Leids;
Wie undankbar habe ich dich bewiesen
Lass mein trauriges Exil zeigen!

„Zehn lange Jahre voller ängstlicher Trauer,
Stunde für Stunde zählte ich weiter;
Ich freue mich auf morgen,
Jeden Tag liebte ich dich mehr!

„ Macht und Glanz konnten mich nicht bezaubern;
Ich konnte keine Freude am Reichtum sehen!
Auch Drohungen oder Ängste konnten mich nicht
beunruhigen,
Rette die Angst, dich zu verlieren!

„Als die Stürme des Glücks dich bedrängten ,

Ich habe geweint, um dich weinen zu sehen

Wenn dich unerbittliche Sorgen quälen ,

Ich habe diese Sorgen eingeschläfert !

„Wenn ich bei dir bin, welche Übel könnten mir schaden?

Du könntest jeden Schmerz lindern;

Aber wenn ich abwesend war, konnte mich nichts
bezaubern;

Jeder Moment schien ein Zeitalter zu sein.

„Lebe wohl, undankbarer Liebhaber!

Willkommen an der feindlichen Küste Gallias:

Jetzt weht mich die Brise herüber;

Jetzt trennen wir uns – um uns nicht mehr zu treffen.

Bei der Landung in Calais zögerte Frau Robinson, ob sie
weiterfahren sollte. Eine Reise durch Flandern, damals
Schauplatz des Krieges, birgt zu viele Gefahren, als dass man
sie ungestraft auf sich nehmen könnte; Sie beschloss daher,
einige Zeit in Calais zu bleiben, dessen fade und geistlose
Vergnügungen ihre Aufmerksamkeit kaum ablenkten oder
ihren Geist fesselten. Sie verbrachte ihre Zeit damit, sich die
Beschwerden der verarmten Aristokraten anzuhören oder sich
um die Luftbauprojekte ihrer siegreichen Gegner zu
kümmern. Allein die Ankunft von Reisenden aus England
oder die Rückkehr von Reisenden aus Paris sorgten für
Abwechslung in der Szene und stellten dem neugierigen und
aktiven Forscher eine Quelle dar.

Die plötzliche Ankunft ihres Mannes veränderte die Gefühle
von Mrs. Robinson: Er hatte den Kanal überquert, um seine
Tochter nach England zurückzubringen, die er einem Bruder
schenken wollte, der gerade aus Ostindien zurückgekehrt war.
Mütterliche Konflikte erschütterten bei dieser Gelegenheit
den Geist von Frau Robinson, die zwischen der Sorge um die

Interessen ihres geliebten Kindes, von dem sie nie getrennt worden war, und dem Schmerz der Trennung von ihr schwankte. Sie beschloss schließlich, sie nach England zu begleiten, und verließ Calais mit dieser Absicht am denkwürdigen 2. September 1792,[50] einem Tag, der einen unauslöschlichen Schandfleck in den Annalen der Republik hinterlassen wird.

Sie waren erst wenige Stunden gesegelt, als die *Festnahme* eintraf, die jeden britischen Untertanen in ganz Frankreich festhielt.

Mrs. Robinson freute sich über ihre Flucht und erwartete voller Entzücken die Vorstellung, ihre Tochter unter wohlhabenden Schutz gestellt zu sehen, den großen Pass ihres eigenen Landes, der Ehre und Wertschätzung erfährt. Miss Robinson erhielt von ihrer neuen Verwandten das Versprechen von Schutz und Gunst , unter der Bedingung, dass sie für immer auf die kindliche Bindung verzichtete , die sie mit beiden Eltern verband. Dieser Vorschlag wurde von der jungen Dame mit gutem Grundsatz und angemessenem Geist abgelehnt.

Im Jahr 1793 schrieb Mrs. Robinson eine kleine Farce mit dem Titel „Niemand". Dieses als Satire auf Spielerinnen konzipierte Stück wurde im Theater aufgenommen, die Charaktere verteilt und Vorbereitungen für seine Ausstellung getroffen. Zu diesem Zeitpunkt gab eine der Hauptdarstellerinnen ihre Rolle auf und behauptete, das Stück sei dazu gedacht, ihre Freundin lächerlich zu machen. Auch eine andere Schauspielerin, obwohl „selbst Gastgeberin", wurde durch einen Brief eingeschüchtert, in dem ihr mitgeteilt wurde, dass „„Niemand' verdammt werden sollte!" Auch die Autorin erhielt am selben Tag ein skurriles, unanständiges und schlecht getarntes Gekritzel, das ihr signalisierte, dass die Farce bereits verurteilt war. Als der Vorhang aufgezogen wurde, hörte man mehrere Personen auf den Galerien, deren Livree ihre Auftraggeber verriet, erklären, dass sie geschickt wurden, um „Niemand" zuzumachen. Sogar Frauen von vornehmem Rang zischten durch ihre Fans. Ungeachtet dieser Manöver und Anstrengungen schien der rationalere Teil des Publikums geneigt zu sein, zuzuhören, bevor sie ein Urteil fällen, und forderte mit einer Entschlossenheit, die immer wieder Ehrfurcht hervorruft, dass das Stück fortgesetzt werden sollte. Der erste Akt wurde daher ohne

Unterbrechung erduldet; Leider wurde im zweiten Lied ein Lied wiederholt, die Unzufriedenen wagten es erneut, ihre Stimme zu erheben, und die Bösartigkeit, die gewaltsam unterdrückt worden war, brach mit verdoppelter Heftigkeit hervor. Drei Nächte lang bot das Theater eine Szene der Verwirrung, als die Autorin, nachdem sie die Befriedigung einer eifrigen und robusten Verteidigung erfahren hatte , es für angebracht hielt, den Streitpunkt ganz zurückzuziehen.[51]

Frau Robinson verlor im Laufe dieses Jahres ihren einzigen verbliebenen Elternteil, den sie zärtlich liebte und aufrichtig beklagte. Mrs. Darby starb im Haus ihrer Tochter, die, obwohl bei weitem das ärmste ihrer Kinder, sich im Laufe ihres Lebens als die aufmerksamste und liebevollste erwiesen hatte. Von der ersten Stunde an, als Mr. Darby versagte und sich von seiner Familie entfremdete, war Mrs. Robinson die Beschützerin und Stütze ihrer Mutter gewesen. Auch wenn sie finanziell in Verlegenheit geriet, war es ihr Stolz und Vergnügen gewesen, ihren verwitweten Eltern beizustehen und sie vor Unannehmlichkeiten zu bewahren.

Frau Darby hatte zwei Söhne, Kaufleute, wohlhabend und in der Geschäftswelt angesehen; Aber gegenüber diesen Herren würde Mrs. Robinson niemals dulden, dass ihre Mutter Hilfe beantragte, die nicht freiwillig angeboten wurde. Die kindliche Trauer von Mrs. Robinson über ihren Verlust beeinträchtigte viele Monate lang ihre Gesundheit; Bis in die letzte Stunde ihres Lebens schien ihr Kummer erneut zu brechen, wenn irgendein Gegenstand auftauchte, der mit der Erinnerung an ihre verstorbene Mutter in Zusammenhang stand.

In den folgenden fünf Jahren ereigneten sich nur wenige Ereignisse von Bedeutung, mit der Ausnahme, dass die Freunde von Mrs. Robinson während dieser Zeit mit Besorgnis die allmählichen Verwüstungen beobachteten, die Unwohlsein und geistige Ängste täglich an ihrem Körper anrichteten. Ein aufrichtiges, liebevolles und empfängliches Herz trägt selten zum Glück des Besitzers bei . Es war das Schicksal von Mrs. Robinson, dort getäuscht zu werden, wo sie sich am meisten anvertraute, und dort, wo sie einen Anspruch auf Freundlichkeit und einen Anspruch auf Unterstützung hatte, Reichweite und Undankbarkeit zu erfahren. Offenherzig und ahnungslos ließ sie ihr Verhalten von den Impulsen ihrer Gefühle leiten; und durch ein allzu leichtgläubiges Vertrauen auf die scheinbare Verbundenheit derer, die sie liebte und denen sie gern vertraute, setzte sie sich den Zwängen der Selbstsüchtigen und den Listen der Listigen aus.

Im Jahr 1799 belasteten ihr zunehmendes Engagement und ihr sich verschlechternder Gesundheitszustand ihr Gemüt schwer. Sie hatte freiwillig auf den Komfort und die Eleganz verzichtet, an die sie gewöhnt war; Sie hatte sogar ihre notwendigen Ausgaben gekürzt und sich fast von der Gesellschaft zurückgezogen. Ihr Arzt hatte erklärt, dass ihre Existenz nur durch körperliche Betätigung verlängert werden könne; Doch die Enge ihrer Umstände zwang sie, auf die einzigen Mittel zu verzichten, mit denen sie es erreichen konnte. Als Gefangene in ihrem eigenen Haus wurde ihr somit jeder Trost entzogen, außer dem, den sie durch die Aktivität ihres Geistes erlangen konnte, der schließlich unter übermäßiger Anstrengung und Unruhe versank.

Unwohlsein hatte sie fast fünf Wochen lang ans Bett gefesselt, als sie nach einer Nacht voller Leiden und Gefahren, in der ihr Arzt stündlich mit ihrer Auflösung rechnete, in einen sanften und milden Schlaf versank. In diesem Augenblick wurde ihre Kammertür mit einem Geräusch, das ihren geschwächten Körper fast bis zur Vernichtung erschütterte, von zwei seltsamen und brutal aussehenden Männern gewaltsam aufgestoßen, die mit barbarischer Plötzlichkeit eintraten. Als sie sich leise nach dem Anlass dieser Untat erkundigte, erfuhr sie, dass einer ihrer unwillkommenen Besucher ein Anwalt und der andere sein Mandant sei, der sich so mit ebenso wenig Anstand wie Menschlichkeit in die Kammer einer fast sterbenden Frau gezwungen habe . Der Grund für dieses Eindringen bestand darin, ihr Erscheinen als Zeugin in einem gegen ihren Bruder anhängigen Verfahren zu fordern, an dem diese Männer beteiligt waren. Keine Bitten konnten sie dazu bewegen, die Kammer zu verlassen, wo sie beide blieben und auf höchst gefühllose und beleidigende Weise das unglückliche Opfer ihrer Kühnheit und Verfolgung befragten. Einer von ihnen, der Klient, wandte sich mit einem barbarischen und unmännlichen Grinsen an seine Verbündete und fragte: „Wer konnte beim Anblick der Dame, mit der sie jetzt sprachen, glauben, dass sie einst die schöne Mrs. Robinson genannt worden war?" Dazu fügte er weitere Beobachtungen hinzu, die nicht weniger grausam und brutal waren; und nachdem er eine Vorladung auf das Bett geworfen hatte, verließ er die Wohnung. Der Unglückliche, der auf diese Weise durch die Beleidigung der Kranken und die Verletzung jedes Gesetzes der Menschlichkeit und des guten Anstands die Gestalt eines Menschen entwürdigen konnte, war ein Professor und Priester jener Religion, die uns gebietet, „das geknickte Rohr nicht zu zerbrechen". und um die zu verbinden, die gebrochenen Herzens sind!" Sein Name soll aus Rücksicht auf den Orden, dessen unwürdiges Mitglied er ist, unterdrückt werden. Die Folgen dieser Brutalität für den armen Kranken waren heftige Krämpfe, die den kämpfenden Lebensfunken fast erloschen hatten.

Nach und nach gab ihre Krankheit den Fürsorgen und der Geschicklichkeit ihrer Ärzte nach, und es gelang ihr wieder eine vorübergehende Genesung; aber von da an ließen ihre Kräfte allmählich nach. Obwohl ihr Körper bis ins Innerste erschüttert war , zwangen ihre Umstände sie dazu, die Fähigkeiten ihres Geistes weiterhin anzustrengen.

Die sportlichen Übungen der Fantasie verwandelten sich nun in mühsame Arbeit des Gehirns – auf Nächte schlafloser Angst folgten Tage voller Ärger und Angst.

Ungefähr zu dieser Zeit wurde sie veranlasst, die poetische Abteilung für die Herausgeberin einer Morgenzeitung zu übernehmen[52] und begann tatsächlich eine Reihe satirischer Oden über lokale und vorübergehende Themen, die mit der Signatur „Tabitha Bramble" versehen waren. Unter diesen leichteren Kompositionen, die die Autorin als unwürdig erachtete, in ihre gesammelten Gedichte aufgenommen zu werden, wurde gelegentlich eine ausgereiftere Produktion ihres Genies vorgestellt, von der die folgende „Ode an den Frühling", geschrieben am 30. April 1780, ein schönes Beispiel ist ergreifendes Beispiel:

„Ode an den Frühling

„Lebensglühende Jahreszeit! duftender Frühling!"

    Mit himmelblauer Pracht geschmückt ! – lebendig, –
warm,

Den rosigen Stunden sanften Glanz verleihen,

Und ihre Schönheit hervorrufen! milder Frühling!

Für dich beginnt die vegetative Welt

Um eine neue Hommage zu erweisen. Jeder Südsturm

Flüstert dein Kommen; – jede lauwarme Show

Belebt deinen Charme. Die Bergbrise

Weht die ätherische Essenz ins Tal,

Während das niedrige Tal seinen duftenden Schatz zurückgibt

Mit zehnfacher Süße. Wenn sich die Morgendämmerung entfaltet

Seine violette Pracht inmitten der gesprenkelten Wolken,

Dein Einfluss erheitert die Seele. Wenn es Mittag wird

Sein brennender Baldachin breitet sich über die Ebene aus

Vom eigenen Glanz des Himmels mit einem riesigen Licht,

Du lächelst triumphierend! Jede kleine Blume

Scheint in dir zu jubeln, köstlicher Frühling,

Üppige Pflegerin der Natur! Am Bach,

Das schlängelt sich schnell den Berghang hinunter,

Deine Nachkommen werden gesehen; junge Primeln,

Und all die unterschiedlichen Knospen der wildesten Geburt,

Den grünen Hang fröhlich punktieren. Auf dem Dorn,

Welche die Hecke bewehrt, lädt die Jungvögel ein

Mit fröhlicher Minnesängerstimme, schrill und verblüfft

Mit gewundenen Kadenzen: mal schnell, mal versunken

Im leisen gezwitscherten Lied. Der Abendhimmel

Errötet die ferne Hauptstraße; das Segel fangen,

Was langsam nachlässt und einen purpurroten Farbton annimmt

Die meergrüne Welle variieren; während der junge Mond,

In den wärmeren Farbtönen kaum sichtbar

Von westlicher Pracht , hebt langsam ihre Stirn

Bescheiden und eisig glänzend ! Über die Ebene

Der leichte Tau steigt auf und besprengt den Kopf der Distel.

Und seine klaren Tropfen hängen an der wilden Wüste

Von besigem Duft. Jahreszeit der Freude!

Du seelenerweiternde Kraft , deren wundersamer Glanz

Kann die ganze Natur zum Lächeln bringen! Ah! Wieso zu mir

Kommen Sie unbeachtet , es ist immer noch unerfreulich

Dieser ewig trauernde Busen? So habe ich es gesehen

Die süßesten Blumen binden die eisige Urne;

Die hellsten Sonnenstrahlen glitzern auf dem Grab;

Und der sanfte Zephyr küsst den unruhigen Main,

Mit geflüstertem Gemurmel. Ja, für mich, oh Frühling!

Du kommst von einem Lächeln der Freude nicht willkommen geheißen ;

Mir! langsam mit dem Ring zu diesem stillen Grab

Wo alles leer und trostlos ist! Noch einmal

Der ewige Frühling der Seele wird anbrechen,

Unbesucht von Wolken, von Stürmen, von Veränderungen,

Strahlend und unerschöpflich! Dann, ihr Knospen,

Ihr pummeligen Minnesänger und ihr milden Stürme,

Schmücken Sie Ihre kleine Stunde und schenken Sie Ihre Freuden

Um den weltliebenden Reisenden zu segnen ,

Der lächelnd den langen, fließenden Weg abmisst

Das führt zum Tod! Für solche Wanderer

Das Leben ist ein geschäftiger, angenehmer, fröhlicher Traum,

Und die letzte Stunde unwillkommen . Nicht für mich,

Oh! nicht für mich, strenger Tod, bist du ein Feind;

Du bist der Willkommensbote, der bringt

Ein Pass zu einer gesegneten und langen Ruhe."

Zu dieser Zeit wurde den Bemühungen von Frau Robinson von den Leitern der Zeitung eine gerechte Wertschätzung beigemessen, die sie „als eine der wichtigsten Verschönerungen und Stützen ihrer Zeitschrift betrachtete".

Im Frühjahr 1800 war sie durch die täglichen Übergriffe ihrer Krankheit gezwungen, ihre literarische Tätigkeit ganz aufzugeben.

Die Ärzte stellten fest, dass ihre Erkrankung rapide abnahm. Dr. Henry Vaughan, der mit medizinischem Können höchste Philanthropie vereint, verordnete als letzten Ausweg eine Reise nach Bristol Wells. Der Wunsch, noch einmal ihre heimischen Szenen zu betrachten, veranlasste Mrs. Robinson, diesem Vorschlag eifrig nachzukommen. Sie weinte vor melancholischem Vergnügen bei dem Gedanken, ihre Augen für immer vor einer Welt der Eitelkeit und Enttäuschung an dem Ort zu verschließen, an dem sie zum ersten Mal Atem geholt hatte, und ihren Kummer an dem Ort zu beenden, an dem sie geboren wurde; aber selbst dieser traurige Trost blieb ihr verwehrt, weil es an finanziellen Mitteln für die Erfüllung mangelte. Vergeblich wandte sie sich an diejenigen, auf die Ehre , Menschlichkeit und Gerechtigkeit ihr unbestrittene Ansprüche einräumten. Sie ließ sich sogar herab, als Schenkung die Rückgabe der ihr als Darlehen gewährten Beträge in ihrem Wohlstand zu erbitten.

Das Folgende ist eine Kopie eines Briefes, der bei dieser Gelegenheit an einen adligen Schuldner gerichtet war und nach ihrem Tod in den Papieren von Frau Robinson gefunden wurde:

'Zu--

„23. April 1800.

„MEIN HERR: Meine Ärzte haben festgestellt, dass der Niedergang rapide zunimmt. Ich vertraue darauf, dass Eure Lordschaft die Güte haben wird, mir mit einem Teil der Summe, die Sie mir zu verdanken haben, beizustehen. Ohne Ihre Hilfe kann ich es nicht versuchen Die Gewässer von Bristol sind das einzige Heilmittel, das mir Hoffnung gibt, meine Existenz zu bewahren. Es würde mir leid tun, aus

Feindschaft mit irgendjemandem zu sterben, und Sie können sicher sein, dass ich Ihnen gegenüber keine Hoffnung habe Es ist sinnlos, Sie zu bitten, mich zu besuchen, aber wenn Sie mir diese Ehre erweisen würden , wäre ich glücklich, sehr glücklich, Sie zu sehen.

„Mein lieber Herr,

"Mit freundlichen Grüßen,

„MARY ROBINSON.“

Auf diesen Brief kam keine Antwort! Weitere Kommentare sind unnötig.

Die letzte literarische Darbietung von Mrs. Robinson war ein Band mit Lyrical Tales. Kurze Zeit später zog sie in ein kleines Cottage *Ornée* , das ihrer Tochter gehörte, in der Nähe von Windsor. Ländliche Beschäftigung und Vergnügungen, Stille und reine Luft erschienen eine Zeit lang, um ihre Stimmung aufzuheitern und ihren zerschmetterten Körper zu erneuern. Wieder einmal kehrte ihr lebhafter Geist zu seinen gewohnten und liebsten Beschäftigungen zurück; Aber die Mühe, für die ständige Vielfalt zu sorgen, die ein Tagesdruck erfordert, und dazu noch andere Verpflichtungen, zu deren Erfüllung sie fast nicht in der Lage war, drückte schwer auf ihren Geist und belastete ihren geschwächten Körper. Doch im August begann sie im Laufe von zehn Tagen mit der Übersetzung von Doktor Hagars „Bild von Palermo“ und beendete sie – eine Anstrengung, die sie sehr schwächte. Sie war, wenn auch mit Widerwillen, gezwungen, auf die Übersetzung von „Der Messias“ von Klopstock zu verzichten, die sie dem englischen Leser in Blankversen zur Verfügung gestellt hatte – eine Aufgabe, die ihrem Genie und ihrer Geisteshaltung besonders entsprach.

Aber inmitten des Drucks komplizierter Not war der Geist dieser unglücklichen Frau unangemessenen Zugeständnissen überlegen und reagierte mit gerechter Empörung auf Dienstangebote, die das Opfer ihrer Integrität erforderten.

Dennoch setzte sie, wenn auch mit Schwierigkeiten und mit vielen Unterbrechungen, ihre literarische Beschäftigung fort. Als es Schmerzen und Mattigkeit erforderten, ihre Anstrengungen einzuschränken, beschuldigten ihre gefühllosen Arbeitgeber sie der Nachlässigkeit. Obwohl sie sich selten über diese Rücksichtslosigkeit beklagte, beeinträchtigte sie ihre Stimmung und belastete ihr Herz. Während sie stündlich zu der Anstalt ging, wo „die Müden ruhen", schien ihr Geist im Verhältnis zur Schwäche ihres Körpers stärker zu werden. Als sie die Strapazen der Entfernung aus ihrem Gemach nicht mehr ertragen konnte, bewahrte sie eine vollkommene Fassung ihres Geistes und lauschte in den Phasen extremen körperlichen Leidens, während ihre Tochter ihr mit offensichtlichem Interesse und gesammelten Gedanken vorlas: Sie machte häufig Beobachtungen darüber, was wahrscheinlich passieren würde, wenn sie diesen „Bourn, von dem kein Reisender zurückkehrt" passiert hätte. Die schmeichelhafte Natur ihrer Erkrankung weckte bei ihren Freunden zeitweise zuversichtlichste Hoffnungen auf eine Wiederherstellung ihrer Gesundheit; Von Zeit zu Zeit hegte sie sogar diese Idee. Doch diesen Hoffnungsschimmern folgte, wie Blitze im Sturm, eine tiefere Düsternis, und das Bewusstsein ihres bevorstehenden Schicksals kehrte mit größerer Überzeugung in den Geist der Leidenden zurück.

Wenige Tage nach ihrem Tod sammelte und ordnete sie ihre dichterischen Werke, die sie ihrer Tochter durch eine feierliche Beschwörung auferlegte, sie für ihre Abonnenten sowie die vorliegenden Memoiren zu veröffentlichen. Sie forderte eindringlich, dass ihr die für den letztgenannten Zweck erstellten Papiere vorgelegt würden, übergab sie in die Hände von Miss Robinson mit der einstweiligen Verfügung, dass die Erzählung veröffentlicht werden sollte, und fügte hinzu: „Ich hätte sie bis heute fortsetzen sollen." – aber vielleicht ist es auch gut so, dass ich verhindert wurde. Versprich mir, dass du es drucken wirst!" Der so und in diesem Moment gestellte Wunsch eines sterbenden Elternteils konnte nicht abgelehnt werden. Ihr wird gehorcht. Auf die feierliche Zusicherung ihrer Tochter, dass ihr letzter Wunsch, der so stark gedrängt wurde, erfüllt werden sollte, wurde Mrs. Robinsons Geist gelassen und ruhig; Ihr Intellekt blieb dennoch unbeeinträchtigt, obwohl ihre körperliche Kraft stündlich nachließ.

Kurz vor ihrem Tod, während einer Zeitspanne, in der ihre Tochter nicht in ihrem Zimmer war, rief sie eine anwesende Freundin zu sich, deren wohlwollendes Herz und unablässige Güte hoffentlich später ihren Lohn finden werden, und bat sie, ihr zum letzten Mal zuzuschauen fragt und fügt mit melancholischer Zärtlichkeit hinzu: „Ich kann mit meinem armen Mädchen nicht über diese traurigen Themen sprechen." Dann erteilte sie mit ruhiger Art und minutiöser Präzision Befehle bezüglich ihrer Beerdigung, die ihrer Meinung nach möglichst einfach durchgeführt werden sollte. „Lass mich", sagte sie mit beeindruckender, wenn auch fast unartikulierter Stimme, „auf dem Kirchhof von Old Windsor begraben werden." Für die Wahl dieses Ortes gab sie einen bestimmten Grund an. Sie erwähnte auch einen Bestatter, dessen Namen sie, wie sie sich erinnerte, an seiner Tür gesehen hatte und den sie aus seiner Nähe zum wahrscheinlichen Sterbeort ernannte. Ein paar unbedeutende Denkmäler als Zeichen ihrer Zuneigung bildeten den gesamten Besitz, den sie zu hinterlassen hatte. Sie wünschte auch ernsthaft, dass ein Teil ihrer Haare an zwei bestimmte Personen geschickt werden könnte.

Eines Abends sprachen ihre besorgten Krankenschwestern, um sie abzulenken, von einigen kleinen Plänen, die zur Wiederherstellung ihrer Gesundheit in die Tat umgesetzt werden sollten. Sie schüttelte mit einer rührenden und bedeutungsvollen Bewegung den Kopf. „Täuschen Sie sich nicht", sagte sie; „Denken Sie daran, ich sage Ihnen, ich bin nur noch eine kleine Zeit länger für diese Welt." Dann drückte sie ihre Tochter, die neben ihrem Bett kniete, an ihr Herz und hielt einige Minuten lang ihren Kopf an ihre Brust gedrückt, die wie in einem inneren und qualvollen Konflikt pochte. „Armes Herz", murmelte sie mit tiefer und erstickter Stimme, „was soll aus dir werden!" Sie hielt einige Augenblicke inne und wünschte sich schließlich mit ruhigerer Stimme, jemand möge ihr etwas vorlesen. Den Rest des Abends blieb sie ruhig und sogar fröhlich aufmerksam gegenüber der Person, die las, und bemerkte, dass sie, sollte sie sich erholen, vorhabe, mit einer langen Arbeit zu beginnen, für die sie große Mühe und Zeit aufwenden würde. „Die meisten ihrer Schriften", fügte sie hinzu, „waren in zu großer Eile verfasst worden."

Ihr Unwohlsein näherte sich rasch einer Periode, und die Ansammlung von Wasser auf ihrer Brust drohte jeden Moment zu ersticken. Fast fünfzehn Nächte und Tage lang war sie gezwungen, auf Kissen oder in den Armen ihrer jungen und liebevollen Ammen gestützt zu werden.[53] Ihr Tod wurde während dieser Zeit stündlich erwartet. Am 24. Dezember erkundigte sie sich, wie nahe Weihnachten sei! Als sie antwortete: „In ein paar Tagen", sagte sie, „werde ich es nie sehen." Der Rest dieses melancholischen Tages verging in unbeschreiblichen Qualen. Gegen Mitternacht rief der Leidende: „O Gott, o gerechter und barmherziger Gott, hilf mir, diese Qual zu ertragen!" Den ganzen darauffolgenden Tag litt sie weiterhin unter großer Qual. Am Abend stellte sich eine Art lethargische Benommenheit ein. Miss Robinson näherte sich dem Kissen ihrer sterbenden Mutter und beschwor sie eindringlich, etwas zu sagen, wenn es in ihrer Macht stünde. „Meine liebe Mary!" sie artikulierte sich schwach und sprach nicht mehr. Nach einer weiteren Stunde wurde sie unempfindlich gegenüber dem Kummer derer, die sie umgaben, und atmete am folgenden Mittag um Viertel nach zwölf ihren letzten Atemzug aus.

Die Leiche wurde auf ausdrücklichen Wunsch der Ärzte Pope und Chandler geöffnet. Die unmittelbare Todesursache schien eine Wassersucht auf der Brust gewesen zu sein; aber die Leiden, die sie vor ihrem Tod erlitten hatte, wurden wahrscheinlich durch sechs große Gallensteine verursacht, die in der Gallenblase gefunden wurden.

Alle ihre Wünsche wurden strikt beachtet. Ihre sterblichen Überreste wurden gemäß ihrer Anweisung auf dem Kirchhof von Old Windsor beigesetzt; Die Stelle wurde von einer Freundin markiert, der sie ihre Wünsche mitgeteilt hatte. An der Beerdigung nahmen nur zwei literarische Freunde teil.

Unter Berücksichtigung der Umstände der vorangegangenen Erzählung muss es jedem Leser überlassen bleiben, sich seine eigenen Überlegungen zu bilden. Für den menschlichen Verstand scheinen die Fehler der unglücklichen Person dieser Memoiren durch ihre Leiden mehr als gesühnt worden zu sein. Auch die besonderen Nachteile, mit denen ihre Einführung ins Leben einherging, werden von den Ehrlichen nicht vergessen – Nachteile, die, indem sie die Gaben, mit denen sie von Natur aus überschüttet wurde, in eine Falle verwandelten, sich für ihr Glück als nicht weniger verhängnisvoll erwiesen als für ihr Verhalten. Zu ihrer unglücklichen Ehe und ihren noch unglücklicheren Folgen ist es unnötig, einen Kommentar abzugeben. Unter diesen Umständen vereinten sich ihr Genie, ihre Sensibilität und ihre Schönheit zu ihrem Untergang, während sie aufgrund ihrer entblößten Lage, ihrer Unerfahrenheit im Leben, ihrer zarten Jugend und angesichts der Größe der Versuchungen, die sie bedrängten, kaum umhin konnte, betrogen zu werden .

„Sprich, ihr Schwersten ...

... was hättest du getan?"

Die Krankheit, die sie in der Blüte ihrer Jugend erfasste und sie mit unnachahmlicher Strenge durch alle Lebensabschnitte verfolgte, bis sie, mit der Beschneidung ihrer Kräfte, in ein vorzeitiges Grab gelegt wurde, zeigt in der Geschichte ihres Fortschreitens eine Eine Reihe von Leiden, die die Strengsten entwaffnen, die Starrsten erweichen und im härtesten Herzen Mitleid erwecken könnten. Ihre geistigen Anstrengungen während dieser deprimierenden Krankheit, die Elastizität ihres Geistes und die Beharrlichkeit ihrer Bemühungen inmitten zahlloser Quellen von Ärger und Kummer können nicht umhin, Sympathie zu wecken und Bewunderung zu erregen. Wäre diese schöne Pflanze, jetzt verwelkt und tief im Staub, in ihrem frühen Wachstum in einen glücklicheren Boden verpflanzt worden – geschützt vor den scharfen Winden des Unglücks und dem Mehltau der Beeinträchtigung, hätte sie vielleicht ihre Wurzeln ausgebreitet, ihre Blüten entfaltet und sich ausgebreitet Seine Süße verströmte seinen Duft und blühte immer noch, schön für das Auge und dankbar für die Sinne.

Die besondere Aufgabe der Biographie besteht darin, den Charakter des Einzelnen in den Lebensumständen, sein Verhalten unter diesen Umständen und die daraus resultierenden Konsequenzen darzustellen. Demnach bleibt wenig hinzuzufügen. Das wohlwollende Wesen, die kindliche Frömmigkeit und die mütterliche Zärtlichkeit von Mrs. Robinson werden auf den vorhergehenden Seiten veranschaulicht, während ihr Genie, ihre Talente, die Fruchtbarkeit ihrer Vorstellungskraft und die Kräfte ihres Geistes in ihren Produktionen zum Ausdruck kommen, die Popularität von was zumindest eine Vermutung über ihre Güte erlaubt. Ihre Manieren waren elegant und versöhnlich, ihre Konversationsfähigkeiten reichhaltig und vielfältig. Die Brillanz ihres Witzes und die Ausfälle ihrer Fantasie wurden stets durch Freundlichkeit gemildert und durch Zartheit gezüchtigt. Obwohl sie an die Gesellschaft der Großen gewöhnt war und den Tribut zollte, den zivile Institutionen ihr gebührten, behielt sie ihre Wertschätzung und Ehrerbietung nur denen vor, deren Talente oder Verdienste die Ehrerbietung des Geistes forderten.

Mit den unglücklichen Anhängern der Literatur hatte sie aufrichtiges Mitgefühl , und es ist nicht selten bekannt, dass sie die Gewinne ihres Genies mit den weniger erfolgreichen oder weniger bevorzugten Schülern der Muse teilte.

Die Produktionen von Frau Robinson, sowohl in Prosa als auch in Versen, sind zahlreich und von unterschiedlichem Verdienstgrad; aber der ursprüngliche Antrieb ihres Genies schien in besonderer Weise auf die Poesie gerichtet gewesen zu sein. Der Glanz und der falsche Geschmack, die in der Della- Crusca -Korrespondenz zum Ausdruck kamen[54], wurde ihr schon früh bewusst; Einige ihrer Gedichte strahlen einen Geist gerechter Sentimentalität und schlichter Eleganz aus.

JANE, HERZOGIN VON GORDON

Eine pastorale Elegie auf den Tod von Frau. ROBINSON

VON PETER PINDAR

Lebe wohl, die Nymphe meines Herzens!

Abschied von der Hütte und dem Weinstock!

Von diesen scheide ich mit einer Träne ab,

Wo das Vergnügen so oft mein war.

Die Erinnerung wird in ihrem Lächeln verweilen,

Und verweile bei ihrer Laute und ihrem Lied;

So süß meine Stunden zu verführen,

Oft hallten die Täler entlang.

Noch einmal ließ mich die Messeszene sehen,

Die Grotte, der Bach und der Hain.

Liebe Täler, für immer adieu!

Adieu, Tochter der Liebe!

JANE, NIEDERLÄNDIN VON GORDON

„Nur wenige Frauen", sagt Sir Nathaniel Wraxall , „haben eine auffälligere Rolle gespielt oder einen höheren Platz im öffentlichen Theater der Mode, Politik und Ausschweifung eingenommen als die Herzogin von Gordon."

Jane, spätere Herzogin von Gordon, die Rivalin von Georgiana, Herzogin von Devonshire, in Schönheit und Talent, wurde in Wigtonshire in Schottland geboren. Ihr Vater, Sir William Maxwell of Monreith (früher Mureith), vertrat eine der zahlreichen Familien, die vom ursprünglichen Stamm abzweigten – Herbert von Caerlaverock, erster Lord Maxwell, der Vorfahre des berühmten Earl of Nithsdale, dessen Gräfin Winifred die Hauptrolle spielte Sie spielte eine so edle Rolle, als ihr Mann während des Jakobitenaufstands im Gefängnis war. Aus diesem ehrenwerten Haus stammte in unserer Zeit der tapfere Sir Murray Maxwell, dessen Tochter, Mrs. Carew, die Frau des allzu bekannten Colonel Waugh wurde; Die Ereignisse, die folgten, sind noch immer im Gedächtnis der Öffentlichkeit. Bis zu diesem Makel zeichneten Loyalität, Ehre und Wohlstand die Maxwells von Monreith als „ihr Eigentum" aus. Im Jahr 1681 wurde William Maxwell zum Baron von Nova Scotia ernannt. Durch verschiedene Ehen und Mischehen mit alten und adeligen Familien blieb das Blut rein, ein Umstand, der sowohl von den Schotten als auch von den Deutschen sehr geschätzt wurde. Sir William, der Vater der Herzogin von Gordon, heiratete Magdalene, die Tochter von William Blair, von Blair, und hatte mit ihr sechs Kinder – drei Söhne und drei Töchter – von denen die vorletzte Jane war, die Tochter von diese Memoiren.

Diese gefeierte Frau war eine echte Schottin – standhaft zu ihren Prinzipien, stolz auf ihre Herkunft, energisch und entschlossen. Ohne ihre Entschlossenheit wäre ihre Energie vielleicht wie ein Strohfeuer verflogen. Sie führte alles durch, was sie versuchte; und große persönliche Reize beschleunigten ihren Einfluss in jenem Gesellschaftszustand, in dem Frauen, wie in der französischen Hauptstadt, zu dieser Zeit einen erstaunlichen, wenn auch vorübergehenden Grad an Überlegenheit hatten.

Die Anziehungskraft von Jane Maxwell schien schon früh entwickelt worden zu sein, denn bevor sie in die schwule Welt eintrat, wurde ihr zu Ehren ein Lied komponiert, „Jenny of Monreith ", das ihr Sohn, der Herzog von Gordon, lange Zeit sang nachdem die Reize, die so gefeiert wurden, verschwunden waren. Ihre Gesichtszüge waren regelmäßig; die Kontur ihres Gesichts war wirklich edel; ihr Haar war dunkel, ebenso ihre Augen und Augenbrauen; ihr Gesicht war lang und wunderschön oval; das Kinn etwas zu lang; Die Oberlippe war kurz und der Mund trotz einer gewissen Entschlossenheit süß und wohlgeformt. Nichts kann den Merkmalen dieser Marke, die einer Aufweichung bedürfen, angemessener sein als die allgemeine Art der Frisur. Sir Joshua Reynolds hat die Herzogin von Gordon gemalt, wobei ihr dunkles Haar nach vorne über ein Kissen oder eine andere Stütze, die ihr Wellen verleiht, nach hinten gebunden ist; Rund um den Kopf, zwischen jeder reichen Masse, befanden sich zwei Reihen großer Perlen, bis sie oben in den Falten eines Bandes verloren gingen; eine doppelte Perlenreihe um den schönen Hals; Eine vorne tief geöffnete Halskrause, ein enganliegendes Oberteil und oben bis zum Äußersten weite Ärmel, die zu den Handgelenken hin enger werden, scheinen darauf hinzudeuten, dass für dieses wunderschöne Porträt sogar die Kleidung aus der Zeit Karls I. ausgewählt wurde. Der Kopf ist – mit großem Urteilsvermögen – zur Seite gedreht, wahrscheinlich um den entschiedenen Gesichtsausdruck in der Vorderansicht abzumildern.

Als sie heranwuchs, stellte sich jedoch heraus, dass es der jungen Dame an einer besonderen Anmut mangelte: Sie war nicht weiblich; ihre Person, ihr Geist, ihre Manieren, alles in dieser Hinsicht stimmte überein. „Sie könnte", sagt jemand, der sie kannte, „Homers Juno treffend dargestellt haben." Immer belebt, mit ständig im Spiel befindlichen Funktionen, fehlte ein großer Reiz – der der Sensibilität. Manchmal war ihr schönes Gesicht voller Wut; häufiger wurde es mit Lächeln bestrahlt. Auch ihre Unterhaltung machte einen Großteil des Eindrucks zunichte, den ihre überwältigende Schönheit hervorrief. Sie verachtete die Sitten der Welt, und nachdem sie Herzogin geworden war, glaubte sie, von ihnen durch ihren Rang ausgenommen zu sein, verzichtete auf sie und opferte ihrem käuflichen Ehrgeiz einige der liebenswertesten Eigenschaften ihres Geschlechts. Eine ihrer Reden, als Ehrungen ihrer Meinung nach bei Hofe zu alltäglich wurden, verrät ihren Stolz und ihre Grobheit. „Bei meinem Wort“, pflegte sie zu sagen, „man kann nicht aus dem Kutschenfenster schauen, ohne einen Ritter anzuspucken.“ Was auch immer ihre Mängel waren, ihre Schönheit erregte die Fantasie von Alexander, dem vierten Herzog von Gordon, einem jungen Mann von vierundzwanzig Jahren, den sie am 28. Oktober 1767 heiratete. Die Familie, in die sie eintrat, sowie die Die Familie, aus der sie stammte, waren ergebene Anhänger der im Exil lebenden Stuarts und trugen weitgehend den erblichen Toryismus ihrer erhabenen Abstammung. Die Urgroßmutter des Herzogs war die einzigartige Herzogin von Gordon, die eine Medaille an die Anwaltsfakultät in Edinburgh schickte, mit dem Kopf von James Stuart dem Ritter auf der einen Seite und den britischen Inseln mit dem Wort „ Reddite “ auf der anderen Seite „darunter beschriftet. Die Fakultät freute sich sehr über dieses Geschenk. Nach einer Debatte nahmen sie die Medaille entgegen und schickten zwei ihrer Körper, um der Herzogin zu danken und zu sagen, dass sie hofften, dass sie bald in der Lage sein würde, der Gesellschaft eine zweite Medaille für die Restauration zu schenken . Herzog Alexander, der Ehemann von Jane Maxwell, zeigte in seinem ruhigen und trägen Charakter keinerlei Anzeichen dafür, dass er von diesem mutigen Parteigänger abstammte. Er war ein Mann ohne Energie, außer in seiner Liebe zu ländlichen Unternehmungen, und überließ die Förderung der Familieninteressen ganz seiner temperamentvollen und ehrgeizigen Frau. Sie heirateten nur sechs Jahre, nachdem Georg III. den Thron bestiegen hatte. Niemals fehlte es an einem Hof so an Vergnügungen wie an dem des damals jungen Herrschers von England. Bis zu seinen letzten Tagen war Georg II. hatte Festlichkeiten genossen, wenn auch langsamer, förmlicher deutscher Art; aber sein Enkel beschränkte sich seit seinem 22. Lebensjahr auf seine öffentlichen und privaten Pflichten. Er besuchte weder Maskeraden noch beteiligte er sich an Spielen. Der Prunk eines Hofes war nur Geburtstagen vorbehalten; Auch setzte sich der König normalerweise nicht mit dem Adel oder seinen Höflingen an einen Tisch. Es war nie bekannt, dass er sich bei Tisch auch nur der geringsten Exzesse schuldig gemacht hatte, und seine Mahlzeiten waren einfach, wenn nicht sogar sparsam. Auf einem Deich, auf der Terrasse von Windsor oder im Kreis des Hyde Park konnte man dieses Modell eines würdigen englischen Gentlemans sehen, entweder mit seiner schlichten Königin auf dem Arm oder in seiner bekannten Kutsche damit gefahren seine alten und berühmten cremefarbenen Pferde . Junius verspottete das Gericht, „wo", wie er sagte, „Gebete Moral und Knien Religion sind ." Aber obwohl es an Lebendigkeit mangelte, war es weit weniger verwerflich als das, was vorausging oder folgte. Die Herzogin von Gordon eignete sich mit ihrem tadellosen Verhalten und ihren hohen Tory-Prinzipien gut für einen Hof, auf den Lord Bute einen starken Einfluss ausübte. Sie hatte von Natur aus eine berechnende Denkweise. Ruhm, Bewunderung, Mode waren angenehme Kleinigkeiten, aber Reichtum und Rang waren die festen Ziele, auf die alle Anstrengungen gerichtet waren. Im Gegensatz zu ihrer zukünftigen Rivalin, der Herzogin von Devonshire, die sich in ihren grenzenlosen Wohltätigkeiten verarmte, behielt die Herzogin von Gordon die größte Chance im Blick und beschloss schon in ihrer frühen Jugend, die Familie, in die sie eingetreten war, zu vergrößern .

Ihre geistreiche Macht war unbestritten, denn die Herzogin von Devonshire war damals noch ein Mädchen am Schoß ihrer Mutter; aber die Schönheit wurde von Maria, der Herzogin von Rutland, bestritten, an die man sich in unserer Zeit so gut erinnert , da sie bis 1831 überlebte.

Dieses exquisite Exemplar englischer Schönheit wurde von manchen mit der von Thomson beschriebenen Musidora verglichen und war die schönste Frau von Rang im Königreich. Jede Wendung ihrer Gesichtszüge, jede Form ihrer Gliedmaßen war perfekt und Anmut begleitete jede Bewegung. Sie war groß und von angemessener Größe; schlank, aber nicht dünn; ihre Gesichtszüge waren zart und edel; und ihre Vorfahren, die Plantagenets, wurden in ihr durch ein makelloses Beispiel persönlicher Eigenschaften repräsentiert. Sie war die Tochter einer Rasse, die der Welt viele Helden, einen Philosophen und mehrere berühmte Schönheiten geschenkt hat – die von Somerset; und als Nachkomme der Verteidiger von Raglan Castle könnte man von ihm erwarten, dass er verschiedene edle Eigenschaften mit persönlichen Gaben verbindet. Aber sie war kalt, obwohl sie kokett war. Bei der Herzogin von Devonshire war es der *Wunsch d'aimer* , die herzliche Natur schreckte vor der Verbindung mit einem Schimpfwort zurück, das sie in eine Ermutigung dessen verriet, was ihr den Anschein von

Zuneigung bot – in die Versuchung, geliebt zu werden. Für die Herzogin von Gordon wurden ihre Eroberungen durch die Erinnerung an das, was sie bringen könnten, bereichert; Aber die Herzogin von Rutland betrachtete ihre Bewunderer als Hommage an eine Göttin. Ihr fehlte das Lächeln, die Intelligenz und die Freundlichkeit der Herzogin von Devonshire; und ihrer Reize bewusst, empfing sie die gebührende Verehrung. „In Wahrheit", schreibt Sir Nathanial Wraxall , der sie gut kannte, „habe ich sie nie außer als eine bezaubernde Statue betrachtet, die eher dazu geschaffen wurde, Bewunderung zu erregen, als Liebe zu erwecken, da dieses großartige Werk der Natur nicht durch entsprechende geistige Anziehungspunkte erhellt wurde." ."

Diese Dame war mit einem der attraktivsten und beliebtesten Männer verbunden, aber auch mit einem der unvorsichtigsten und geselligsten. Der junge Herzog von Rutland, der Sohn des berühmten Marquis von Granby, den Junius angriff, war ein überzeugter Anhänger von Pitt, den er zunächst ins Unterhaus holte und auf dessen Wunsch er 1784 die Regierung Irlands übernahm. Dort war er nie Am vizeköniglichen Hof herrschte eine solche Pracht wie zu seiner Zeit. In der Bucht von Dublin wurden in kurzen Abständen Schiffe gesichtet, die mit den teuren Luxusartikeln aus England beladen waren; die Bankette waren äußerst kostspielig; Die Abende im Schloss waren zwischen Spielen und Trinken aufgeteilt. Und doch frühstückte der junge Herzog morgens mit sechs oder sieben Truthahneiern. Als er dann weiter vorankam, ritt er vierzig oder fünfzig Meilen, kehrte um sieben zum Abendessen zurück und saß bis spät in die Nacht auf und aß, bevor er sich zur Ruhe zurückzog.

Die Herzogin hatte wenig Platz in seinem Herzen, und die Sirene, Mrs. Billington, hielt es vorübergehend in Knechtschaft ; aber Beständigkeit war für einen Mann dieses Kalibers unmöglich. Als der Herzog jedoch sah, dass seine Frau von Bewunderern umgeben war, die ihr unbeschwertes Benehmen ermutigte, wurde er eifersüchtig, und sie trennten sich, wie sich herausstellte, zum letzten Mal in schlechtem Einvernehmen. Eines Abends, als die Herzogin ihn spielen sah, näherte sie sich dem Fenster des Zimmers, in dem er saß, und klopfte dagegen. Er war sehr empört über diese Störung seiner Vergnügungen. Als Invalide kehrte sie nach England zurück, um Doktor Warren, den Vater des verstorbenen

Arztes dieses Namens, zu konsultieren. Während sie mit ihrer Mutter am Berkeley Square wohnte, hörte sie, dass der Herzog von einem Fieberanfall betroffen war. Sie schickte Doktor Warren los, um ihn zu sehen, und bereitete sich gerade darauf vor, ihm zu folgen, als der Arzt zurückkam. In Holyhead hatte er gehört, dass der Herzog nicht mehr sei. Er starb im frühen Alter von dreiunddreißig Jahren, da sein Blut durch seine Unmäßigkeit entzündet war, was jedoch seinen Verstand nie beeinträchtigte und sich daher umso schädlicher auf seine Gesundheit auswirkte. Seine Witwe trauerte trotz ihrer Entfremdung lange und tief. Nie erschien sie schöner als 1788, als sie nach ihrer Abgeschiedenheit wieder auftauchte. Wie Diana von Poictiers behielt sie ihre wunderbare Schönheit bis ins hohe Alter. In letzter Zeit bedeckte sie ihre Falten mit Emaille, und wenn sie in der Öffentlichkeit auftrat, verließ sie immer ein Zimmer, in dem die Fenster geöffnet waren, um die Feuchtigkeit hereinzulassen. Sie heiratete nie wieder, trotz der verschiedenen Bewerber, die ihre Hand gewinnen wollten.

Lange Zeit herrschte die Herzogin von Gordon nahezu konkurrenzlos über die Tory-Partei. Als sich schließlich die Herzogin von Devonshire als weibliche Vorkämpferin der Füchse herausstellte , stellten sich Pitt und Dundas, der spätere Lord Melville, ihr, der Herzogin von Gordon, entgegen. Sie lebte damals im prächtigen Herrenhaus des damaligen Marquis of Buckingham in Pall Mall. Jeden Abend versammelten sich zahlreiche Versammlungen von Angehörigen der Verwaltung in diesen stattlichen Saloons, die auf oder in der Nähe der Terrasse errichtet waren, auf der Nell Gwyn im Gras unten mit Charles II. plauderte, während er seine Vögel in seinen Gärten füttern wollte. Aufgrund ihres Ranges, ihres Einflusses und ihrer Schönheit agierte die Herzogin von Gordon in äußerst entschlossener Manier als Eintreiberin der Regierung. Wenn ein Mitglied fehlte, auf das sie zählte, scheute sie sich nicht, nach ihm zu schicken, ihm Vorwürfe zu machen, ihn zu überreden oder ihn mit tausend Künsten zu fixieren. Die Szene muss seltsam gewesen sein — eher seltsam als attraktiv. Alles war vergessen, bis auf den einen großen Gegenstand des Abends, das Thema aller Gespräche: die nächste Debatte und ihre Unterstützer. Im Jahr 1780 ereigneten sich Ereignisse, die für einige Zeit den Wohlstand der Familie Gordon fast bis zum Untergang erschüttern würden.

Der Herzog hatte zwei Brüder, von denen der ältere, Lord William, der Ranger von Windsor Park war und ein hohes Alter erreichte. Der jüngere, Lord George, nimmt in den Annalen seines Landes einen sehr auffälligen, aber nicht sehr rühmlichen Platz ein. Kein Ereignis in unserer Geschichte weist irgendeine Analogie zu dem auf, was als „Gordon-Unruhen" bezeichnet wird, mit Ausnahme des Brandes von London unter der Herrschaft Karls II.; und selbst dieses Unglück zeigte nicht den traurigen Anblick, der die Feuersbrünste von 1780 begleitete. Im ersteren Fall hatten die elenden Leidenden nur mit einem verschlingenden Element zu kämpfen; in letzterem mussten sie Schutz suchen, und zwar vergeblich, vor einer Bevölkerung der niedrigsten Art und der abscheulichsten Absichten, die überall, wo sie hingingen, Zerstörung mit sich brachte. Sogar während der Französischen Revolution, so empörend und entwürdigend sie auch war, wurde der Brandstift nicht zur Zerstörungsarbeit eingesetzt; Die öffentlichen und privaten Gebäude von Paris blieben verschont.

Der Urheber all dieser Katastrophen, Lord George Gordon, war ein junger Mann mit sanften, angenehmen Manieren und zartem, vornehmem Aussehen. Seine Gesichtszüge waren regelmäßig und angenehm; Er war dünn und blass, hatte aber einen listigen, finsteren Gesichtsausdruck, der auf Unsinn schließen ließ. Für seinen Lebensunterhalt war er auf den Unterhalt seines älteren Bruders, des Herzogs, angewiesen, dessen Gnade ihm sechshundert Pfund pro Jahr gewährte. So sah das Äußere aus, so waren die Umstände eines Brandstifters, der mit Wat Tyler und Jack Cade oder mit Kett, dem Straftäter zur Zeit Eduards VI., gleichgesetzt wurde.

Während der Amtszeit von Lord North kam es zu den Cordon-Unruhen, die durch die Ansprachen und Reden von Lord George angeregt wurden. Am 2. Juni hielt er eine Ansprache an das Volk; am 7. brachen diese denkwürdigen Unruhen aus; Der Bloomsbury Square war der erste Angriffspunkt. Zu Papsts Zeiten war dieser heute vernachlässigte Platz in Mode:

„Im Palace Yard, um neun, wirst du mich dort finden;

Mit Sicherheit um zehn, Sir, am Bloomsbury Square.

Baxter, der Nonkonformist, und Sir Hans Sloane bewohnten einst das, was zu ihrer Zeit Southampton Square hieß, ausgehend vom Southampton House, das eine ganze Seite des Bloomsbury Square einnahm und nach ihrer Hinrichtung lange Zeit der Wohnsitz von Lady Rachel Russell war Herr. Wie jeder andere Teil dessen, was man das „alte London" nennen könnte, ist es durch die Erinnerungen der gebildeten und unglücklichen Menschen fast geheiligt. Aber der Ruhm des Bloomsbury Square war damals das Haus von Lord Mansfield am nördlichen Ende der Ostseite; in dem dieser Richter viele Wertgegenstände gesammelt hatte, von denen ihm seine Bibliothek am Herzen lag; es war die beste juristische Bibliothek seiner Zeit. Sobald der lange Sommertag zu Ende war und die Dunkelheit es ermöglichte, die Gewalttaten vollständig zu erkennen , wurden die Hart Street und die Great Russell Street von großen Feuern beleuchtet, die aus Möbeln bestanden, die aus den Häusern bestimmter Richter stammten. Als der verblüffte Beobachter der Schrecken dieser Nacht Bloomsbury betrat, sah er mit Bestürzung, dass die Flurtür von Lord Mansfields Haus aufgebrochen war; und sofort wurde der gesamte Inhalt der verschiedenen Wohnungen auf den Platz geworfen und in Brand gesteckt. Vergeblich versuchte eine kleine Gruppe Fußsoldaten, die Randalierer einzuschüchtern. Das ganze Haus wurde vernichtet, und Lord Mansfield und seine Frau hätten sich rächen müssen, wenn sie nicht wenige Minuten vor dem Einbruch in die Halle durch eine Hintertür entkommen wären; So war dieser denkwürdige Akt der Zerstörung – so schnell, so vollständig. Folgen wir in unserer Fantasie dem Mob und verfolgen wir beim Verlassen des brennenden Haufens am Bloomsbury Square die Schritte der Menge nach Holborn. Während wir dahineilen, erinnern wir uns mit einem bitteren Gefühl daran, dass Holborn der vorgesehene Weg für Kriminelle von Newgate nach Tyburn war . Es ist jetzt ein einziger Lichtstrahl; in der Senke in der Nähe von Fleet Market brennt das Haus und die Lagerhäuser von Mr. Langdale, einem Katholiken – einem Christen wie wir, obwohl er nicht zu unserer eigenen gesegneten und reformierten Kirche gehört –; Eine Flammenspitze wird wie ein Vulkan in die Luft geschossen. Die St.-Andreas-Kirche ist von der Hitze fast versengt; während die Ziffern der Uhr – dieses Chronisten, der in seiner jetzigen Form die Stunden der Schuld zählt – so klar sind wie am Mittag. Die Dachrinnen darunter, die hier und da die Lichter des feurigen Himmels einfangen, fließen mit Spirituosen aus den geplünderten

Brennereien; die Nacht ist ruhig, als ob keine Taten der Verfolgung ihre Schönheit befleckt hätten; Manchmal wird es von Rauchmassen verdeckt, die jedoch verschwinden, und die entsetzten Zuschauer der Straße unten sind deutlich sichtbar. Hier steht eine Mutter mit einem Säugling im Arm und schaut zu; Dort führt ein Vater seinen Jungen zum sichersten Beobachtungspunkt. Wir wundern uns über ihre Kühnheit; Aber es ist das schlimmste Zeichen der Angst – in ihren Häusern sind sie unsicher – überall und überall kann die rücksichtslose, unsichtbare Hand das Malzeichen werfen, und alle können umkommen. Zu dieser frühen Stunde schien es keinen Rädelsführer zu geben – keine Plünderung; Es schien schwierig zu sein, sich vorzustellen, wer der Unglückliche sein könnte, der diesen schrecklichen Aufruhr angezettelt und geleitet hatte; aber an den Fenstern sah man Männer, die in aller Ruhe Bilder von den Wänden rissen; Möbel, Bücher, Teller von ihren Plätzen entfernen und ins Feuer werfen. Als Mitternacht näher rückte, wurden die wilden Leidenschaften der Menge durch glühende Geister noch verstärkt; Kein Soldat, weder Pferd noch Fuß, ist zu sehen. „Während wir", sagt ein Augenzeuge, „an der Mauer des St.-Andreas-Kirchhofs standen, ging ein Wächter mit seiner Laterne in der Hand vorbei und rief die Stunde, als wäre er in einer Zeit tiefer Sicherheit."

In der Zwischenzeit stand das King's Bench-Gefängnis in Flammen; Das Mansion House und die Bank wurden angegriffen. Aber die Truppen töteten und zerstreuten die Randalierer auf der Blackfriars Bridge; In der Nähe der Bank tobte ein verzweifelter Konflikt zwischen dem Pferd und der Menge. Was für eine Nacht! Die ganze Stadt schien der Plünderung – der Zerstörung – überlassen zu sein. Schreie, Schreie, die Schreie der Frauen, das Knistern der brennenden Häuser, das Feuern der Truppen auf die St. George's Fields – all das zeigt, dass kein Schrecken, kein Feind denen des häuslichen Verrats, der häuslichen Verfolgung, des häuslichen Zorns usw. gleichkommt Verliebtheit.

Nicht nur die Katholiken wurden bedroht. Sir George Saviles Haus am Leicester Square – einst der friedliche Ort, an dem Dorothy Sydney, Wallers „Sacharissa", blühte – wurde geplündert und niedergebrannt. Dann bekam die Herzogin von Devonshire Angst und wagte es nicht, viele Nächte nach Einbruch der Dunkelheit im Devonshire House zu bleiben, sondern suchte Zuflucht bei Lord Clermont am Berkeley Square und schlief auf einem Sofa im Salon. In der Downing Street speiste Lord North mit einer Gruppe seines Bruders, Colonel North, Mr. Eden, danach Lord Auckland, dem ehrenwerten John St. John, General Fraser und Graf Malzen , dem preußischen Minister. Der kleine Platz rund um die Downing Street war voller Menschenmassen. „Wer befehligt das Obergeschoss?“ sagte Lord North. „Das tue ich“, antwortete Colonel North; „Und ich habe zwanzig oder dreißig gut bewaffnete Grenadiere , die bei der ersten Ankündigung feuerbereit sind.“

„Wenn Ihre Grenadiere schießen“, sagte Mr. Eden ruhig, „werden sie wahrscheinlich in mein Haus direkt gegenüber schießen.“

Der Mob drohte nun; Mit jedem Augenblick wuchs die Gefahr. Mr. St. John hielt eine Pistole in der Hand; und Lord North, der es sich nie verkneifen konnte, einen Witz zu machen, sagte: „Ich fürchte mich nicht halb so sehr vor der Menge wie vor Jack St. Johns Pistole.“ Nach und nach zerstreute sich jedoch die Menge, als sie sah, dass das Haus gut bewacht war, und die Herren setzten sich wieder ruhig zu ihrem Wein nieder, bis sie spät am Abend alle auf das Dach des Hauses stiegen und das Kapitell lodern sahen . Hier wurde der erste Vorschlag einer Koalition zwischen Lord North und Fox zur Rettung des Landes und sich selbst ins Leben gerufen und anschließend hinter den Kulissen des Opernhauses am Haymarket perfektioniert. In dieser denkwürdigen Nacht benahm sich Georg III. mit dem Mut, der die hannoversche Familie trotz aller Verfehlungen seit jeher ausgezeichnet hat. Durch die energischen Maßnahmen, denen er im Rat zwar spät, aber nicht zu spät zustimmte, wurde London gerettet. Aber die Volkswut hatte sich auch auf andere Städte ausgeweitet. Bath war in Aufruhr; Dort wurde eine neue römisch-katholische Kapelle niedergebrannt. Als Mrs. Thrale erfuhr, dass ihr Haus in Streatham bedroht worden war, veranlasste sie die Räumung aller Möbel. Dreimal wurde das Stadthaus von Frau Thrale angegriffen; Auch ihre Wertsachen und Möbel wurden von dort entfernt; und sie hielt es für klug, Bath zu verlassen, wo stündlich Busse mit der Aufschrift „No Popery“ fuhren. Die Gelassenheit, mit der die Randalierer ihrer Arbeit nachgingen, schien die Szene noch beängstigender zu machen, da sie diese Gewalttaten so ausführten, als würden sie einer religiösen Pflicht nachkommen und nicht als Taten abscheulichen Hasses.

Erst zwei oder drei Tage nachdem die Ruhe wiederhergestellt war, wurde Lord George Gordon festgenommen. Den Ministern wurde zu Recht vorgeworfen, dass sie ihn nicht am 2. Juni in den Tower geschickt hatten, als er die Menge versammelt und angeregt hatte, vom Unterhaus die Einhaltung ihrer Wünsche zu erpressen. Ein solcher Schritt wäre gefährlich gewesen, wenn das Haus von Menschenmassen umzingelt war und jeden Augenblick damit gerechnet wurde, dass die Tür aufgebrochen würde; Wäre das geschehen, wäre Lord George sofort gestorben. General Murray, später Herzog von Atholl, hielt sein Schwert bereit, um es in dem Moment, in dem der Mob hereinstürmte, durch Lord Georges Körper zu stoßen. Der Earl of Carnarvon, der Großvater des jetzigen Earls, folgte ihm dicht mit der gleichen Absicht.

Die Empörung der beleidigten Commons war äußerst, und die Not und der Unmut von Lord Georges eigener Familie waren zweifellos übertrieben. Das Unterhaus war noch nie zuvor so beleidigt worden. Es ist schwierig zu bestimmen, was Lord Georges Beweggründe für das Verhalten sein könnten, das zu diesen schrecklichen Ergebnissen führte, während derer er eine Gelassenheit bewahrte, die an Gefühlslosigkeit grenzte; Er war ein vollkommener Meister seiner selbst, während die Stadt in Flammen stand. Vieles kann auf den Fanatismus und die geistige Verwirrung zurückgeführt werden, die er entweder hervorrief oder zum Ausdruck brachte. Als es zu spät war, versuchte er vergeblich, die Wut, die er erregt hatte, zu zügeln, und bot an, an Lord Rodneys Seite zu stehen, als die Bank angegriffen wurde, um diesem Offizier, der die Wachen befehligte, bei ihrer Verteidigung zu helfen.

Lord George wohnte damals in der Weibeck Street, Cavendish Square, und die Überlieferung nennt als sein Haus das Haus Nr. 30, das jetzt von Herrn Newby, dem Verleger, bewohnt wurde, und viele Jahre lang das Haus des Grafen Woronzoff, des russischen Botschafters, der dort starb. Lord George bereitete sich dort auf seine Verteidigung vor, die dem großen Erskine anvertraut wurde, damals in seiner Blütezeit, oder, wie er in Karikaturen, mit denen die Geschäfte voll waren, aufgrund seiner extremen Eitelkeit genannt wurde, *Berater Ego*. Im Februar 1781 fand der Prozess statt und Lord George wurde freigesprochen. Er zog sich nach Birmingham zurück, wurde Jude und lebte in diesem Glauben oder in der Illusion, dies zu tun. Die Hunderte, die an seiner Torheit oder seinem Wahnsinn starben, wurden in seiner anschließenden Inhaftierung in Newgate für eine Verleumdung von Marie Antoinette gerächt, wofür er verurteilt wurde. Er starb wenige Jahre nach den Unruhen von 1780 in Newgate , allgemein verurteilt und wenig mitleidig.

Aus den Briefen, die Doktor Beanie an die Herzogin von Gordon richtete, geht hervor, dass sie während der Unruhen im Juni 1780 nicht in London war. Der Dichter war ihr von Sir William Forbes vorgestellt worden und besuchte Gordon Castle häufig. Wir finden ihn, während London in Flammen stand, ein Paket mit *Mirrors* , der Modezeitschrift „Count Fathom", „The Tale of a Tub" und dem phantasievollen, vergessenen Liebesroman von Bischof Berkeley, „ Gaudentio di Lucca", dorthin schickt amüsiere ihre Einsamkeit. „" Gaudentio "', schreibt er, „wird Sie amüsieren, obwohl es langweilige Passagen enthält. Die gesamte Beschreibung der Durchquerung der Wüsten Afrikas ist besonders ausgezeichnet." Es ist einzigartig, dass dieser Traum von Bischof Berkeley von einem fruchtbaren und köstlichen Land im Zentrum Afrikas in unserer Zeit durch die Entdeckungen von Doktor Livingstone fast verwirklicht wurde.

Zu seinem Geschenk an Büchern fügte Doktor Beattie eine Flasche Whisky hinzu, die er mit seinem üblichen Siegel versiegelte: „Die drei Grazien, die ich für die nahen Verwandten Eurer Gnaden halte, da sie die Ehre haben , nicht nur eines von Euch zu tragen." Ich bin sehr froh, dass Sie vor dreitausend Jahren gelebt hätten, und Sie wären der erste Seid dabei, Euer Gnaden!"

Auf diese anmutige Bewunderung folgte eine zärtliche Sorge um die Gesundheit „ihrer Gnaden". Während sich die Herzogin in Glenfiddick aufhielt , einem Jagdsitz im Herzen der Grampian Hills – einem wilden, abgelegenen Ort, den Doktor Beattie besonders liebte, wurde eine sportliche Segnung ausgesprochen .

„Ich freue mich über das gute Wetter, in dem Glauben, dass es bis nach Glenfiddick reicht , wo ich bete, dass Euer Gnaden all die Gesundheit und das Glück genießen mögen, die gute Luft, Ziegenmolke, romantische Einsamkeit und die

Gesellschaft der schönsten Kinder der Welt bieten Möge die Welt schenken. Mögen deine Tage klarer Sonnenschein sein, und möge ein sanfter Regen deine Nächte beruhigen, damit die Blumen und Birken dich am Morgen mit all ihrem Duft begrüßen mögen! ungewöhnliche Lebhaftigkeit ; und möge der Gesang der Vögel, das Summen der Bienen und der ferne Wasserfall, mit ab und zu dem Hirtenhorn, das von den Bergen erschallt, Sie mit einem vollen Chor der Highland-Musik unterhalten ! Tauchen Sie ein in tausend kleine Paradiese, in der Hoffnung, dort zu sein und jeden Tag in dieser Einsamkeit zu sehen, was ist

„Schöner als früher berühmt oder seitdem sagenumwoben,

Von Feenmädchen, die man in weiten Wäldern trifft

Von umherirrenden Rittern.'

Aber die Informationen, die Sie in Cluny erhalten haben, haben meine Fantasie auf die Probe gestellt und waren in der Tat eine große Enttäuschung für Mrs. Beattie und mich; nicht wegen der Ziegenmolke, sondern weil sie uns so lange von Eurer Gnaden fernhält.“

Als sie auf Gordon Castle war, beschäftigte sich die Herzogin mit Beschäftigungen, die ihren Geist bereicherten und gleichzeitig erfrischten. Sie versprach Doktor Beattie, ihm die Geschichte eines Tages zu schicken. Ihr Tag scheint teilweise mit dem Unterricht ihrer fünf Töchter sowie mit reger Korrespondenz und Lektüre beschäftigt gewesen zu sein. Man kann sich kaum vorstellen, dass diese vielbeschäftigte, geschmeichelte Frau ihrer Familie sonntags Blairs Predigten vorliest, die damals erst kürzlich veröffentlicht wurden; oder der Herzog, den Doktor Beattie als „astronomischer denn je“ beschreibt, der von morgens bis abends mit Mr. Copland, Professor für Astronomie am Marischal College in Aberdeen, in Berechnungen vertieft war. Beatties Briefe an die Herzogin waren zwar zu schmeichelnd, aber doch die eines Mannes, der das Verständnis der Frau respektiert, an die er schreibt. Die folgenden Anekdoten, die eine auf Hume, die andere auf Händel, finden sich in seinen Briefen an die Herzogin von Gordon und können nicht ohne Interesse gelesen werden.

„Herr Hume prahlte gegenüber dem Arzt (Gregory), dass er die Ehre habe , viele Vertreter des schönen Geschlechts zu seinen Schülern zu zählen. ‚Sagen Sie mir jetzt‘, sagte der Arzt,

‚ob Sie, wenn Sie eine Frau oder eine Tochter hätten, Du möchtest, dass sie deine Jünger sind? Denke gut nach, bevor du mir antwortest; denn ich versichere dir, was auch immer deine Antwort ist, ich werde sie nicht verbergen.' Herr Hume antwortete mit einem Lächeln und einigem Zögern: „Nein; ich glaube, dass Skepsis eine zu starke Tugend für eine Frau sein könnte." Miss Gregory wird sich sicherlich daran erinnern, dass sie gehört hat, wie ihr Vater diese Geschichte erzählt hat.

Nochmals zu Händel:

„Ich habe kürzlich zwei Anekdoten gehört, die es verdienen, schriftlich festgehalten zu werden, und die Sie gerne hören werden. Als Händels ‚Messias' uraufgeführt wurde, war das Publikum von der Musik im Allgemeinen außerordentlich beeindruckt und berührt, aber als der Refrain „Denn der Herr, der allmächtige Gott, regiert ", waren sie so begeistert, dass sie alle zusammen mit dem König (der zufällig anwesend war) aufsprangen und stehen blieben, bis der Refrain endete, und so wurde es zur Mode England, damit das Publikum stehen bleibt, während dieser Teil der Musik aufgeführt wird. Einige Tage nach der ersten Aufführung desselben göttlichen Oratoriums kam Herr Händel, um Lord Kinnoul , den er besonders gut kannte, seinen Respekt zu erweisen war natürlich, machte ihm einige Komplimente für die edle Unterhaltung, die er der Stadt kürzlich geboten hatte. „Mein Herr", sagte Händel, „es würde mir leid tun, wenn ich sie nur unterhalten würde – ich möchte sie besser machen."

Beatties glücklichste Stunden soll er auf Gordon Castle mit denen verbracht haben, deren Geschmack, der sich in mancher Hinsicht von seinem eigenen unterschied, er mitgeprägt hat; während er von der Schönheit, dem Witz und dem gebildeten Intellekt der Herzogin entzückt war und ihre Talente und Tugenden zu Recht schätzte. Während ihrer jahrelangen Freundschaft war ihre Freundlichkeit unverändert;

„Lassen Sie sich von diesen Katarakten und Brüchen nicht aus der Fassung bringen

Welcher zu oft dazwischengelegte Humor macht das aus."

Die Herzogin hatte aufrichtiges Mitgefühl für die häuslichen Sorgen der armen Beattie; für die Eigenheiten seiner Frau, die er als „nervös" bezeichnete; für den frühen Tod seines

Sohnes, an den alle Zuneigung des Dichters gebunden war und auf dessen Wohlergehen jeder seiner Gedanken gerichtet war.

Man würde seine Eindrücke von der Figur der Herzogin von Gordon gerne von Beattie übernehmen und nicht aus der Feder politischer Schriftsteller, die sie nur als Parteigängerin kannten. Laut Beattie reagierte die Herzogin gefühlvoll auf jeden feinen Impuls; demonstrativ, verabscheut die Kälte anderer; das Leben jeder Partei; der tröstende Freund jeder Szene des Kummers; eine Verbindung aus Sensibilität und Lebendigkeit, aus Stärke und Sanftheit. Dies ist nicht die Ansicht, die die Welt über ihren Charakter hatte. Beattie verließ Gordon Castle stets „unter Seufzern und Tränen". Es ist viel, zu den vorübergehenden Glücksstrahlen beigetragen zu haben, die ein so guter und so leidender Mann genießt. „Ich kann nicht denken", schrieb er, als er unter dem Druck des gefürchteten Unglücks stand – dem, seine Frau verrückt zu sehen; „Ich bin zu aufgeregt und *zerstreut* (wie Lord Chesterfield sagen würde), um etwas zu lesen, das nicht sehr flüchtig ist; ich kann nicht Karten spielen; ich könnte nie lernen zu rauchen; und meine musikalischen Tage sind vorbei. Mein erster Ausflug, wenn überhaupt." Ich mache welche, muss nach Gordon Castle gehen.

Dort fand er, was für einen solchen Mann unverzichtbar ist: Sympathie. Unterhaltung war nicht das, was er brauchte; es war beruhigend. In Anwesenheit der Herzogin schrieb er die folgenden „Zeilen für eine Feder":

„Geh und lass dich von den hellsten Augen leiten,

Und der sanftesten Hand gib deine Hilfe;

Um die fairen Ideen zu verfolgen, während sie entstehen,

Warm aus dem reinsten, sanftesten, edelsten Herzen;"

Zeilen, in denen das Lob mehr wert ist als die Poesie. Die Herzogin schickte ihm eine Smith-Kopie ihres Porträts von Sir Joshua Reynolds, ein Bild, auf das bereits Bezug genommen wurde.

Im Jahr 1782 trauerte die Herzogin um den Tod von Lord Kaimes , mit dem sie eine aufrichtige Freundschaft verband, obwohl die religiösen Ansichten dieses berühmten Mannes sich stark von denen Beatties unterschieden. Lord Kaimes war

56 Jahre lang Autor, zusammen mit dem exzentrischen Lord Monboddo , dem Autor der Theorie, dass Männer einen Schwanz hatten. Lord Kaimes verbrachte kurz vor seinem Tod einige Tage auf Gordon Castle. Monboddo und er verabscheuten einander und stritten sich unaufhörlich. Lord Kaimes verstand kein Griechisch; und Monboddo , der in Bezug auf Griechisch und Aristoteles genauso verrückt und langweilig war und in dieser Hinsicht ebenso absurd und eigenartig war wie Don Quijote in Bezug auf Ritterlichkeit, sagte ihm, dass er ohne Griechischkenntnisse keine Seite gutes Englisch schreiben könne. Ihre Argumente müssen höchst amüsant gewesen sein. Lord Kaimes hinterließ auf seinem Sterbebett eine Erinnerung an die Herzogin von Gordon, die ihn zu Recht geschätzt hatte, und verteidigte ihn vor dem Vorwurf des Skeptizismus. Lord Monboddo verglich die Herzogin mit Helena von Troja, von der er behauptete, sie sei sieben Fuß groß gewesen; aber ob es sich um Statur, Schönheit oder die Umstände ihres Lebens handelt, zeigt sich nicht.

Das Glück der Herzogin wurde durch die Segnungen, die ihr in ihrer Familie zuteil wurden, vervollkommnet. Im Jahr 1770 wurde ihr ältester Sohn George geboren, der in Schottland lange Zeit als Marquis von Huntley geliebt wurde. Doktor Beattie beschreibt ihn als „den besten und schönsten Jungen, der je geboren wurde". Er erwies sich als einer der beliebtesten jungen Adligen dieser Zeit. Doktor Beattie riet der Herzogin dringend, einen Englischlehrer, einen Geistlichen, für ihn zu engagieren, der entweder vom Erzbischof von York oder vom Propst von Eton empfohlen werden sollte. Als sich später die Frage stellte, ob der junge Erbe nach Oxford oder nach Cambridge gehen sollte, räumte der Arzt, der anscheinend eine universelle Autorität war, ein, dass Cambridge für einen studierenden Mann am besten geeignet sei, während Oxford mehr Mut und Mut habe es: so wenig hat sich seitdem geändert.

Es scheint, dass bis zur Geburt eines zweiten Sohnes, Alexander, fünfzehn Jahre vergangen waren. Beide Nachkommen dieses herzoglichen Hauses wurden Militärs: Der junge Marquis war Oberst der Scots Fusileer Guards, diente im Halbinselkrieg und wurde schließlich Gouverneur von Edinburgh Castle. Viele Offiziersbrüder und alte Soldaten erinnerten sich lange an ihn als einen tapferen, höflichen und fröhlichen Mann. mit einigen Fehlern und allen Tugenden des

militärischen Charakters. Er heiratete spät in seinem Leben
Elizabeth, Tochter von Alexander Brodie, Esq., aus Arnhall ,
NB, die ihn überlebte. Lord Alexander Cordon starb
unverheiratet; aber fünf Töchter trugen durch edle und
wohlhabende Bündnisse zum Glanz der Familie bei.

Wraxall bemerkt, „dass die ehelichen Pflichten der Herzogin
von Gordon ihr Herz weniger stark belasteten als ihre
mütterlichen Sorgen." Für ihre Erhebung war ihr in der Tat
kein Opfer zu groß und keine Anstrengung zu mühsam.
Aufgrund des Erfolgs ihrer Ehespekulationen wurde sie mit
Sarah, Herzogin von Marlborough, verglichen, die zu ihren
Schwiegersöhnen zwei Herzöge und drei Grafen zählte. Aber
die Töchter der stolzen Sarah waren, wie beobachtet wurde,
die Kinder von John Churchill, und auf ihnen wurden
nacheinander Blenheim und das Herzogtum niedergelassen.
Die Ladies Gordon hatten keine Portionen und waren weitaus
weniger schön als ihre Mutter. Allein ihrer geschickten
Diplomatie waren diese glänzenden Vermögen zu verdanken.

Lady Charlotte, die Älteste, war achtzehn Jahre alt, als ihre
Mutter zum ersten Mal Heiratspläne für sie hegte und für
deren Ziel keine geringere Persönlichkeit als Pitt, den
damaligen Premierminister, wählte. Ihre Pläne hätten sich
möglicherweise als erfolgreich erwiesen, wenn Pitt nicht dieses
sichere Hindernis für die mütterliche Führung gehabt hätte —
einen Freund. Dieser Freund war der subtile Henry Dundas,
später Lord Melville; einer jener Männer, die unter dem
Anschein unvorsichtiger Manieren und einer freien, offenen
Haltung die tiefsten Absichten persönlicher Vergrößerung
verbergen . Dundas, der Indien regierte, Schottland regierte
und als Stellvertreter in Edinburgh Stellen und Pensionen
bekleidete, freute sich auf die Ernennung zum Adelsstand und
behielt Pitt stets im Auge, den er in vielen Angelegenheiten
anleitete, indem er sein Verhalten und seine Gespräche an den
eigentümlichen Ton des Landes anpasste Geist des Ministers.
Schmeicheleien benutzte er nie — Diktate vermied er
sorgfältig; beides wäre seinem Einfluss auf den
zurückhaltenden Staatsmann abträglich gewesen.

Pitt hatte keineswegs die Absicht, die Zuneigung eines
blühenden Mädchens von achtzehn Jahren zu gewinnen, das,
was auch immer Wraxall gedacht haben mochte, eine der
schönsten und anmutigsten Frauen ihrer Zeit wurde. Vor
vielen Jahren, zu Lebzeiten von Sir Thomas Lawrence, wurde

sein Porträt der Herzogin von Richmond, ehemals Lady Charlotte Cordon, im Somerset House ausgestellt. Der weibliche Charme dieses schönen Gesichts war so exquisit, die Form, die er dargestellt hatte, so elegant, dass alle zusammenströmten, um das Bild einer Frau zu betrachten, die nicht mehr jung war; während Schönheiten in der Blüte der Jugend vorbeizogen, die in allen leuchtenden Farben der Mädchenzeit an den Wänden hingen.

Während Pitts intimsten Kontakt mit der Herzogin schien er von den Reizen Lady Charlottes berührt gewesen zu sein und ihr einige Aufmerksamkeiten geschenkt zu haben. Er war einer der steifsten und schüchternsten Männer, von feiner Figur, aber schlichtem Gesicht; der letzte Mann, der fasziniert ist, der letzte, der fasziniert. Fährt zu Dundas' Haus in Wimbledon, als Pitt dort war; Abende zu Hause, im lockeren Gespräch mit diesen beiden Politikern; Abendessen, bei denen der Premier und der härtere Schotte stets seine Flasche austrank, brachten den zurückhaltenden William Pitt nicht nach vorne. Tatsache war, dass Dundas niemandem, geschweige denn der Herzogin von Gordon, erlauben konnte, die Macht über den Premierminister auszuüben, die eine so enge Beziehung mit sich bringen würde. Er zitterte um seinen eigenen Einfluss. Er war damals Witwer und seine Frau, eine Miss Rennie aus Melville, die von ihm geschieden worden war, war tot. Er gab vor, seine eigene Person und sein eigenes Vermögen Lady Charlotte zu Füßen zu legen. Pitt zog sich sofort zurück, und das Opfer kostete ihn wenig; Als Dundas' Einwand beantwortet wurde, scheiterten auch seine Ansprüche. Zwei Jahre später wurde Lady Charlotte die Frau von Colonel Lennox, dem späteren Herzog von Richmond, und im Laufe der Jahre Mutter von vierzehn Kindern; Einer von ihnen, Henry Adam, ein Midshipman, fiel 1812 von der *Blake über Bord* und ertrank. Laut Wraxall musste der Herzog von Richmond die Strafe für das, was er „diese unvorsichtige, wenn nicht sogar unglückliche Ehe" nennt, bezahlen, indem er unter dem Namen Gouverneur an die verschneiten Ufer des St. Lawrence verbannt wurde.

hat unser junger, vielversprechender Adel die wichtige Wahrheit gelernt, die von Thomas Carlyle geschickt durchgesetzt wurde, dass die Arbeit nicht nur das vom Menschen bestimmte Los ist, sondern auch sein höchster Segen und Schutz. Die aufstrebenden Mitglieder verschiedener Adelsfamilien haben sich dieses Axiom zu Herzen genommen; und wenn sie nicht in öffentlichen Angelegenheiten tätig sind, sind sie großmütig hervorgetreten, um die Unglücklichen zu beschützen, für die Jungen zu sorgen und die Alten zu trösten. Der Name Shaftesbury trägt in seinem Klang Dankbarkeit und Trost in sich; während derjenige von ihm, der einst in der Kabale eine Rolle spielte, der Shaftesbury zur Zeit Karls II., zwar nicht vergessen ist, aber mit Abscheu in Erinnerung bleibt. Zerlumpte Schulen; Versorgungsschulen; Asyle für die betagte Gouvernante; Häuser, in denen die Schwindsüchtigen in Frieden ihr Haupt niederlegen und sterben können; Asyle für Büßer; Asyl für Idioten; Häuser, in denen die Obdachlosen ruhen können – das sind die Denkmäler für unser Shaftesbury, für unsere jüngeren Söhne. Der bloße politische Aufstieg – das Strumpfband oder die Krone – sind Unterscheidungen, die davor verblassen, ebenso wie der Mond, wenn die Morgendämmerung die Berggipfel mit Lichtfluten berührt. Als Dozenten inmitten ihres eigenen Volkes, als beste Freunde und Ratgeber der Bedürftigen, als Menschen, die durch Interessengemeinschaft an Menschen gebunden sind, stehen unsere Adligen in vielen Fällen vor uns – sowohl katholische als auch protestantische Eiferer.

„Jock of Norfolk" wird durch einen Nachkommen edler Impulse dargestellt. Elgin, Carlisle, Stanley – der Bruce, der Howard, der Stanley früherer Tage – sind unsere wahren Helden der Gesellschaft, Männer mit großen Zielen und großen Kräften.

Die Herzogin von Gordon war unermüdlich in ihrem Ehrgeiz, aber es gelang ihr nicht immer, Herzöge zu verwickeln. Ihre zweite Tochter, Madelina, war zunächst mit Sir Robert Sinclair verheiratet; und zweitens an Charles Fyshe Palmer, Esq., aus Luckley Hall, Berkshire. Lady Madelina war nicht schön, aber äußerst angenehm, lebhaft und intellektuell. Zu ihren weiteren Eroberungen gehörte der berühmte Samuel Parr aus Hatton, der es immer genoss, sie zu lobpreisen und ihre Vollkommenheiten mit viel von jener Beredsamkeit aufzuzeichnen, die jetzt schnell aus der Erinnerung verblasst, die aber ein Teil *der* Feierlichkeiten war Griechisch. Susan, die dritte Tochter des Herzogs und der Herzogin, heiratete William, Herzog von Manchester, und kam so mit einem

Nachkommen von John, Herzog von Marlborough, in Kontakt.

Louisa, die vierte Tochter, heiratete Charles, den zweiten Marquis Cornwallis und Sohn des zu Recht gefeierten Gouverneurs von Indien; und Georgiana, die fünfte und jüngste, wurde die Frau von John, dem verstorbenen Herzog von Bedford.

Solche Allianzen hätten den Ehrgeiz der meisten Mütter befriedigt; aber für ihre jüngste und schönste Tochter, die Herzogin von Bedford, hatte die Herzogin von Cordon ihrer Meinung nach sogar höhere Ansichten hegten. Im Jahr 1802, als Bonaparte erster Konsul war und eine Kaiserkrone erwartete, besuchte die Herzogin von Gordon Paris und empfing dort solche Auszeichnungen von Napoleon Bonaparte, dem damaligen ersten Konsul, dass in ihr die Hoffnung auf ein Bündnis mit dem Mann geweckt wurde, der … vor ein paar Jahren hätte sie es wahrscheinlich als Abenteurerin bezeichnet!

Paris war damals, während des kurzen Friedens, mit Festen, Kritiken und dramatischen Vergnügungen beschäftigt, deren Bericht dazu führt, dass man sich fast im Jahr 1852, dem Staatsstreich , und nicht in der Zeit von 1802 fühlt. Die Wirbelstürme Die Revolution schien damals wie heute alles unverändert gelassen zu haben; Der Charakter des Volkes, das immer noch vergnügungssüchtig und zuversichtlich war, war oberflächlich betrachtet fröhlich und fröhlich wie eh und je. Bonaparte, der in den Tuilerien mit all seiner majestätischen Pracht seine Levées hält , erinnert einen an seinen Neffen, der ähnliche Zeremonien im Élysée-Palast durchführte, bevor er den Purpur annahm. Alle republikanische Einfachheit wurde aufgegeben und in beiden Epochen wurde bei öffentlichen Anlässen der reichhaltigste Geschmack zur Schau gestellt.

Stellen wir uns dann an einem Empfangstag den alten, malerischen Palast der Tuilerien vor; und der auf die Sinne gemachte Eindruck wird für das moderne Drama dienen; sei es eine Komödie oder sei es eine Tragödie, die in diesen stattlichen Räumen gespielt werden soll, in denen so viele Schauspieler ihrem Untergang entgegengegangen sind.

Es ist Mittag, und der Erste Konsul empfängt eine Schar von Botschaftern in der Konsularwohnung, wahrscheinlich im „ *Salle des Maréchaux* " von Napoleon III. Darin versuchen die

Gesandten aller europäischen Staaten zu verstehen, was niemand jemals ergründen konnte: die Gedanken des Konsuls. Mischen wir uns nicht in ihre Konferenz ein, sondern schauen wir uns um und betrachten die Galerie, in der wir warten, bis er, der gestern so klein war und der heute so groß ist, unter uns hervortreten wird.

Wie prachtvoll ist die alte Galerie mit ihren vielen Fenstern, ihrem prächtigen Dach und den vergoldeten Paneelen! Die Lakaien des ersten Konsuls bringen in prächtiger Livree Stühle für die Damen, die auf die Ankunft des Sohnes dieses Schulmeisters warten. Sie warten, bis die gewichtige innere Konferenz beendet ist. Herrlich gerüstete Friedensoffiziere gehen auf und ab, um die Damen auf ihren Plätzen und die Herren auf den Rängen zu halten, um einen Durchgang für den ersten Konsul zu schaffen. Schwarz gekleidete Pagen der Hintertreppe mit goldenen Ketten um den Hals stehen neben der Tür, um sie zu bewachen oder sie zu öffnen, wenn derjenige herauskommt, auf den alle Gedanken gerichtet sind.

Aber was über alles Auffällige hinausgeht, ist die Reihe von Bonapartes Adjutanten – feine, kriegserprobte Kerle – Männer, wie er, und er allein, sie wählen würde; und so prächtig, so strahlend sind ihre Uniformen, dass alles andere im Vergleich dazu wie im Schatten erscheint.

Inzwischen füllen sich die Gärten der Tuilerien mit Truppen, die der erste Konsul überprüfen wird. Mittlerweile gibt es dort Zuaven; aber das sind Männer, die die Sonnen der Tropen hassen, wenn sie geschmückt werden; kleine Kerle, viele von ihnen, von jeder Größe, wie wir sie in unseren tapferen Reihen zu Trommlern machen könnten; aber sehen Sie, wie muskulös, aktiv und voller Feuer sie sind; wild wie Falken, unerbittlich wie Tiger. Sehen Sie die berittenen Soldaten auf ihren dürren Rössern; Beobachten Sie ihre Entwicklungen, und Sie werden mit einem jungen Gardisten, der fünfzig Jahre später die Truppen betrachtete, die Napoleon III. nach Paris folgten, zugeben, dass „sie einen Blick wert sind".

Die lange Stunde ist vorbei; die schwarzen Seiten sind offenbar auf der Uhr; die Doppeltür, die in den *Salle des Maréchaux führt*, wird von innen geöffnet; Eine strengere Linie wird von den Beamten auf der Galerie sofort eingehalten. Helle Gesichter, darunter viele Engländer, sind rot. Gleich darauf erscheint er, während ein Offizier an der Tür mit einer über den Kopf erhobenen und ausgestreckten Hand ruft: „ *Le Premier Consul* .“

Er geht voran, eine feste, kleine, stämmige Gestalt, mit hängenden Schultern unter seinem engen, tiefblauen Kleid. Sein Schritt ist eher schwerfällig als majestätisch – der eines Mannes, der beim Gehen einen Sinn hat und nicht nur, um sich als Parade zu zeigen. Sein Kopf ist groß und von einer Perfektion geformt, die wir klassisch nennen; Seine Gesichtszüge sind edel, geformt von der Hand der Natur, die diesen Mann tatsächlich „furchterregend“ und „wunderbar“ umrahmte. Nichts war jemals schöner als sein Mund – nichts enttäuschender als sein Auge; es ist schwer, fast traurig. Sein Gesicht ist blass, fast blass, während – lassen Sie jemanden sagen, der ihn sah – „nicht nur im Auge, sondern in jedem Gesichtszug, Sorge, Gedanken, Melancholie und Meditation stark ausgeprägt sind, mit so viel Charakter, ja, Genialität.“ , und so durchdringend eine Ernsthaftigkeit, oder vielmehr Traurigkeit, so kraftvoll, dass sie in den Geist eines Betrachters eindringt.

Es ist das Gesicht eines Studenten, nicht eines Kriegers; von jemandem, der tief in unpraktischer Meditation versunken ist, nicht von jemandem, dessen jede Handlung und jeder Plan damals nur ein Gewebe von Erfolgen gewesen war. Es ist das Gesicht eines Mannes, der tief in Gedanken versunken ist, nicht das des Helden des Schlachtfeldes, des Herrschers der Versammlungen; Und als wollte er den Kontrast perfektionieren, geht er, während alles ringsum prachtvoll und strahlend ist, ohne eine einzige Verzierung auf seinem schlichten Kleid vorbei, nicht einmal einen Stern, der den ersten Konsul kennzeichnet. Es ist gut; Es kann nur einen Napoleon auf der Welt geben, und er will keinen Unterschied.

Ihm folgen Diplomaten aller europäischen Mächte, mehr oder weniger alle Vasallen außer England; und an England und seine Söhne und Töchter sind die am meisten geschätzten Höflichkeiten gerichtet. Erinnert das nicht an die gegenwärtige Politik?

An seiner Seite geht ein hübscher junger Mann, den er gerade dem bayerischen Minister vorgestellt hat – diesem Gesandten aus einem fremden, wilden Land, das nur durch die verbissene Tapferkeit seiner Bergsteiger bekannt ist. Der Herrscher dieses Landes, bisher ein Kurfürst, wurde von Napoleon dem Mächtigen zum König gegrüßt.

Auf den Jüngling, der ihn mit *„mon"* anredet *Darüber hinaus* ist ein kleiner Blick erlaubt, selbst aus den niedergeschlagenen Augen, in die niemand jemals zu tief blicken darf. Eugène Beauharnais, sein Stiefsohn, der Sohn seiner geliebten Josephine, hat einen Platz in diesem unbarmherzigen Herzen. „Alle sind nicht böse." Ist es eine Ahnung von der elterlichen Liebe, ist es der Ehrgeiz, der den ersten Konsul dazu bringt, immer von diesem hübschen jungen Mann begleitet zu werden, der so faszinierend ist wie seine Mutter, freizügig wie sein Stiefvater, aber gleichzeitig bar der Sensibilität des ersteren und des zweiten? mächtige Intelligenz des letzteren?

Auf ihm – auf Eugène Beauharnais – ruhen die Hoffnungen der stolzen Herzogin von Gordon. Zum Glück für sie, die sie ihm gerne als Braut gegeben hätte, scheiterte ihr Plan. Ein solches Opfer war unvollständig.

Schauen Sie jetzt aus den Fenstern dieser Galerie. Lassen Sie Ihren Blick auf der Parade unten in der Rue de Rivoli ruhen, durch die Bonaparte an der Spitze seines Stabes zur Rezension reitet. Er hat ein wunderschönes weißes Pferd bestiegen; seine Adjutanten sind an seiner Seite, gefolgt von seinen Generälen. Er reitet so nachlässig weiter, dass ein gewöhnlicher Richter ihn einen gleichgültigen Reiter nennen würde. Er hält sein Zaumzeug erst in der einen, dann in der anderen Hand und hat das Tier dennoch perfekt im Griff; er kann es mit einer einzigen Bewegung meistern. Während er einige Ehrenschwerter präsentiert , verändern sich die gesamte Haltung und das Aussehen des Mannes. Er ist nicht länger der melancholische Student; Er streckt seinen Arm aus und seine strenge, schulische Miene nimmt augenblicklich eine militärische und gebieterische Miene an.

Dann marschiert die Konsularkapelle in Marsch, und die Truppen folgen in großer Folge in Richtung der Champs-Élysées. Die Menschenmassen innerhalb der Galerie verschwinden; Ich schaue mich um: Die Hecken der Menschen, die zurückgetreten waren, um den Helden passieren zu lassen, sind zerbrochen, und alle eilen davon. Die Seiten faulenzen; die Hilfskräfte sind verschwunden; Schon breitet sich Stille über die riesige Galerie alter historischer Erinnerungen aus. Sinken unsere Herzen nicht? Hier, in diesem mittleren Fenster, zeigte Marie Antoinette der wütenden Menge unten ihren kleinen Sohn. Sie stand vor mitleidslosen Augen. Glücklicher wäre es für ihn und für sie gewesen, wenn sie damals gestorben wären. Werden sich diese Szenen, dachten wir, jemals wiederholen? Sie haben – sie haben! gnädigerweise gemildert, das ist wahr; Doch rücksichtslose Hände haben ihre reichen Behänge von diesen Wänden gerissen. Durch diese Tür entkam der Sohn von Égalité. Zweimal wurde dieser ehrwürdige Haufen geschändet. Schon im Jahr 152, als die Massen zum ersten Ball Napoleons III. strömten, wurden die Tänzer auf die Spuren der letzten Revolution hingewiesen. Sie haben die Böden verdunkelt; Alles ist zwar nicht nur renoviert, sondern auch verschönert, so dass es sich um den prächtigsten aller modernen Paläste handelt; noch wie lange?

Es ist tatsächlich die Barmherzigkeit, dass uns viele unserer Wünsche verweigert werden. Eugène Beauharnais war schon damals für eine Braut bestimmt, die er nie gesehen hatte, die älteste Tochter jenes Kurfürsten von Bayern, dem Bonaparte das Königtum verliehen hatte; und die Schwester von Ludwig, dem ehemaligen König von Bayern, war die auserwählte Schöne. Sie waren verheiratet; und sie war auf jeden Fall liebevoll, treu, ja sogar hingebungsvoll. Er wurde zum Herzog von Leuchtenberg ernannt, und Marie von Leuchtenberg war schön, majestätisch, fromm, anmutig; aber sie konnte sein Herz nicht behalten. So schön war sie, mit diesen süßen blauen Augen, dieser perlenartigen Haut, dieser schönen Gestalt, die geschaffen war, um die Juwelenbestände zur Geltung zu bringen , die die arme Josephine ihr hinterlassen hatte – so schön war sie, dass, als Bonaparte sie vor ihrer Braut sah, Er äußerte diese wenigen Worte: „Hätte ich es gewusst, hätte ich sie selbst geheiratet.“ Dennoch stand sie in seiner Zuneigung nur an zweiter, vielleicht dritter, vielleicht vierter Stelle (so ist es in Frankreich). Dennoch, als er starb – und das war in seiner Jugend, und Thorwaldsen hat ihm in der Domkirche zu München ein edles Denkmal gesetzt – , als diese letzte Trennung kam, der viele freiwillige Trennungen vorausgingen, seine Witwe trauerte, und keine zweite Braut konnte sie jemals dazu verleiten, das Andenken an Eugène Beauharnais abzusagen.

Für Lady Georgiana Gordon war ein glücklicheres Schicksal vorgesehen. Sie heiratete 1803 John, den sechsten Herzog von

Bedford, einen Adligen, dessen Charakter in einem strahlenderen Licht erschienen wäre, wenn er nicht die Nachfolge eines außergewöhnlich begabten Bruders angetreten hätte, und dessen Tod als öffentliches Unglück angesehen wurde. Über Francis, Herzog von Bedford, der in seinem siebenunddreißigsten Lebensjahr abberufen wurde, sagte Fox: „In seinen Freundschaften war er nicht nur desinteressiert und aufrichtig, sondern in ihm waren alle charakteristischen Vorzüge vereint, die ihn jemals ausgezeichnet haben." Die Männer, die für diese Tugend am meisten bekannt sind, sind warmherzig, aber auch beständig und unbeständig; Am Anfang des Jahres, und Sie haben nichts getan, um seine Wertschätzung zu verlieren, würde er Sie am Ende mehr lieben, so war der durchweg fortschrittliche Zustand seiner Zuneigung, nicht weniger als seiner Tugend und Freundschaft.

John, Herzog von Bedford, war ein Witwer von siebenunddreißig Jahren, als er Georgiana heiratete, die als die anmutigste, gebildetste und charmanteste aller Frauen in Erinnerung blieb. Der Herzog hatte damals fünf Söhne, der jüngste davon war Lord John Russell und der älteste Francis, der jetzige Herzog. Mit seiner zweiten Herzogin Georgiana hatte der Herzog auch eine große Familie. Sie überlebte bis 1853. Die Pläne der Herzogin, Lady Georgiana zunächst mit Pitt und dann mit Eugène Beauharnais zu verheiraten, beruhen auf der Autorität von Wraxall , der die Familie des Herzogs von Gordon persönlich kannte; aber er gibt nicht an, dass sie aus seinem eigenen Wissen stammen. „Ich habe gute Gründe", sagt er, „zu glauben, dass sie auf der Wahrheit beruhen. Sie stammen von sehr hoher Autorität."

Ungeachtet der Vorliebe des Prinzen von Wales für die Herzogin von Devonshire stand er zu dieser Zeit mit ihrer Rivalin auf dem Gebiet der Mode in sehr vertrautem Verhältnis und verbrachte fast jeden Abend in der Gesellschaft der Herzogin von Gordon. Sie behandelte ihn mit äußerster Vertraulichkeit und drückte sich selbst in sehr heiklen Punkten sehr frei aus. Die Aufmerksamkeit der Öffentlichkeit war schon seit einiger Zeit auf die komplizierten Schwierigkeiten der Situation des Prinzen von Wales gerichtet. Seine Schulden waren mittlerweile zu einer unerträglichen Belastung geworden; Da alle Anträge an seinen königlichen Vater erfolglos waren, beschlossen seine Freunde, seine Königliche Hoheit auf die Großzügigkeit des Unterhauses zu verlassen. An der Spitze derjenigen, die hofften, den Prinzen aus seinen Verlegenheiten zu befreien, standen Lord Loughborough, Fox und Sheridan. Die Ministerpartei stand unter der Leitung von Pitt, der seine Entschlossenheit bekundete, das Thema einer strengen Untersuchung zu unterziehen.

Diese Untersuchung bezog sich hauptsächlich auf die Ehe des Prinzen mit Frau Fitzherbert, die als römisch-katholische Frau trotz ihrer Tugenden, ihres heilsamen Einflusses auf den Prinzen und ihrer Verletzungen sowohl für den Hof als auch für das Land besonders unausstehlich war.

Während dieser Konjunktur fungierte die Herzogin von Gordon als Vermittlerin zwischen den beiden Konfliktparteien und beriet, tröstete und tadelte den Prinzen, der sich ihrer Freundlichkeit hingab, abwechselnd. Nichts könnte aussichtsloser sein als die Angelegenheiten des Prinzen, wenn eine Untersuchung der Ursache seiner Schwierigkeiten stattfinden würde; Nichts wäre für seine königlichen Eltern weniger erstrebenswert als die öffentliche Enthüllung seines Lebens und seiner Gewohnheiten. Die Welt wusste bereits genug und zu viel und war überzeugt, dass er tatsächlich mit Frau Fitzherbert verheiratet war. In dieser Krise wurde die niederträchtige Lüge, die diese Verbindung leugnete, vom Prinzen genehmigt, von Sheridan geduldet, der sie teilweise im Repräsentantenhaus verkündete, und von Fox vollzogen. Eine denkwürdige, melancholische Szene spielte sich am 8. April 1787 im Unterhaus ab – ein Tag, den die Bewunderer der Whig-Führer gerne aus den Annalen des Landes streichen würden. Rolle, später Lord Rolle, nachdem er auf die Ehe Bezug genommen hatte, verwies Fox auf seine Anspielung und erklärte, es handele sich um eine niederträchtige, böswillige Verleumdung. Als Antwort räumte Rolle die rechtliche Unmöglichkeit der Ehe ein, behauptete jedoch, „dass es Formen gab, in denen sie hätte stattfinden können". Fox antwortete, dass er dies sowohl sachlich als auch rechtlich bestritten habe, da die Sache in keiner Weise geschehen sei. Rolle fragte dann, ob er aus Autoritätsgründen spreche. Fox antwortete bejahend, und hier endete der Dialog, und im ganzen Haus und auf den überfüllten Galerien herrschte tiefes Schweigen. Diese Gruppe englischer Herren drückte ihre Verachtung durch diese unheilvolle Stille, die in dieser Versammlung so ungewöhnlich war, deutlicher aus, als es jede Beredsamkeit hätte tun können. Pitt stand abseits; würdevoll, verächtlich und still. Sheridan verlangte von Rolle ein Zeichen der Genugtuung über die Information; aber Rolle erwiderte lediglich, dass er tatsächlich eine Antwort erhalten habe, dass sich das Haus jedoch eine eigene Meinung dazu bilden müsse. In den anschließenden Diskussionen wurde dennoch ein Kanal für gegenseitige Zugeständnisse geöffnet – was schließlich in der Befreiung des Prinzen von finanziellen Peinlichkeiten endete, die zum Teil darauf zurückzuführen waren, dass der König die Einnahmen des Herzogtums Cornwall für seinen eigenen Gebrauch verwendet hatte. und er weigerte sich, über die Volljährigkeit des Prinzen Rechenschaft abzulegen. Es war die Vermittlung der Herzogin von Gordon, die die Angelegenheit umgehend zu einem Abschluss brachte, und durch ihre Darstellung wurde Dundas nach Canton House geschickt, um vom Prinzen das Ausmaß seiner Verbindlichkeiten zu ermitteln; Es wurde zugesichert, dass unverzüglich Maßnahmen zur Ablösung Seiner Königlichen Hoheit ergriffen würden. Das Gespräch wurde durch eine beträchtliche Menge Wein belebt; und nach ziemlich langem Ausgießen der großzügigen Schüssel wurden Dundas' Versprechen energisch bestätigt. Nie gab es einen Mann, der „formbarer" war, um Wraxalls Ausdruck zu verwenden, als Harry Dundas. Bald darauf hatte Pitt eine ebenso freundschaftliche Audienz mit dem Prinzen.

Von dieser Zeit bis nach Pitts Tod im Jahr 1806 blieb der Einfluss der Herzogin von Cordon auf dem Vormarsch. Die letzten Jahre des Mannes, den sie für ihren Schwiegersohn bestimmt hatte und mit dem sie jemals die größte Intimität gelebt hatte, waren getrübt. Pitt hatte nicht nur das Unglück, ein Mann des öffentlichen Lebens zu sein – denn das zu sagen bedeutete ein Opfer des Glücks –, sondern auch, ein Mann des öffentlichen Lebens zu sein. Er würde sich weder der Ehe, noch den Büchern, noch der Landwirtschaft, noch nicht einmal der Freundschaft zuwenden, um einen Geist zur Ruhe zu bringen, der aus unersättlichem Ehrgeiz keine Ruhe finden konnte. Er starb verschuldet – in Angst und Trauer um sein Land. Er soll nie verliebt gewesen sein. Mit vierundzwanzig besaß er den Scharfsinn, die Besonnenheit und die Zurückhaltung eines Fünfzigjährigen. Sein übermäßiger Weinkonsum beeinträchtigte seine Konstitution, löste jedoch nur wenige Kommentare aus, da seine Gefährten freizügiger tranken, als dies bei Amtsträgern seit der Zeit Karls II. der Fall gewesen war. Ungeliebt lebte er; und allein, vernachlässigt, ungeweint starb er. Dass ihm das Geld gegenüber edel gleichgültig war und dass er eine Verachtung für alles Gemeine, Bestechliche oder Falsche hegte, war damals kein gewöhnliches Verdienst.

Während des Trubels aus Fröhlichkeit, Politik und Heiratsvermittlung las die Herzogin von Gordon weiter und korrespondierte mit Beattie über Themen, die von weniger vergänglichem Interesse waren als die Fraktionen der Stunde. Beattie schickte ihr seinen „Essay über Schönheit" zum Lesen im Manuskript; Er schrieb ihr über Petrarca, über Lord Monboddos Werke und Burkes Buch über die Französische Revolution – Werke, für deren Lektüre die Herzogin Zeit fand und die sie analysieren wollte . Ihre Freundschaft, die sie so sehr ehrte , hielt bis zu seinem Tod im Jahr 1803 an.

Die Lebensjahre, die der Herzogin von Gordon noch blieben, müssen durch die Geburt ihrer Enkelkinder und durch das Versprechen ihrer Söhne George, später Herzog von Gordon, und Alexander erfreulich gewesen sein. Die Krankheit Georgs III., die Prozesse gegen Hastings und Lord Melville, der allgemeine Krieg waren die Ereignisse, die die politische Welt, für die sie jemals ein lebhaftes Interesse zeigte, am meisten veränderten. Sie starb 1812 und der Herzog heiratete bald darauf Frau Christie, von der er keine Kinder hatte.

Das Herzogtum Gordon erlosch mit seinem Tod; und der gegenwärtige Vertreter dieser großen Familie ist der Marquis von Huntley.

GEORGIANA, HERZOGIN VON DEVONSHIRE

Georgiana, Herzogin von Devonshire aus dem Gemälde von Gainsborough

Ungeachtet der Reinheit der Moral, die der Hof Georgs III. auferlegte, bietet die frühe Zeit seiner Herrschaft ein Bild von ausschweifenden Manieren und wütendem Parteigeist. Die vornehmsten unserer vornehmen Damen beschäftigten sich mit Spielen oder widmeten sich der Politik; derselbe Geist trug sie in beide hinein. Der Sabbat wurde missachtet, oft auf Karten ausgegeben oder durch Versammlungen von Partisanen beider Fraktionen entweiht; Moralische Pflichten wurden vernachlässigt und der Anstand missachtet.

Tatsache war, dass ein kleines Gericht zum Zentrum all der schlechten Leidenschaften und verwerflichen Bestrebungen geworden war, die in Mode waren. Carlton House in der Pall Mall, an das sich selbst die Ältesten von uns kaum erinnern können, mit seinem eleganten, offenen Schirm mit Säulen davor, seinem niedrigen Äußeren, seinen vielen kleinen Räumen, dem vulgären Geschmack seiner Dekorationen und, um das zu krönen Insgesamt war Canton House in den Tagen des guten Königs George ein fast ebenso großer Skandal für das Land wie Whitehall zur Zeit des ungebührlichen Königs Charles II.

Der Einfluss, den das Beispiel eines jungen Prinzen mit überaus populären Manieren auf den jungen Adel des Reiches ausübte, muss in der Erzählung dieses so brillanten und so verschwendeten Lebens berücksichtigt werden; so gesegnet zu Beginn, so trostlos am Ende – das Leben von Georgiana, Herzogin von Devonshire. Georgiana Spencer stammt im dritten Grad von Sarah, der Herzogin von Marlborough, ab und soll im Stil ihrer Schönheit ihrer berühmten Vorfahrin ähnelten. Sie wurde 1757 geboren. Ihr Vater John, der 1765 zum Earl of Spencer ernannt wurde, war der Sohn des verkommenen „Jack Spencer", wie er genannt wurde, das Elend zugleich und der Liebling seiner Großmutter Sarah, die sie vergötterte Torrismond , wie sie ihn nannte, und hinterließ ihm einen beträchtlichen Teil ihres Eigentums. Während die Liebenswürdigkeit von Sarah auf Georgiana Spencer überging, hat sie sicherlich etwas von dem Talent, dem rücksichtslosen Geist und der Unvorsichtigkeit ihres Großvaters „Jack" geerbt; Auch eine sorgfältige Erziehung konnte diese erblichen Merkmale nicht beseitigen.

Ihre Mutter war die Tochter eines Bürgerlichen, des Ehrenwerten Stephen Poyntz aus Midgham in Berkshire. Sowohl Freunde als auch Nachbarn erinnerten sich lange Zeit mit Ehrfurcht an diese Dame. Sie war vernünftig und intelligent, höflich, angenehm und von grenzenloser Nächstenliebe; aber Miss Burney, die sie kannte, schildert sie als protzig in ihren Anstrengungen und als etwas selbstgerecht und prahlerisch. Sie wurde jedoch von ihrer Tochter inbrünstig geliebt, die anschließend mehrere finanzielle Opfer brachte, um das Wohlergehen ihrer Mutter zu gewährleisten. Die frühesten Jahre von Lady Georgiana (wie sie wurde, nachdem ihr Vater zum Earl ernannt worden war) verbrachte sie in dem großen Haus in Holywell, in der Nähe von St. Albans, das der berühmte Herzog von Marlborough auf dem Patrimonialgrundstück seiner Frau erbaut hatte. Vor etwa fünfzehn Jahren erinnerten sich ältere Menschen, insbesondere ein gewisser benachbarter Geistlicher, daran, in diesem Haus Karten gespielt zu haben; und die nachbarschaftlichen Qualitäten von Lady Spencer sowie ihre Güte gegenüber den Armen machten sie bei den umliegenden Adligen sehr beliebt. Sie übte nicht nur die Pflichten der

Nächstenliebe aus, sondern auch die kaum unbedeutenden Pflichten der Gastfreundschaft und Höflichkeit gegenüber ihren Nachbarn . Vor der Eröffnung der Eisenbahnen waren solche Pflichten insbesondere erforderlich, um die verstreuten Mitglieder der ländlichen Gesellschaft zusammenzuhalten. Es wurden gute Gefühle geweckt, gute Manieren gefördert, und die dann empfundene Verbundenheit mit alten Familien hatte eine tiefere Grundlage als Unterwürfigkeit oder gar Sitte. Als Lady Georgiana heranwuchs, zeigte sie ein warmes, leicht zu beeinflussendes Wesen, eine Leidenschaft für alles Schöne in der Kunst, starke Zuneigung und eine frühe Neigung zur Koketterie. Ihr Charakter sprach sich deutlich in ihrem Gesicht aus, das von allen Gesichtern das beredteste war; Dennoch war es keineswegs schön, wenn wir Schönheit kritisch betrachten. Es gab Leute, die sagten, ihr Gesicht wäre gewöhnlich gewesen, wenn es nicht diesen überaus lieblichen Ausdruck gehabt hätte. Im Gegensatz zu den schönen Gunnings hatte sie weder regelmäßige Gesichtszüge noch eine tadellose Figur, dennoch waren sie im Vergleich zu ihrer kindlichen Schönheit. Ihr Haar war zwar rot, ihr Mund war breit, aber ihr Teint war exquisit; und die immer lachenden Lippen waren über einem prächtigen Gebiss geöffnet, ein seltenes Attribut in jenen Tagen, als die Zähne in der Jugend oft verfault waren. Sie verfügte auch über ein für sie natürliches, charmantes Auftreten und eine verspielte Unterhaltungsweise, die, einem kultivierten Geist entspringend, ihre Gesellschaft äußerst faszinierend machte. „Auch ihr Herz", schreibt Wraxall , ihr Zeitgenosse, „könnte als Sitz jener Gefühle angesehen werden, die das menschliche Leben versüßen, unsere Natur schmücken und einen namenlosen Zauber über die Existenz verbreiten."

Eine jüngere Schwester, Henrietta Frances, später Lady Duncannon und schließlich Gräfin von Besborough , war ebenfalls Gegenstand der herzlichen Zuneigung von Lady Georgiana; und obwohl Lady Duncannon ihr an Eleganz und persönlichem Charme weit unterlegen war, kam sie ihr an schwesterlicher Liebe ebenbürtig .

In der Mitte des letzten Jahrhunderts war Literatur in den höheren Schichten wieder in Mode. Doktor Johnson und die Thrales , Miss Gurney, Hannah More, immer noch in Streatham versammelt; Viele unserer Politiker waren, wenn nicht Dichter, so doch Dichter. Es ist wahr, wenn wir von den herzergreifenden Gedichten von Cowper absehen, schwiegen die Musen. Die Verse, die in den eleganten Salons Freude bereiteten, waren von geringem Wert und wurden als Altpapier aus unseren Erinnerungen der Gegenwart hinweggefegt; aber die Vorliebe für das Raffinierte war vorherrschend und wirkte sich daher positiv auf die damals heranwachsende Generation aus .

Lady Georgiana Spencer hatte ihr jedoch nur sehr wenige Jahre Zeit gegeben, um sich zu verbessern oder ihre Jugend zu genießen, denn in ihrem siebzehnten Jahr heiratete sie.

William, der fünfte Herzog von Devonshire, war zum Zeitpunkt seiner Vermählung mit Lady Georgiana siebenundzwanzig Jahre alt. Er war einer der apathischsten Männer. Er war groß, aber nicht einmal stattlich und überaus ruhig. Er hatte von der Familie Cavendish einen strengen, redlichen Charakter geerbt, der in der Gesellschaft immer einen gewissen Einfluss hat. Gewicht wollte er nicht, denn ein schwererer Mann führte niemals eine Frau voller großzügiger Impulse und Sensibilität zum Altar. Er war völlig unfähig zu starken Gefühlen und konnte nur durch Whist oder Faro aus einer Art moralischer Lethargie geweckt werden. Nichtsdestotrotz war er mit einer Gelehrsamkeit vollgestopft, die ihn zu einer Art Orakel bei Brookes machte , wenn Streitigkeiten über Passagen römischer Dichter oder Historiker aufkamen. Mit all diesen Eigenschaften war er in gewissem Sinne in der Lage, seine liebenswerte und engagierte erste Frau zu lieben, wenn auch nicht immer.

Miss Burney erzählt von einem charakteristischen Zug dieses Adligen; es wurde ihr von Miss Monckton erzählt. Der Herzog stand neben einem sehr feinen Glasglanz in einer Ecke eines Zimmers im Haus von Leuten, die nicht über ausreichende Mittel verfügten, um Kosten als unwesentlich zu betrachten; Indem er sich achtlos zurücklehnte, warf er den Glanz zurück, und er zerbrach. Der Unfall störte ihn jedoch nicht im Geringsten, sondern sagte kühl: „Ich frage mich, wie ich das gemacht habe!“ Dann ging er in die gegenüberliegende Ecke, und um angeblich zu zeigen, dass er vergessen hatte, was er getan hatte, neigte er seinen Kopf auf die gleiche Weise, und der zweite Glanz kam herab . Er betrachtete es mit philosophischer Gelassenheit und sagte lediglich: „Das ist schon seltsam genug“, und ging ohne Kummer oder Entschuldigung in einen anderen Teil des Raumes. Diesem

Automaten wurde die junge Lady Georgiana übergeben; und die Ehe war in der Wertschätzung der Gesellschaft ein glänzendes Bündnis.

Ihr tierischer Geist war exzessiv und ermöglichte es ihr, mit dem Unglück zurechtzukommen, mit einem edlen Schimpfwort in Verbindung gebracht zu werden. Ihre gute Laune war unaufhörlich und ihr Gesichtsausdruck war so offen wie ihr Herz. Da sie über die allerliebste Veranlagung für das häusliche Leben verfügte, kann man sich kaum wundern, dass sie sich in die Aufregung der Politik stürzte, wenn es zu Hause kein Mitgefühl gab. Daher kam es zu ihrem schlimmsten Unglück; aber trotz all ihrer Indiskretionen kann man einen Vergleich zwischen ihr und der Duchesse de Longueville, den Wraxall eingeführt hat , nicht ertragen . Die Herzogin von Devonshire verdient den verdeckten Tadel kaum; Außer in Schönheit und Talenten gab es keine Ähnlichkeit.

Voller Gesundheit und Glück wurde die junge Herzogin wie selbstverständlich in die höchsten Kreise Londons eingeführt . Ihr Mann vertrat eine der einflussreichsten Familien der Whig-Aristokratie und sein Name und sein Vermögen machten ihn wichtig.

Drei Paläste im West End, wie man sie durchaus nennen könnte, Canton House, Devonshire House und Burlington House, standen jedem parlamentarischen Anhänger der berühmten Koalition offen – der Allianz zwischen Lord North und Charles James Fox. Das Devonshire House, das gegenüber dem Green Park auf einer Anhöhe stand, schien auf das Queen's House, wie der Buckingham Palace damals genannt wurde, herabzublicken. Piccadilly befand sich damals, wenn auch nicht mehr wie zu Königin Annes Zeiten, von Straßenräubern heimgesucht, fast am Ende des West End.

Der Herzog von Devonshire stammte mütterlicherseits von der Familie Boyle ab und war auch Eigentümer von Burlington House, das in der Nähe von Devonshire House liegt und von seinem Schwager, dem Herzog von Portland, bewohnt wird.

Somit existierte in diesem Teil Londons eine vollständige Whig-Kolonie, deren Spitze und Spitze kein Geringerer als George, Prinz von Wales, war. Er befand sich zu dieser Zeit auf dem Höhepunkt seiner kurzlebigen Gesundheit und

Jugend und seiner noch kurzlebigeren Popularität; ein Mann, der alle äußeren Eigenschaften besaß, die seinem Vater fehlten: Anmut und Gutmütigkeit, das Attribut von Georg III., ein gewisses Maß an Bildung und natürlichem Talent, ein großer, gutaussehender Mensch, mit ein Gesicht, das weniger deutsch ist als das seiner Brüder, eine gewisse Großzügigkeit im Charakter – zeugen Sie von seiner Freundlichkeit gegenüber Prinz Charles Stuart und seinem Bruder, den er in den Ruhestand versetzte –, auf jeden Fall ein Erscheinungsbild von äußerst gutem Herzen und einer großen Fähigkeit, etwas zu tun gesellige Genüsse.

Doktor Burney gibt an, dass er überrascht war, als er den Prinzen bei Lord Melbourne traf, inmitten der ständigen Zerstreuung seines Lebens „viel Gelehrsamkeit, Witz, Bücherkenntnis im Allgemeinen, charakterliche Unterscheidungskraft und originellen Humor" besaß . " Er sprach mit Dr. Charles Burney, dem angesehenen Gelehrten, und zitierte fließend Homer auf Griechisch; Er war ein erstklassiger Musikkritiker und ein hervorragender Imitator. „Wären wir im Dunkeln gewesen", sagte Doktor Burney, „hätte ich schwören sollen, dass Doktor Parr und Kemble im Raum waren." Daher meinte derselbe Richter: „Man könnte sagen, dass er genauso geistreich war wie Karl II., aber viel gebildeter, denn seine fröhliche Majestät konnte nicht besser buchstabieren als der *bürgerliche Gentilhomme* . " Dies war die teilweise Beschreibung des Prinzen durch a geschmeichelter und dankbarer Zeitgenosse, der 1805 schrieb. Zwanzig Jahre später erwies Sir Walter Scott nach einem Abendessen mit dem damaligen Prinzregenten den Manieren alle Ehre; aber er erklärte, dass sein Geist nicht von hoher Qualität sei und dass sein Geschmack, was den Witz betraf, verurteilt sei.

Der Prinz war jedoch genau der richtige Mann, um im Zentrum einer lebhaften Opposition zu stehen. In seinem Herzen war er konservativ; aber die Whigs waren seine Anhänger gegen einen Vater, der seine Lebensweise und seine Politik entschieden und vielleicht nicht zu streng missbilligte.

Der Kreis um ihn war hinsichtlich seiner Talente ebenso bemerkenswert und in mancher Hinsicht ebenso berüchtigt für seine Laster wie jeder Lord Rochester, Sedley oder Etherege zur Zeit des zweiten Karl. An diesem Tag beteiligte sich ein protestantischer Herzog von Norfolk aktiv an politischen Angelegenheiten und war einer der wichtigsten

Unterstützer der Whigs. Carlton House, Devonshire House, empfing in ihren Prunkräumen oft „Jock of Norfolk", wie er genannt wurde, dessen große, muskulöse Gestalt, die eher an einen Viehzüchter oder Metzger erinnerte, dort mit Freude gefeiert wurde, denn seine Gnaden befehligten zahlreiche Bezirke . Er war einer der energischsten Unterstützer von Fox und hatte im House of Lords eine Art rohe Beredsamkeit an den Tag gelegt, die für seinen Geist und Körper charakteristisch war. Allerdings hätte nichts außer seinem Rang, seinem Reichtum, seinen Einflüssen und seinen Whig-Meinungen diesen verschwenderischen, abscheulichen Mann erträglich machen können. Trunkenheit soll seiner Konstitution inhärent gewesen sein und von den Plantagenets geerbt worden sein. Es ist bekannt, dass man ihn in seiner Jugend schlafend auf der Straße gefunden hatte, betrunken auf einem Holzblock; Dennoch wird berichtet, dass er der Wirkung des Weins so gut widerstehen konnte, dass er, nachdem er seinen Vater, einen Trunkenbold wie er, im Thatched House in St. James's unter den Tisch gelegt hatte, angeblich zu einer anderen Partei übergegangen sei , dort, um die geselligen Riten abzuschließen. Er stand oft unter dem Einfluss von Wein, wenn er als Lord Surrey im Unterhaus saß; aber er war klug genug, bei solchen Gelegenheiten den Mund zu halten. Er war körperlich so schmutzig, dass seine Diener seine Trunkenheitsanfälle ausnutzten, um ihn zu waschen; als sie ihn entkleideten, wie sie es bei einem Leichnam getan hätten, und Waschungen durchführten, die einigermaßen notwendig waren, da er nie Wasser benutzte. Er war ebenso abgeneigt, die Wäsche zu wechseln. Als er sich eines Tages bei Dudley North darüber beschwerte, dass er an Rheuma leide, rief North: „Bitte", rief North, „hat Euer Gnaden jemals ein sauberes Hemd probiert?"

Diese unsaubere Form war ein großes Merkmal der Whig-Versammlungen. Damals trug jeder Mann eine Warteschlange, jeder Mann hatte sein Haar gepudert; Dennoch verzichtete „Jack" auf Puder, das er nur bei Hofe trug, und schnitt sein Haar kurz. Sein Aussehen musste daher einen seltsamen Kontrast zu dem des Prinzen von Wales gebildet haben: Locken und Puder, mit makellosen Rüschen und einer weiten schneeweißen Krawatte, ganz zu schweigen von dem Mantel, der aussah, als wäre er an den seinen genäht zurück. Der Vorschlag, eine Steuer auf Haarpuder zu erheben, wurde dem Herzog von Norfolk zugeschrieben. Sein Leben war eine

Reihe von Verschwendungssucht. Dennoch war das damalige Urteil so pervertiert, dass dieser unwürdige Nachkomme der Plantagenets genauso beliebt war wie jeder andere seiner Zeit. Im nüchternen Zustand war er zugänglich, gesprächig und frei von Stolz. Als er betrunken war, nutzte er die Hälfte, um zu gestehen, dass er im Herzen immer noch ein Katholik sei. Sein Übertritt zum reformierten Glauben galt als nicht sehr aufrichtig; und sein ständiger blauer Mantel in einem besonderen Farbton – ein Kleid, das er nie wechselte – soll eine Buße gewesen sein, die ihm sein Beichtvater auferlegt hatte. Er machte keiner christlichen Kirche Ehre; und die Kirche von Rom ist in seiner Erinnerung willkommen.

Richard Brinsley Sheridan war zu diesem Zeitpunkt in seinem dreiunddreißigsten Lebensjahr noch nicht völlig durch Alkoholkonsum, Schulden und, was Geld betraf, Unehrlichkeit erniedrigt. Sein Gesichtsausdruck war in diesem Alter voller Intelligenz, Humor und Fröhlichkeit: Alle diese Eigenschaften spielten um seinen Mund und unterstützten die Wirkung seiner Redekunst auf das Ohr. Seine Stimme war einzigartig melodiös und eine Art Faszination lag in allem, was er tat und sagte . Sein Gesicht, wie Milton über die Gestalt des gefallenen Engels sagt:

„Hatte noch nicht verloren

Ihre ganze ursprüngliche Helligkeit.

Dennoch war er unter dem Namen „Bardolph" bekannt – und sein schöner Gesichtsausdruck verlor sich in Spuren der Trunkenheit. Niemand hätte in späteren Tagen den einst freudigen Geist Sheridans in seinem von Ausbrüchen bedeckten Gesicht erkennen können, das nicht mehr vor Intelligenz strahlte. Er ähnelte, sagt Wraxall , mit sechzig Jahren einem der Gefährten des Odysseus, der, nachdem er von Kirkes „zauberhaftem Kelch" gekostet hatte –

„... verlor seine aufrechte Form,

Und nach unten fiel er in ein kriecherisches Schwein.

Dieser außergewöhnliche Mann war der Ehemann einer der schönsten und als seine Frau eine der unglücklichsten Frauen. Miss Linley, die Tochter eines berühmten Komponisten und wegen ihrer Schönheit „Maid of Bath" genannt, erlebte das Unglück, von Sheridan umworben und gewonnen zu werden. Nie gab es eine berührendere und lehrreichere Geschichte als ihre. Ihre Schönheit war selten, selbst inmitten der Schönheiten einer Zeit voller attraktiver Frauen. Dunkle Haarsträhnen, die sie über die Stirn zurückgekämmt hatte, fielen in Locken auf einen Hals aus Alabaster. Ihre Gesichtszüge waren zart und regelmäßig; Der Ausdruck ihrer Augen war außerordentlich sanft und nachdenklich. Ihr Charme wurde an ihre weiblichen Nachkommen, Mrs. Norton, die Herzogin von Somerset und Lady Dufferin, weitergegeben, während sie auch ihre musikalischen Talente sowie den Witz und die Fähigkeiten ihres Großvaters geerbt haben. Mrs. Sheridan starb nach einem Leben voller Glanz und Entbehrungen vor ihrem mittleren Alter in Clifton an Schwindsucht. Ihr Tod wurde dadurch betrübt, wenn nicht sogar beschleunigt, dass ihre Kutsche, als sie sich auf die Fahrt in die Downs vorbereitete, wegen der Schulden ihres Mannes beschlagnahmt wurde. Während er mit dieser jungen und liebenswerten Frau verbunden war, war Sheridan einer der hellsten Sterne in der ausschweifenden Sphäre von Carlton House; aber für das häusliche Leben hatte er weder Zeit noch Lust. Sein Ruhm erreichte seinen Höhepunkt, als er während des Prozesses gegen Warren Hastings stundenlang in der Westminster Hall mit einer Beredsamkeit sprach, die man nie vergessen wird; Als er dann ins Unterhaus ging, stellte er dort seine unübertroffene Redekunst unter Beweis. Unterdessen ertönte in den Theatern Beifall, und sein Name ging von Mund zu Mund, während in einem Haus die „Duenna" und in einem anderen die „Schule des Skandals" aufgeführt wurde. Er war in Wahrheit der höchstbegabteste Mann seiner Zeit; und er starb aus Angst, dass die Gerichtsdiener ihm das Bett wegnehmen würden – ein ehrfürchtiger, verlassener, verachteter Trunkenbold!

Aber von allen Partymännern, denen die junge Herzogin von Devonshire vorgestellt wurde, war Fox der fähigste und entschlossenste. Die Färbung politischer Freunde, die seine Laster verbarg, oder vielmehr ihnen einen falschen Farbton verlieh, ist längst verblasst. Wir kennen Fox jetzt so, wie er war. In den neuesten Tagebüchern von Horace Walpole wird sein unverbesserliches Glücksspiel, seine offene Verschwendung, sein völliger Mangel an Ehre durch eine seiner eigenen Meinungen offengelegt. Noch bevor er sein Zuhause verlassen hatte, war er korrumpiert, als er noch ein kleiner Junge war. Es gibt ihm jedoch den Trost, darüber nachzudenken, dass er seine Laster überlebt hat. Der Fuchs, der mit einer grünen Schürze um die Taille seine Obstbäume am St. Ann's Hill beschneidet und festnagelt oder sich unschuldig mit ein paar Freunden vergnügt, ist ein angenehmes Objekt, an das man sich erinnert, auch wenn seine frühe Karriere zwangsweise in die Erinnerung zurückkehrt Geist.

Unglücklicherweise war er einer der intimsten Menschen, die Georgiana, Herzogin von Devonshire, in ihr Haus aufnahm. Er war bald von ihren Anhängern begeistert, doch im weiteren Verlauf seines Lebens war er keineswegs ein erfreulicher Anblick. Er hatte dunkle, düstere Gesichtszüge, von denen manche dachten, sie ähnelten denen Karls II., von dem er in weiblicher Linie abstammte; Als sie sich zu einem Lächeln entspannten, waren sie, so heißt es, unwiderstehlich. Schwarze, struppige Augenbrauen verbargen die Funktionsweise seines Geistes, verliehen seinem Gesicht jedoch einen enormen Ausdruck. Seine Gestalt war breit und nur dann anmutig, wenn sein wunderbarer Intellekt sogar die Kraft des Genies übertraf, und wenn er deklamierte, brachte er die leidenschaftlichsten Gesten hervor. War Fox in seiner Jugend ein Dummkopf gewesen, verkam er nun zum Schlampen. Der blaue Gehrock und die braune Weste, mit denen er im Unterhaus auftrat, waren abgenutzt und schäbig. Wie die weiße Rose, die die Stuarts auszeichnete, so waren es auch die blauen und braunen Abzeichen der amerikanischen Aufständischen und ihres Anführers Washington.

Nachdem er aufgehört hatte, das Oberhaupt der Maccaronis zu sein , wie die *Beau Monde* damals genannt wurden, widmete sich Fox dem Spielen. Whist, Quinze und Pferderennen waren seine Leidenschaft, und er warf tausend Pfund weg, als wären sie eine Guinea; und er verlor sein ganzes Vermögen am Spieltisch. Noch vor dreißig geriet er selbst in den alltäglichen Angelegenheiten des Lebens in Bedrängnis. Er konnte die Vorsitzenden, die ihn ins Repräsentantenhaus trugen, nicht bezahlen. Es war bekannt, dass er sich Geld von den Kellnern bei Brookes's lieh , dem Sammelpunkt der Opposition. Dort wurde die Nacht mit Whist, Faro, Abendessen und politischen Beratungen verbracht. So zügellos er auch war, so besaß er doch eine Freundlichkeit und Großzügigkeit, die seinen Einfluss auf Mann und Frau für beide höchst gefährlich machte. Damals war er einer der erfolgreichsten Studenten der Geschichte und der allgemeinen Literatur; und seinem

Studium konnte er sich auch nach unwiederbringlichen Niederlagen im Spiel widmen. Nachdem Topham Beauclerk die ganze Nacht mit Fox im Faro verbracht hatte, sah er, wie er verzweifelt den Club verließ. Er hatte enorm verloren. Aus Angst vor den Konsequenzen folgte Beauclerk ihm zu seiner Unterkunft. Fox war im Wohnzimmer und beschäftigte sich intensiv mit einem griechischen „Herodotus". Beauclerk drückte seine Überraschung aus. „Was soll ich tun? Ich habe meinen letzten Schilling verloren", war die Antwort. Die Elastizität seines Gemüts war so groß, dass er manchmal, nachdem er alles Geld verloren hatte, das er sich leihen konnte, beim Faro den Kopf auf den Tisch legte und, anstatt über sein Glück zu schimpfen, fest einschlief. Nach der Heirat der Herzogin von Devonshire vertrat Fox noch einige Jahre lang Westminster. Solange er diese Position behielt, konnte weder Pitts Triumph als vollständig noch die Tory-Partei als fest in der Regierung verankert angesehen werden. Bei den Wahlkämpfen im April 1784 erschienen drei Kandidaten: Lord Hood, Sir Cecil Wray und Fox. Noch am 26. des Monats behielt Wray, der einige Zeit für Westminster im Parlament gesessen hatte, einen kleinen zahlenmäßigen Vorsprung gegenüber Fox. Die Wahl, die am Monatsersten begann, hatte inzwischen mehr als drei Wochen gedauert: Zehntausend Wähler hatten ihre Stimme abgegeben; und es wurde sogar erwartet, dass, da die Wähler erschöpft waren, die Bücher geschlossen würden und Wray, der bei der Umfrage Zweiter war, vor Lord Hood als Erster, die Nase vorn haben würde.

Glücklicherweise haben wir keine angemessene Vorstellung von den Schrecken einer solchen Wahl; Es war eine Szene voller Spaß und Bosheit, abwechselnd Geist und Gemeinheit. Engländer schienen kaum Männer zu sein; Während sie eine Stunde lang polterten, nahmen sie in der nächsten Stunde das Bestechungsgeld an und verhielten sich höflich. Fox fuhr in einer Kutsche mit Colonel North, dem Sohn von Lord North, als Diener und dem bekannten Colonel Hanger – einem der verwerflichen Mitarbeiter von George IV. – nach Westminster. (als Prinzregent) und erinnerte sich lange daran, wie er auf einem weißen Pferd im Park saß, nachdem er vom Prinzen verlassen worden war und nicht mehr in Mode war – er fuhr im Mantel, Hut und der Perücke eines Kutschers. Als Königin Charlotte von dieser Heldentat Colonel Norths hörte, entließ sie ihn aus seinem Amt als Kontrolleur ihres

Haushalts mit der Begründung, sie begehre nicht den Diener eines anderen Mannes.

Als der Monat zu Ende ging, wurde jede Stunde kostbar und Fox gewann an diesem kritischen Punkt zwei neue und starke Verbündete. Als Kompliment an Fox und seine Prinzipien kamen die junge Herzogin von Devonshire und ihre Schwester, jetzt Lady Duncannon, in Strumpfhalterblau und Leder gekleidet und warben um Stimmen für ihren Kandidaten. Der Mob freute sich über den Anblick so hohen Ranges und so großer Schönheit und sehnte sich nach ihrer Unterstützung. Noch nie, so heißt es, seien „so schöne Porträts auf einer Leinwand erschienen".

Es erforderte in der Tat keinen gewöhnlichen Mut, Stimmen zu sammeln, denn nun zeigte sich eine starke Neigung zum Aufruhr. Dennoch fuhren diese beiden jungen Frauen mit den Listen der Randwähler zu ihren Wohnungen. Bei ihrer Unternehmung mussten sie sich mit Metzgern, Schneidern und allen Handwerksberufen, ob niedrig oder hoch, auseinandersetzen und durch die untersten, schmutzigsten und heruntergekommensten Teile Londons reisen. Aber Fox lag hundert Stimmen unter Wray, und seine guten Freunde waren unermüdlich; Sie vergaßen ihre Würde, ihre Weiblichkeit und „Party" war ihr Schlagwort. Sie wurden von der Marchioness of Salisbury bekämpft, die von den Tories vorgebracht wurde. Sie war schön, aber hochmütig; und ihr Alter, denn sie war vierunddreißig, während die Herzogin von Devonshire erst sechsundzwanzig war, verschlechterte sich aufgrund ihres Aussehens.

Die junge Herzogin vergaß ihren Rang, an den sich Lady Salisbury immer erinnerte, und warf all ihre Faszinationskraft in die Waagschale, als sie während eines ihrer Werbetage in einer Metzgerei aufstieg. Der Besitzer in Schürze und Ärmeln lehnte seine Stimme entschieden ab, außer unter einer Bedingung: „Würde Ihre Gnaden ihm einen Kuss geben?" Dem Antrag wurde stattgegeben. Dies war eine der Abstimmungen, die die Zahl von Sir Cecil Wray um zweihundertfünfunddreißig ansteigen ließ, und Fox belegte in der Umfrage den zweiten Platz. Natürlich wurden zu diesem Anlass viele dumme Gedichte geschrieben.

„Verurteilt nicht, prüde, faire Devons Plan,

Indem er *Steel* einen Kuss gibt

In einer solchen Sache, für einen solchen Mann,

Sie konnte nichts falsch machen.

Sogar der Prinz von Wales zeigte aktives Interesse an dieser denkwürdigen Wahl; und Georg III. soll sich auch eingemischt haben. Noch nie war der politische Groll so groß und das Gewissen so niedrig wie in dieser Zeit. Die Versammlungen ähnelten dem Stand in Newmarket. „Eine ausgeglichene Wette, dass er Zweiter wird", rief einer; „Fünf zu vier bei der heutigen Umfrage", schrie ein anderer. Inmitten all dieser Rufe standen die Herzogin und eine Gruppe von Freunden mit schönen Titeln, die Fox unterstützten, der „der" genannt wurde, und die betrunkenen, bezahlten Wähler, die von den niedrigsten aller Menschen, den niedrigsten nicht nur im Rang, sondern auch in den Gefühlen, angestarrt wurden „Mann des Volkes."

Es war der 17. Mai, als Fox den Vorsitz führte, über dessen Kopf Sir Cecil Wray herrschte und von dem man nicht einmal glaubte, dass er wieder als Mitglied zurückgekehrt wäre. Diese Prozession fand nach Abschluss der Wahl statt. Fox wurde auf einem mit Lorbeer geschmückten Stuhl durch die Straßen getragen, die Damen in Blau und Leder bildeten einen Teil des *Trauerzuges* . Vor ihm wurde der Federbusch des Prinzen ausgestellt: diese drei Straußenfedern, deren Anblick uns an das Feld von Cressy erinnern könnte, wo sie gewonnen und fortan vier Jahrhunderte lang getragen wurden. Eine Fahne mit der Aufschrift „Heilig dem weiblichen Patriotismus" wurde von einem Reiter der triumphalen Kavalkade geschwenkt. Die Kutschen des Herzogs von Devonshire und des Herzogs von Portland erregten noch weniger Aufmerksamkeit als die von Fox, auf deren Kutsche Colonel North und andere Freunde, Anhänger von Lord North, saßen, die sich nun unter ihre ehemaligen Gegner mischten. Als die Prozession in die Pall Mall einbog, stellte man fest, dass die Tore des Carlton House offen standen; Es ging also vorbei und grüßte, indem es sich umdrehte, den Prinzen von Wales, der mit einer Anzahl Damen und Herren auf der Balustrade davor stand. Fox wandte sich dann an die Menge und versuchte, sie zu zerstreuen. Doch in der Nacht brach der Mob in wütende Taten aus, beleuchtete und griff die Häuser an, die in düsterer Dunkelheit lagen.

Am nächsten Tag lud der Prinz alle Rang-, Schönheits- und Modevertreter der Koalitionspartei zu einem Fest auf seinen Rasen ein. Es war ein strahlender Tag an diesem 18. Mai; und unter dem köstlichen Schatten der Bäume vergaßen die Jungen und Fröhlichen vielleicht im Zauber der Szene Politik und Wahlen. Lord North, in Blau und Leder gekleidet – seine neue Livree – stolzierte zwischen denen umher, die ihn erst fünfzehn Monate zuvor verunglimpft und denunziert hatten, bis er sich durch die Koalition mit Fox zu ihrem Idol gemacht hatte. Bei dieser Gelegenheit drängten sich alle um den Minister, dessen Witz ebenso unerschöpflich war wie seine *Kaltblütigkeit* , und dessen Unterhaltung in ihrer Verspieltheit der unseres großen Ministerpräsidenten von 1859 ähnelte. Blau und Leder erfüllten den Garten. Colonel North (später Lord Guildford) und George Byng, bisher erbitterte Feinde, wurden gesehen, gleich gekleidet, vertraut zusammen gehend. Der Prinz war unwiderstehlich faszinierend, und nichts könnte prachtvoller sein als das Fest des von Schulden überwältigten Königshauses.

Während sich die Gesellschaft so amüsierte, kamen durch einen seltsamen Zufall die berühmten cremefarbenen Pferde Georgs III. wurden gesehen, wie sie in feierlichem Zustand den St. James's Park entlang gingen. Seine Majestät reiste nach Westminster, um das Parlament zu eröffnen. Nur eine niedrige Mauer trennte Canton Gardens vom Park, so dass der König nicht umhin konnte, zu sehen, wie sich sein ehemaliger Minister, sein Sohn und der erfolgreiche Kandidat in all dem Jubel des Erfolgs amüsierten.

Am Abend war die Lower Grosvenor Street mit Kutschen verstopft, aus denen Herren und Damen, ganz in Blau und Leder, herabstiegen, um die berühmte Mrs. Crewe zu besuchen, deren Ehemann, damals Mitglied von Chester, 1806 zum Lord Crewe ernannt wurde . Diese Dame war sowohl wegen ihrer Leistungen und ihres Wertes als auch wegen ihrer Schönheit bemerkenswert; Dennoch gestattete sie die Bewunderung von Fox, der im Rang ihrer Bewunderer stand. Die Zeilen, die er über sie schrieb, waren nicht übertrieben. Sie begannen so:

„Wo sich der schönste Ausdruck mit Merkmalen verbindet,

Mit dem zartesten Bleistift der Natur gestaltet ;

Wo ungebeten errötet und ohne Kunst lächelt,

Sprechen Sie die Sanftheit und das Gefühl aus, die im Herzen wohnen;

Wo wir in bezaubernden Manieren keinen Makel entdecken,

Aber die Seele hält das Versprechen, das wir im Angesicht hatten;

Sicherlich müssen Philosophie, Vernunft und Kälte beweisen

Ungleiche Abwehrkräfte , um uns vor der Liebe zu schützen.

Fast acht Jahre nach der berühmten Wahl in Westminster war Mrs. Crewe immer noch in Vollkommenheit, mit einem Sohn von einundzwanzig Jahren, der wie ihr Bruder aussah. Die Form ihres Gesichts war überaus lieblich, ihr Teint strahlend. „Ich kenne keine Frau in ihrer ersten Jugend", schreibt Miss Burney, „die diesen Vergleich ertragen könnte. Sie macht jeden in ihrer Nähe hässlich."

Dieser charmante Anhänger von Fox hatte sich aktiv für seine Sache eingesetzt; und ihre Originalität des Charakters, ihre gute Laune , ihre Rücksichtslosigkeit gegenüber Konsequenzen machten sie zu einer großartigen Werbefrau.

Dieselbe Gesellschaft, die sich am Morgen im Carlton House versammelt hatte, drängte sich jetzt in die Grosvenor Street. Blau und Hellbraun waren an der Tagesordnung, und der Prinz von Wales trug diese Farben . Nach dem Abendessen stieß er an : „True Blue und Mrs. Crewe." Der Saal hallte von Applaus. Die Gastgeberin erhob sich, um sich zu bedanken. „True Blue und ihr alle", war ihr Toast. Auch hier endeten die Feierlichkeiten nicht. Einige Tage später empfing Canton House die ganze Welt, den „wahren Blues" Londons. Das Fest, das von der vielfältigsten Art und von der großartigsten Art war, begann um die Mittagszeit, dauerte die ganze Nacht und endete erst am nächsten Tag. Nichts könnte seine Pracht übertreffen . Für die Damen wurde ein kostspieliges Bankett vorbereitet, auf das Seine Königliche Hoheit und die Herren warteten, während sie am Tisch saßen. Nichts konnte die Anmut, die Höflichkeit und das Taktgefühl des Prinzen bei diesen Gelegenheiten übertreffen, wenn er seine zweihunderttausend Pfund Schulden vergaß und sie aufstockte. Ludwig XIV., sagte ein Augenzeuge, hätte ihn nicht in den Schatten stellen können. Dies war wahrscheinlich die strahlendste Ära im Leben der Herzogin von Devonshire.

Sie war die oberste Dame der aristokratischen Whig-Kreise, in denen Rang und Literatur mit politischen Charakteren vermischt waren. Slander verband ihren Namen bald mit dem von Fox; und dieser Name wurde besudelt, obwohl er nie völlig verdorben wurde. Miss Burney, die sie einige Jahre später in Bath traf, beschreibt sie als nicht mehr schön, aber mit äußerst höflichen Manieren und einem „sanften, ruhigen" Auftreten . Dennoch war da ein Ausdruck von Melancholie. „Ich dachte, sie wirkte innerlich bedrückt", war Miss Burneys Bemerkung. Bei einer anderen Gelegenheit empfand sie sie als lebhafter und damit lieblicher, da ihre Lebhaftigkeit so charakteristisch für sie war, dass ihr Schönheitsstil dies erforderte. „Sie war ziemlich fröhlich, locker und charmant; tatsächlich hätte dieses letzte Wort für sie geprägt sein können." und Miss Burney erkannte bald, dass es das süße Lächeln, ihr offenes, naives Gesicht war, das ihr die Berühmtheit eingebracht hatte, die ihre Karriere als Modemode begleitet hatte.

Aber selbst dann war die Glückseligkeit der Herzogin auf einem Dorn. Lady Elizabeth Foster, die Tochter des Earl of Bristol und ein Kontrast zu ihr – groß, dunkel und gutaussehend –, hatte den Herzog und ihren Ehemann angezogen, und selbst der kälteste aller Männer war zutiefst in diese Frau verliebt , den er schließlich heiratete. Gibbon sagte über Lady Elizabeth, dass sie die verführerischste aller Frauen sei. Seltsamerweise bestand eine Art Freundschaft zwischen der Herzogin und Lady Elizabeth, die mit ihr in Bath war, als Miss Burney sie zusammen sah. Selbst dann hing eine Wolke über uns – diese beiden Damen von Rang; und Mrs. Ord, Miss Gurneys vorsichtige Freundin, tadelte sie dafür, dass sie ihre Bekanntschaft gemacht hatte.

Drei vielversprechende Kinder wurden ihm geschenkt, um die Zuneigung zu beanspruchen, die der Herzog so wenig erwiderte. Die ältere der drei, Georgiana Dorothy, die später mit dem Earl of Carlisle verheiratet war und die Mutter der jetzigen Herzogin von Sutherland war, wird von Miss Gurney im Alter von acht Jahren als eine Frau beschrieben, die ein feines, süßes und hübsches Gesicht hatte. und mit der Form und Figur eines zwölfjährigen Mädchens. Sie und ihre Schwester standen zu dieser Zeit in der Obhut von Miss Trimmer, der Tochter von Mrs. Trimmer, einer der bewundernswertesten Kinderschriftstellerinnen, die je unsere

Kindheit erfreut hat. Miss Trimmer wird als „gefällige, nicht hübsche" junge Dame mit großer Gelassenheit beschrieben.

Lady Henrietta Elizabeth, verheiratet mit dem Grafen von Granville, der lange Zeit Botschafter in Paris war, war im Alter von sechs Jahren „keineswegs hübsch, hatte aber ein offenes und angenehmes Gesicht und einen Ausdruck höchst glücklicher Stimmung"; eine Hommage, die durch die vielen Tugenden dieser bewundernswerten Dame im späteren Leben bestätigt wird. Der Marquis von Hartington, später Herzog von Devonshire, damals erst vierzehn Monate alt (das war im Jahr 1791), hatte bereits ein Haus und eine Kutsche für sich, fast im königlichen Stil. Er lebte in der Nähe seines Vaters, während die Herzogin bei ihrer Mutter, Lady Spencer, wohnte. Für Personen mit häuslichen Vorstellungen scheint dies eine einzigartige Vereinbarung zu sein.

Diese scheinbar glückliche Familiengruppe hatte jedoch einige Prüfungen, die ihre vermeintliche Glückseligkeit verschleiern konnten. Der Skandal wies nicht nur darauf hin, dass Lady Elizabeth Foster einen unangemessenen Einfluss auf den Herzog ausübte, sondern griff die Herzogin auch in den heiligsten Beziehungen ihres Lebens an. Der kleine Marquis galt als unehelich; der Bericht nahm verschiedene Formen an; natürlich wiesen erbitterte politische Anhänger auf die Vertrautheit mit Fox hin; andere schätzen die Intimität im Carlton House. Eine andere Geschichte erlangte ebenfalls Anerkennung und verstummte nie. Es hieß, dass Lady Elizabeth zu der Zeit, als die Herzogin eingesperrt war, einen Sohn zur Welt brachte, die Herzogin eine Tochter, und dass die Kinder verändert wurden; dass der verstorbene Herzog mit seinem Onkel, dem verstorbenen Lord George Cavendish, einen Vertrag abschloss, niemals zu heiraten, damit die Kinder seiner Lordschaft nach dem Tod Seiner Gnaden eine unbestrittene Thronfolge haben könnten.

Zu dieser Zeit gab es für Lady Spencer und die Herzogin noch einen weiteren Grund zur Beunruhigung: die tiefe Depression von Lady Duncannon. Diese Dame, die Mutter von Lady Caroline Lamb, die in unserer Zeit so auffällig für ihre Exzentrizität ist, scheint von ihrem Bruder, Lord Spencer, dem Großvater des jetzigen Grafen, liebevoll geliebt worden zu sein. „Er versöhnte sich mit ihr", sagt Miss Burney, „mit jedem Zeichen mitleidiger Zuneigung, sie empfing ihn mit größter Freude, wenn auch fast stumm." Diese geplagte Frau erreichte jedoch ein hohes Alter und überlebte ihre fröhliche, temperamentvolle Schwester, die Herzogin von Devonshire.

Lady Spencer gehörte zu der Klasse, die wir heute evangelisch nennen; eine Klasse mit ernsten Gefühlen, die aus dem aufrichtigen Wunsch entstand, den fast toten Glauben der Zeit zu erneuern; ein Beispiel für Frömmigkeit und Anstand sein; und auch „ihr Licht vor den Menschen leuchten zu lassen". Miss Burney beschreibt sie als zu sehr auf den Ruf der Nächstenliebe und Hingabe bedacht. Trotzdem konnte Lady Spencer ihre Tochter nicht von der schwulen Welt trennen.

Die Herzogin beteiligte sich weiterhin aktiv an der Politik und mischte sich in den Tumult von Wahlen, Faro und Parteisiegen, Liebe, Poesie und schönen Künsten. Ihr Sohn wurde zu Beginn der Revolution in Frankreich geboren, die die Grundfesten des gesamten gesellschaftlichen Lebens erschütterte. Zu dieser Zeit ereignete sich im ersten Wahnsinnsanfall, der Georg III. heimsuchte, eine schwere Katastrophe über ihr Land. Bis zu dem Zeitpunkt, als Frankreich in Aufruhr geriet, hatte Seine Majestät, offenbar bei bester Gesundheit, bis zur letzten Oktoberwoche 1788 seine wöchentlichen Deiche in St. James abgehalten. Anfang November kam es zu den ersten Anfällen seines verwirrten Geistes die Queen's Lodge, nach dem Abendessen, in Anwesenheit Ihrer Majestät und der Prinzessinnen. Die Tore der Lodge waren in dieser Nacht geschlossen; Auf Nachfrager wurden keine Antworten gegeben; und es wurde gemunkelt , dass Seine Majestät tot sei.

Der Zustand der öffentlichen Meinung kann man sich leicht vorstellen. In der Hauptstadt herrschte eine Szene der Verwirrung und Aufregung, die nur noch von der Szene übertroffen wurde, die vier Jahre später stattfand, als Ludwig XVI. enthauptet wurde. wurde in London bekannt gegeben.

Eine Regentschaft wurde vorgeschlagen; und sechs Ärzte wurden zur Beratung hinzugezogen. Es wurde angenommen, dass Doktor Warren den ersten Platz in dieser gelehrten Junto innehatte. Unter den anderen waren Doktor Addington, der Vater des verstorbenen Lord Sidmouth , Sir Lucas Pepys und Doktor Willis. Warren war dem Whiggismus zugetan und hielt die Genesung des Königs für zweifelhaft. Willis war ein Tory und hielt es für möglich und sogar wahrscheinlich. Sein Diktum wurde in St. James's und im Kew Palace geglaubt;

Warren wurde im Carlton House und im Devonshire House aufgeführt. Während das erste das Orakel von White war, vertraute man dem zweiten auf Brookes . Die berühmte Herzogin von Gordon, die Anhängerin von Pitt und Dundas, unterstützte Willis und seine Ansichten und war der Anführer der Tory-Partei. Die Herzogin von Devonshire war die feste und mächtige Unterstützerin des Prinzen bei seinen Ansprüchen auf die Regentschaft. Die Tories wollten nicht nur die Macht über den königlichen Haushalt, sondern auch über den Rat, der Königin Charlotte übertragen würde. Es wurde eine Karikatur verbreitet, die den Lordkanzler, Pitt und Dundas als die drei „seltsamen Schwestern" darstellte, die den Vollmond betrachteten. Ihre Kugel war halb erleuchtet, halb verfinstert. Der Teil in der Dunkelheit enthielt das Profil des Königs; auf der anderen Seite war ein Kopf, strahlend im Licht, der die seltsamen Schwestern gnädig anstarrte; das war die Königin. Im Februar des folgenden Jahres zeigte der König jedoch zur großen Freude der Nation Anzeichen einer Besserung. Eines Tages stand Mr. Greville, der Bruder des Earl of Warwick, neben dem Bett des Königs und erzählte Doktor Willis, dass Lord North sich nach dem Gesundheitszustand des Königs erkundigt hatte. "Hat er?" sagte der König. „Wo hat er sie hergestellt, in St. James's oder hier?" Die Antwort lautete: „Lord North", sagte Seine Majestät, „ist ein guter Mann, anders als die anderen. Er ist ein guter Mann." Die Partei im Carlton House, zu der die Herzogin von Devonshire auf jeden Fall gezählt werden muss, war über diese rechtzeitige Erholung enttäuscht, während die aufrichtige Mittel- und Unterschicht Englands sich ungeheuchelt freute; Aber es herrschte zu viel Groll in der Partei , als dass ein besserer Geist entstehen und sich zeigen könnte. Sogar in die Gesellschaft wurde zugelassen, dass die Giftigkeit der Partei Einzug hielt. Als Lord Mountnorris eines Abends auf einem Ball des französischen Botschafters war, durchsuchte er den ganzen Raum nach einem Partner, aber vergebens. Er bat Miss Vernon, sich einzumischen und ihm einen Partner für einen Country-Tanz zu verschaffen. Sie gehorchte und stellte ihn einer sehr eleganten jungen Dame vor, mit der Seine Lordschaft tanzte und sich einige Zeit unterhielt. Bald darauf sagte ein Herr zu ihm: „Bitte, mein Herr, wissen Sie, mit wem Sie getanzt haben?" „Nein", antwortete er; „Bete, wer ist sie?" „Koalitionen", sagte der Herr, „werden niemals enden; es ist Miss Fox, die Nichte von

Charles und Schwester von Lord Holland." Der edle Herr war vom Donner gerührt. Hatte Pitt ihn gesehen? Wenn ja, war er erledigt. Er rannte herbei, um Miss Vernon Vorwürfe zu machen. „Stimmt", war die Antwort; „Sie ist die Nichte von Fox, aber da ihr Vermögen zwanzigtausend Pfund beträgt, dachte ich, ich hätte nicht ungebührlich gehandelt, als ich Sie vorgestellt habe."

Im berühmten Streit zwischen Burke und Fox übernahm die Herzogin von Devonshire das Amt der Vermittlerin. Burke griff Fox daher im Unterhaus an.

„Mr. Fox", sagte er, „hat mich mit Härte und Bösartigkeit behandelt. Nachdem er mit seinen leichten Truppen in den Scharmützeln um die ‚Ordnung' geplagt hatte, hat er die schwere Artillerie seiner eigenen großen Fähigkeiten gegen mich eingesetzt. Das haben sie." „Es gab viele Meinungsverschiedenheiten zwischen Mr. Fox und mir, aber es gab keinen Verlust der Freundschaft zwischen uns. Es gibt etwas in dieser verfluchten französischen Verfassung, das alles vergiftet."

Fox flüsterte: „Es gibt keinen Verlust der Freundschaft zwischen uns." Burke antwortete: „Das gibt es. Ich kenne den Preis meines Verhaltens: Unsere Freundschaft ist am Ende."

Fox war überwältigt von Trauer bei diesen Worten. Er erhob sich, um zu antworten, aber seine Gefühle hinderten ihn daran, etwas zu sagen. Erleichtert durch einen Ausbruch von Tränen, während eine tiefe Stille das Haus erfüllte, sprach er endlich.

„Allerdings", sagte er tief bewegt, „könnten die Ereignisse die Meinung meines Herrn Abgeordneten verändert haben." Freund, denn so muss ich ihn immer noch nennen, ich kann nicht so leicht zustimmen, diese innige Verbindung, die seit fünfundzwanzig Jahren zwischen uns besteht, aufzugeben und aufzulösen. Ich hoffe, dass Mr. Burke an vergangene Zeiten denken wird, und welches Verhalten auch immer von mir die Straftat verursacht hat, er wird zumindest glauben, dass ich nicht die Absicht hatte, zu beleidigen." Aber der Streit konnte trotz der guten Dienste der Herzogin nie beigelegt werden von Devonshire, der Freund beider Parteien.

Bald nach Beginn des 18. Jahrhunderts wurde dieser Parteigeist sozusagen zurechtgewiesen, zuerst durch den Tod von Pitt und später durch den von Fox, dessen Zustand sich lange Zeit verschlechterte. Als er hörte, dass Pitt abgelaufen war, sagte er: „Pitt ist im Januar gestorben, vielleicht verlasse ich ihn im Juni. Ich spüre, wie sich meine Verfassung auflöst." Als er im August von einem Freund gebeten wurde, zu Weihnachten eine Party auf dem Land zu veranstalten, lehnte er ab.

„Es wird eine neue Szene sein", sagte sein Freund. „Nächstes Weihnachten werde ich tatsächlich in einer neuen Szene sein", antwortete Mr. Fox. Bei dieser Gelegenheit brachte er seinen Glauben an die Unsterblichkeit der Seele zum Ausdruck; „Aber wie", fügte er hinzu, „es sich verhält, wenn es vom Körper getrennt ist, liegt außerhalb meines Urteilsvermögens." Mr. Fox nahm seine Hand und weinte. „Ich bin glücklich", fügte er hinzu, „voller Zuversicht; ich könnte sagen voller Gewissheit."

Einer seiner größten Wünsche war es, nach St. Ann's Hill in der Nähe von Chertsey umzuziehen, dem Schauplatz seines späteren, geläuterten, glücklicheren Lebens. Seine Ärzte zögerten und empfahlen, ihn zunächst zum Haus des Herzogs von Devonshire in Chiswick zu bringen. Hier schien er eine Zeit lang wieder gesund und munter zu sein. Mrs. Fox, Lady Holland, seine Nichte und Lady Elizabeth Foster saßen um sein Sterbebett. Viele Male verabschiedete er sich von seinen Liebsten; oft schwebte der Tod über ihm; Dennoch finden wir keine Aufzeichnungen darüber, dass die Herzogin von Devonshire zu denen gehörte, die seinen letzten Seufzer empfingen. Seine letzten Worte an Mrs. Fox und Lord Holland waren: „Gott segne Sie, segne Sie und Sie alle! Ich sterbe glücklich – ich habe Mitleid mit Ihnen!"

„Oh! mein Land!" waren Pitts letzte Worte; die von Fox waren ebenso charakteristisch. Sein Wesen war zärtlich und mitfühlend, und wenn er in anderen Zeiten gelebt hätte, wäre er wahrscheinlich ebenso gut wie großartig gewesen.

Seine sterblichen Überreste wurden von Chiswick in seine eigenen Gemächer in St. James's überführt und unter einem prächtigen Baldachin zur Westminster Abbey überführt. Als die prächtige Prozession am Carlton House vorbeizog, spielte eine dreißigköpfige Musikkapelle den „Dead March in Saul". Der Prinz von Wales hatte seinem Freund zu Fuß zum Grab folgen wollen, aber eine solche Hommage war durch die Etikette verboten.

Es ist bedauerlich, dass Fürsten von so vielen Szenen in diesem sublunären Leben ausgenommen werden müssen, die darauf ausgelegt sind, das Herz zu berühren, den Geist zu züchtigen und zu erheben. Als die Beerdigung die Abtei betrat und die feierlichen Worte „Ich bin die Auferstehung und das Leben" gesungen wurden, waren diejenigen, die ihn gekannt und geliebt hatten und dessen Leichentuch sie trugen, zutiefst gerührt.

Zu den weiteren Hommagen an Fox gehörten die folgenden Zeilen aus der Feder der Herzogin von Devonshire. Der Besucher der Woburn Abbey findet sie unter der Büste des großen Staatsmannes in einem vom verstorbenen Herzog von Bedford der Freiheit geweihten Tempel.

„Hier, in der Nähe der Freunde, die er liebte , siehe , der Mann ,

In der Wahrheit unerschütterlich und in der Tugend kühn,

Wessen patriotischer Eifer und unverdorbener Geist

Hat es gewagt, die Freiheit der Menschheit zu behaupten;

Und während die Verwüstung weit reichte,

Ehrgeiz verbreitete die hasserfüllten Flammen des Krieges

Furchtlos vor Vorwürfen und beredt zu retten,

 Es war er – es war Fox – der warnende Anwalt,

Inmitten erschütternder Konflikte dämmte die Blutflut ein,

Und für die bedrohte Welt stand ein Seezeichen!

Oh! hatte seine Stimme für die Sache der Barmherzigkeit die Oberhand gewonnen,

Was für dankbare Millionen hatten den Staatsmann gefeiert :

Dessen Weisheit die Sorgen der Nationen zum Schweigen brachte,

Und lehrte die Welt Menschlichkeit und Frieden!

Aber obwohl er scheiterte , gelang es ihm hier ewig

Die vergeblichen , aber frommen Bemühungen werden verehrt;

Rühmen Sie sich in ihren Annalen seines berühmten Namens,

Bewahre seine Größe und bestätige seinen Ruhm.

Die Herzogin überlebte Fox nur ein Jahr; Sie starb 1806, geliebt, barmherzig, reumütig. Ihre Krankheit war ein Leberabszess, der ziemlich plötzlich entdeckt wurde und sich einige Monate nach dem ersten Verdacht als tödlich erwies. Als der Prinz von Wales von ihrem Tod hörte, bemerkte er: „Dann ist die gutmütigste und erzogenste Frau Englands weg." Ihre sterblichen Überreste wurden in die Familiengruft der Familie Cavendish in der All Saints' Church in Derby überführt. und über dieses Grab war auf jeden Fall ein zärtliches Herz voller Trauer. Ihre Schwester, Lady Duncannon, war der Herzogin zwar sowohl an geistiger als auch an persönlicher Eleganz weit unterlegen, hatte aber das gleiche warme Herz und die gleiche starke Zuneigung für ihre Familie. Im Juli 1811, kurz vor dem Tod des Herzogs von Devonshire (dem Ehemann der Herzogin), besuchte Sir Nathaniel Wraxall das Gewölbe der Allerheiligenkirche. Als er da stand und den Sarg bewunderte, in dem die Überreste der einst so schönen Georgiana verwesend lagen , zeigte ihm die Frau, die ihn begleitet hatte, die Fetzen eines Blumenstraußes, der auf dem Sarg lag. Wie die sterbliche Hülle dieses inneren Körpers war auch der Blumenstrauß nun fast zu Staub zerfallen. „Dieser Blumenstrauß", sagte die Frau, „wurde von der Gräfin von Besborough hierher gebracht , die beabsichtigt hatte, ihn selbst auf den Sarg ihrer Schwester zu legen; aber als sie sich den Stufen der Gruft näherte, wurde ihre Qual zu groß, um es zuzulassen." Sie kniete auf den Steinen der Kirche nieder, so weit ich konnte, über der Stelle, wo der Sarg im Gewölbe stand, und legte dort die Blumen nieder und befahl mir, ein Amt zu erfüllen, dem sie nicht gewachsen war. Ich habe ihre Wünsche erfüllt.

Andere erinnerten sich nicht so genau an die arme Herzogin. Ihre Freundin Lady Elizabeth Foster war längst zu ihrer Rivalin geworden, doch ein gemeinsames Geheimnis, so glaubte man, hielt sie von einem Bruch ab. Es war klar, dass beide viel zu verbergen hatten. Es wurde auf die Geschichte der angeblichen Geburt des verstorbenen Herzogs von

Devonshire Bezug genommen: Er soll der Sohn des Herzogs gewesen sein, aber nicht von Georgiana, Herzogin von Devonshire, sondern von ihr, die später diesen Titel trug, Lady Elizabeth Foster. Die unbeugsame Entschlossenheit des verstorbenen Herzogs, ledig zu bleiben, wie es heißt, einer Vereinbarung zwischen ihm und seinem Onkel, dem damaligen Lord George Cavendish, geschuldet war, schien bei einem Mann mit so reinem und häuslichem Geschmack immer eine so liebevolle Veranlagung zu bedeuten , und so ein fürstliches Vermögen, ein schreckliches Hindernis.

Im Jahr 1824 starb Lady Elizabeth Foster, damals die zweite Herzogin von Devonshire, in Rom, wo sie viele Jahre in fast königlicher Pracht gelebt hatte . Zu ihren engsten Freunden gehörten Kardinal Consalvi und Madame Récamier , die Kenntnis von dem Bericht hatten, der in ihren Augen durch das Verhalten des verstorbenen Herzogs bei ihrem Tod bestätigt wurde. Lady Elizabeth, wie wir sie zur Unterscheidung noch nennen werden, war damals so abgemagert, dass sie einem lebenden Gespenst ähnelte ; aber die Linien einer seltenen und beeindruckenden Schönheit blieben bestehen. Ihre Gesichtszüge waren regelmäßig und edel, ihre Augen prächtig, und ihre schlanke Figur war aufrecht und würdevoll, mit dem Schritt einer Kaiserin. Ihr marmorbles Teint vervollständigte dieses Porträt. Ihre schönen Arme und Hände waren immer noch so weiß wie Elfenbein, obwohl sie aufgrund ihrer Schlankheit fast wie ein Skelett aussahen . Sie versuchte vergeblich, ihre Abmagerung durch das Tragen von Armbändern und Ringen zu verbergen. Obwohl sie von allen Kunstgegenständen umgeben war, an denen sie sich erfreute, von der Gesellschaft, sowohl von den vornehmen Engländern, Italienern und Franzosen, die sie bevorzugte, lag auf der Stirn dieser faszinierenden Frau ein Hauch von Traurigkeit, als ob die Erinnerung ihr das Übliche verbiete Ruhe des Niedergangs des Lebens.

Ihr Stiefsohn (so wird berichtet), der verstorbene Herzog, behandelte sie mit Respekt und sogar Zuneigung, aber zwischen ihnen herrschte offensichtliche Zurückhaltung. Bei ihrem Tod schloss er sorgfältig alle Freunde aus, denen sie in ihren letzten Augenblicken etwas anvertrauen konnte, was in dieser Stunde vielleicht ihr Gewissen beunruhigen könnte. Ihre Freundinnen, Madame Récamier und der Herzog von Laval, wurden erst eingelassen, um sich von ihr zu verabschieden, als sie sprachlos war und wenige Minuten bevor sie ihren letzten Atemzug tat.

Dieser Umstand erschien ihnen eindringlich als Bestätigung des erwähnten Berichts; Es muss jedoch offen gesagt werden, dass die Vorsichtsmaßnahmen des Herzogs möglicherweise aus einer anderen Quelle stammen. Seine Stiefmutter war dem Romanismus zugetan, und er befürchtete möglicherweise, dass der Eifer ihrer katholischen Freunde sie bei Gelegenheit dazu veranlassen würde, mit ihr über ihren Glauben zu sprechen und die Annahme solcher Tröstungen wie ihre vorzuschlagen Meine eigenen Vorstellungen hätten in diesem schrecklichen Moment für unverzichtbar gehalten. Der Punkt kann nicht geklärt werden. Es kann jedoch angemerkt werden, dass der verstorbene Herzog im Wesen, in seinem großen Wohlwollen und seinen höflichen Manieren dem Thema dieser Memoiren sehr ähnelte – der schönen, begabten, aber weltgewandten Georgiana, Herzogin von Devonshire.

DAS ENDE.

ENDNOTEN

Anmerkung 1: Collins' „Peerage" gibt den folgenden Bericht über diese Dame: „Peter, Lord King, heiratete Anne, Tochter von Richard Seys, Esq., aus Boverton , in Glamorganshire, mit der er bis zum Tag seines Todes vollkommen zusammenlebte." Liebe und Glück, hinterlassen von ihren vier Söhnen und zwei Töchtern.

Anmerkung 2: Ein Porträt meiner Großmutter als Mädchen wurde von meiner Mutter viele Jahre nach meiner Geburt in Hawell in Somersetshire, dem Sitz von Sir CK Tynt , gesehen.

Anmerkung 3: Ich darf diese Bemerkung mit der Wahrheit und ohne Eitelkeit machen. Das hier erwähnte geschätzte Wesen hieß John; Er starb am 7. Dezember 1790 in Livorno in der Toskana, wo er viele Jahre lang als Kaufmann ersten Ranges tätig gewesen war.

Anmerkung 4: Hannah More unterhielt zu dieser Zeit zusammen mit ihren Schwestern ein Internat für junge Damen. Später wurde sie als Autorin von Tragödien berühmt, die immer beliebter wurden – Ed.

Anmerkung 5: Herr Powel.

Anmerkung 6: Thomas Hull, stellvertretender Intendant des Covent Gardent Theatre, war Gründer des Theatrical Fund zur Unterstützung notleidender Spieler. Er war Schauspieler, Autor und Übersetzer mehrerer Theaterstücke sowie Autor von Gedichten und Kurzgeschichten. – Ed .

Anmerkung 7: David Garrick, der berühmte Schauspieler und Manager des Drury Lane Theatre, hatte seinen letzten Auftritt auf der Bühne am 10. Juni 1776, er war damals in seinem sechzigsten Lebensjahr . – Ed.

Anmerkung 8: Arthur Murphy, ein Ire, begann sein Leben als Angestellter, wurde dann Journalist und anschließend Schauspieler, blieb aber nur ein paar Spielzeiten auf der Bühne, wurde Dramatiker und schrieb eine Reihe von Theaterstücken, darunter einige großen Erfolg erzielt. Zwei Jahre nach dem Tod von David Garrick schrieb er ein Leben über den berühmten Spieler, der sein enger Freund gewesen war. – Ed.

Anmerkung 9: Susannah Cibber, die als Oratoriensängerin großen Ruhm erlangte, bevor sie Schauspielerin wurde. Ihren ersten Erfolg als Spielerin erzielte sie in Covent Garden, doch 1753 trat sie Garricks Kompanie in Drury Lane bei, der sie bis zu ihrem Tod im Jahr 1766 angehörte. Garrick, der ihr Genie sehr bewunderte, erklärte, als sie von ihrem Tod hörte , „Dann ist die Tragödie auf der einen Seite tot." Sie liegt in der Westminster Abbey begraben.

Anmerkung 10: Zum Zeitpunkt der Veröffentlichung des Heiratsantrags gab sie zu, „in ihrem sechzehnten Lebensjahr einige Monate fortgeschritten" zu sein; und sie war vier Monate verheiratet, als die Reise nach Bristol angetreten wurde . – Ed.

Anmerkung 11: Frau Sophia Baddeley, eine sehr schöne Frau und die Heldin vieler Liebesabenteuer. – Ed .

Anmerkung 12: Robert Henley, der 1772 die Nachfolge seines Vaters als zweiter Earl of Northington antrat. Zuvor war er zum LL ernannt worden. D. von Cambridge und hatte die Ämter des Kassierers und des Leiters des Korbbüros in der Kanzlei inne. Im Jahr nach seiner Thronbesteigung wurde er zum Knight of the Thistle ernannt und 1783 zum Lord Lieutenant of Ireland ernannt . – Ed.

Anmerkung 13: Thomas, zweiter Baron Lyttelton , bekannt als „der böse Lord Lyttelton ", im Unterschied zu seinem Vater, der zu seinen Lebzeiten „der gute Lord Lyttelton " genannt wurde . Thomas, Baron Lyttelton , war ein Mann mit Stil und Mode; ein Politiker, ein Verfasser von Versen, ein Künstler, dessen Gemälde die vereinten Exzellenzen von Salvator Rosa und Claude in sich bergen sollten, und darüber hinaus einer der größten Verschwendungssüchtigen seiner Zeit. Dies ist der Lord Lyttelton , der in seinem fünfunddreißigsten Lebensjahr und bei vollkommener Gesundheit träumte, dass ihm eine Frau erschien und verkündete, dass er nur noch drei Tage zu leben habe. Er sprach leichthin über seinen Traum und fühlte sich am Morgen des dritten Tages so gut gelaunt, dass er erklärte, er solle „den Geist austricksen". Er starb plötzlich in dieser Nacht, als sein Freund Miles Peter Andrews träumte, dass Lyttelton ihm erschien und sagte: „Alles ist vorbei."

George Edward Ayscough , ein Hauptmann der Garde, war Cousin des zweiten Lord Lyttelton . Einige Jahre später als bei seinem Treffen mit Mrs. Robinson produzierte er eine Version von Voltaires „Semiramis", die 1776 im Drury Lane Theatre aufgeführt wurde. Er wird als „ein Parasit von Lord Lyttelton " und als „ein Narr" beschrieben der Mode." – Ed.

Anmerkung 14: Anna Laetitia Aikin (1743–1825). – Ed.

Anmerkung 15: George Robert Fitzgerald, aufgrund der Anzahl der Duelle, an denen er teilnahm, allgemein als „Fighting Fitzgerald" bekannt, war ein Mann aus gutem Hause, der gleichermaßen für seine Tapferkeit und Rücksichtslosigkeit bekannt war. Ein Aufruhr, der das Ergebnis seiner unangenehmen Aufmerksamkeit gegenüber Mrs. Hartley, einer bekannten Schauspielerin, war, hatte ihn 1773, einige Jahre vor seiner Bekanntschaft mit Mrs. Robinson, berüchtigt gemacht. Sein Leben, das von einzigartigen Abenteuern geprägt war, endete auf dem Schafott, als er 1786 wegen Mordes hingerichtet wurde. – Ed .

Anmerkung 16: Mrs. Abington, eine angesehene Schauspielerin, die im Alter von siebzehn Jahren ihren ersten Auftritt im Haymarket Theatre hatte, etwa sechs Jahre vor der Geburt der Autorin dieser Memoiren.

Anmerkung 17: Später gebar sie eine Tochter namens Sophia, die nur sechs Wochen lebte . – Ed.

Anmerkung 18: Herr Robinson wurde in Harrow ausgebildet und war ein Zeitgenosse von Herrn Sheridan.

Anmerkung 19: Der Name dieses Herrn ist Hanway, die Person, die im ersten Teil dieser Arbeit als Mr. Robinsons frühester Freund erwähnt wurde.

Anmerkung 20: Miss Hawkins schrieb über diese Zeit, dass Frau Robinson „überaus verdienstvoll war: Sie musste sich um ihr Kind kümmern, sie erledigte die gesamte Arbeit in ihren Wohnungen, sie reinigte sogar die Treppen und nahm das Schreiben und die Bezahlung an." was er abgelehnt hatte." – Ed.

Anmerkung 21: Georgiana, Ehefrau des fünften Herzogs von Devonshire. Die Herzogin war nicht nur eine der schönsten, lebhaftesten und faszinierendsten Frauen ihrer Zeit, sondern auch eine leidenschaftliche Politikerin. Während sie für die Wahl von Fox werbte, erkaufte sie sich die Stimme eines

Metzgers für einen Kuss und erhielt von einem irischen Mechaniker die schmeichelhafte Zusicherung, dass er seine Pfeife vor ihren Augen anzünden könne . – Ed.

Anmerkung 22: George Hobart, dritter Earl of Buckinghamshire, der eine Leidenschaft für dramatische Unterhaltung hatte und eine Zeit lang Manager der Oper in London wurde . – Ed.

Anmerkung 23: Richard Brinsley Sheridan befand sich zu diesem Zeitpunkt in seinem fünfundzwanzigsten Lebensjahr und hatte mit seiner Misswirtschaft im Drury Lane Theatre begonnen. Er hatte bereits „The Rivals" geschrieben, das bei seinem ersten Erscheinen kein Erfolg war; „St. Patrick's Day oder der intrigante Leutnant", eine Farce; „Die Duenna", eine komische Oper; aber er musste noch „A Trip to Scarborough" und „The School for Scandal" schreiben.

Anmerkung 24: In seiner „Geschichte der Bühne" erzählt uns Genest, dass Frau Robinson am 10. Dezember 1776 zum ersten Mal als Julia auf der Bühne auftrat, lässt uns jedoch im Unwissen über die Schauspieler, die an der Tragödie beteiligt waren . Romeo wurde offenbar von William Brereton gespielt, der die Hauptszenen mit ihr im Greenroom vor Sheridan und Garrick geprobt hatte. Genest fügt hinzu: „Mrs. Robinson wurde mit großem Applaus empfangen. Sie hatte vor ihrem ersten Auftritt eine Verlobung und erhielt ein angeblich stattliches Gehalt. Sie war eine wunderschöne Frau und eine sehr gute Figur in Hosen." – Ed.

Anmerkung 25: Laut Genest war die zweite Figur, die sie versuchte , Statira in „Alexander der Große", gespielt am 17. Februar 1777; Amanda, in „The Trip to Scarborough", sieben Nächte später produziert, ist ihre dritte Person. – Ed.

Anmerkung 26: Ernest Augustus, Herzog von Cumberland und späterer König von Hannover, war der fünfte Sohn von Georg III. und vielleicht das verschwenderischste und unbeliebteste Mitglied der königlichen Familie . – Ed.

Anmerkung 27: Horace Walpole schrieb am 28. Mai 1780 an seinen Freund, Rev. William Mason: „Lady Cravens Komödie mit dem Titel ‚Das Miniaturbild', die sie selbst mit einer vornehmen, ganz eigenen Inszenierung spielte." Haus auf dem Land, wurde im Drury Lane gespielt. Die größte Besonderheit war, dass sie am zweiten Abend selbst in der Mitte der ersten

Reihe der Bühnenloge saß, gut gekleidet, mit viel weiße Signalhörner und Federbüsche, um die öffentliche Ehrerbietung aufgrund ihres Geschlechts und ihrer Schönheit zu erhalten ... Es war erstaunlich zu sehen, wie eine so junge Frau sich selbst völlig beherrschte, aber in ihrem Bewusstsein ihrer eigenen Schönheit und Talente herrschte so eine Integrität und Offenheit , dass sie mit einer *Naivität* von ihnen spricht , als hätte sie kein Eigentum an ihnen, sondern trage sie nur als Geschenke der Götter, im Gegenteil, Lord Craven war ziemlich aufgeregt über seine Zuneigung zu ihr und voller Ungeduld gegenüber dem Bösen Die Leistung der Schauspieler war in der Tat erbärmlich. Doch die Darstellung der Handlung, die das Hauptverdienst des Stücks darstellt, und die lebhafte Zeichnung brachten es sehr gut zur Geltung, obwohl Parsons den schottischen Lord und Mrs. Robinson (die ...) ermordeten soll der Favorit des Prinzen von Wales sein) dachte an nichts anderes als an ihren eigenen Charme und an ihn.

„The Irish Widow" war eine Farce, die David Garrick auf Molières „Le Mariage Force " gründete und am 23. Oktober 1772 inszenierte . – Ed.

Anmerkung 28: Thomas Linley, der als „einer der besten Geigenspieler Europas" galt, ertrank am 5. August 1778 beim Umkippen eines Bootes. Er war ein Schwager von Richard Brinsley Sheridan.— Ed.

Anmerkung 29: George Colman, ein beliebter und produktiver Dramatiker, der 1777 Intendant des Haymarket Theatre wurde und dies bis 1785 tat, wobei er inzwischen viele neue Darsteller und einige dramatische Neuerungen einführte . – Ed.

Anmerkung 30: Elizabeth Farren, geboren 1759, trat am 9. Juni 1777 zum ersten Mal vor einem Londoner Publikum als Miss Hardcastle in „She Stoops to Conquer" auf Mit anderen Managern eroberte sie nun die Stadt. Ihr wunderschönes Gesicht, ihre exquisit modulierte Stimme, ihre elegante Figur und ihre natürliche Anmut machten sie zu einer idealen Vertreterin der feinen Damen der Komödie. Sie wurde in der angesehensten Gesellschaft Londons willkommen geheißen und lernte während ihrer Tätigkeit als Leiterin privater Theater im Haus des Herzogs von Richmond in Whitehall Edward, den zwölften Earl of Derby, kennen, dessen Frau damals lebte. Dies hielt ihn jedoch nicht davon ab, sich in Miss Farren zu verlieben, die, wie man sich ausdrückte, die Nachfolge seiner ersten Frau antreten würde, da die Gräfin diese vor der Schauspielerin verstarb. Lady Derby starb am 14. März 1797 und am 8. des folgenden Monats verabschiedete sich Miss Farren in der Rolle der Lady Teazle von der Bühne und heiratete am 1. Mai Lord Derby, sie war damals in ihrem achtunddreißigsten Jahr Jahr. Selbst in diesem skandalträchtigen und zügellosen Zeitalter war ihre Ehre nie in Frage gestellt worden . Von den drei aus dieser Verbindung geborenen Kindern überlebte nur eines, eine Tochter, die den Earl of Wilton heiratete. Die Gräfin von Derby lebte bis 1829. – Ed.

Anmerkung 31: Mrs. Robinson spielte Lady Macbeth anlässlich ihrer Benefizfeier, bei der auch eine von ihr komponierte musikalische Farce mit dem Titel „A Lucky Escape" aufgeführt wurde. – Ed.

Anmerkung 32: Der berühmte Politiker Charles James Fox, ein Freund des Prinzen von Wales. – Ed.

Anmerkung 33: Georg III. und Königin Charlotte, die häufig das Theater besuchte . – Ed.

Anmerkung 34: Diese Aufführung von „Das Wintermärchen" fand am 3. Dezember 1779 statt, sie war zu diesem Zeitpunkt in ihrem zweiundzwanzigsten Lebensjahr und der Prinz von Wales in seinem achtzehnten Lebensjahr . – Ed.

Anmerkung 35: Smith war am Eton and St. John's College in Cambridge ausgebildet worden, um Geistlicher zu werden, ging aber schließlich auf die Bühne und erwies sich als ausgezeichneter Schauspieler, dessen Darstellung von Charles Surface als abgeschlossene Aufführung galt.— Ed.

Anmerkung 36: George Chapel Coningsby, Viscount Malden, später fünfter Earl of Essex, geboren am 13. November 1757. Er heiratete zweimal, seine zweite Frau war Miss Stephens, die berühmte Sängerin . – Ed.

Anmerkung 37: Wer „Das Wintermärchen" gelesen hat, wird die Bedeutung dieser adoptierten Namen kennen.

Seite hervorgeht. – Ed.

Anmerkung 39: Frederick Augustus, Herzog von York und Albany, zweiter Sohn von Georg III., der im Alter von sechs

Monaten in das wertvolle Bistum Osnaburg gewählt wurde. –
Ed .

Anmerkung 40: Ein anderer „Tagesdruck" vom 12. Februar
1780 ist in seinen Bemerkungen nicht so schmeichelhaft, die
wie folgt lauten: „Gestern Abend ereignete sich beim
Oratorium ein ziemlich peinlicher Umstand. Frau R———, In
all ihrem Prunk geschmückt, achtete sie darauf, sich in einer
der oberen Logen direkt gegenüber der Loge des Prinzen
niederzulassen , und schaffte es schließlich durch ihr
eigentümliches Auftreten, einen bestimmten Thronfolger so
zu *Basilisken , dass seine Aufmerksamkeit auf das Schöne gerichtet war*
Das Objekt wurde allgemein wahrgenommen und versetzte
bald darauf ihre Majestäten in Erstaunen, die, da sie die
Ursache nicht herausfinden konnten, nicht in der Lage zu sein
schienen, sich die außergewöhnliche Wirkung zu erklären, als
sofort ein Bote mit der Bitte nach oben geschickt wurde die
darstellerische Schauspielerin zum Rückzug auf, dem sie Folge
leistete, allerdings nicht ohne ihre größte Trauer über ihre
beschämende Entfernung zum Ausdruck zu bringen." – Ed.

Anmerkung 41: Zu dieser Zeit lebten der Prinz von Wales und
sein Bruder Frederick Augustus, Herzog von York,
zurückgezogen in Boner Lodge, Kew, wo ihre Ausbildung von
Doktor Hurd, Bischof von Lichfield, Mr. Arnold und Lord
geleitet wurde Bruce. Zu dieser Zeit wurde eine strenge
Disziplin gegenüber den Fürsten ausgeübt. Erst am 1. Januar
1781 wurde dem Prinzen von Wales eine eigene Niederlassung
zur Verfügung gestellt, wobei ihm zu diesem Zweck ein Teil
des Buckingham House zugeteilt wurde . – Ed.

Anmerkung 42: Jetzt Markgräfin von Anspach.

Anmerkung 43: Der ergreifendste Tribut, den die Erinnerung
an einen tapferen Vater erfahren konnte, war die folgende
erbärmliche und herzliche Bezeugung echter und dankbarer
Pflicht:

Zum Gedenken an meinen beklagten Vater,
der am 5. Dezember 1786 im Dienste der Kaiserin von
Russland starb.

Oh, Sire, verehrter Herr ! verehrt !

War es die rücksichtslose Zunge des TODES?

Dieses Flüstern an meinem nachdenklichen Ohr,

Das verhängnisvolle Wort ausgesprochen

Das hat meine Wange mit so mancher Träne überschwemmt
,

Und meinen keuchenden Atem für eine Weile angehalten ?

„Er lebt nicht mehr!

Weit an einem fremden Ufer,

Sein Ehrenstaub erhält ein mit Lorbeer geschmücktes Grab,

Während seine unsterbliche Seele in himmlischen Reichen
lebt!“

Oh! Mein geliebter Herr, lebe wohl!

Obwohl wir auf Erden dazu verdammt sind , uns nicht mehr
zu treffen,

Die Erinnerung lebt immer noch, und ich muss sie immer
noch bewundern!

Und lange wird dieses pochende Herz trauern,

Auch wenn du nie wieder in diese traurigen Augen
zurückkehren wirst!

Doch die Erinnerung wird bleiben

Auf all deinen Sorgen durch das stürmische Meer des
Lebens,

Wenn die widerstandslosen Wirbelstürme des Schicksals
vergehen

Unzählige Stürme um deinen Kopf,

Die verschiedenen Übel des menschlichen Schicksals!

Doch mit einer erhaben mutigen Seele,

    Hast du die rauschende Welle ertragen?

Immer noch unhöflich die Wogen schütteln,

Bei allen Wellen des Elends, unerschrocken, unbezwingbar!

Durch ein langes Leben harter Fürsorge,

    Es war deine Aufgabe, einen stabilen Kurs zu steuern!

Es war das Stirnrunzeln deines Unglücks zu ertragen,

Und halte die Kraft des wilden Wildbachs auf!

Und als dein beharrlicher Geist

Den mühsamen Weg des Ruhmes eingeschlagen,

Es war dein, inmitten seiner Blumen zu finden

Die schlaue Schlange – Undankbarkeit!

Doch vergeblich bemühte sich das heimtückische Reptil

Es ist schrecklich, seine Gifte auf dich zu schleudern;

Außerhalb seiner Reichweite wird dein Lorbeer noch
gedeihen,

Ich bin mir des heimtückischen Stachels nicht bewusst!

Es war deine Aufgabe, lange Jahre zu schuften ,

Wo die tiefe Nacht die Sphären absorbiert!

Über eisige Meere, um deinen Weg zu beugen,

Wo das gefrorene Grönland seinen Kopf erhebt,

Wo düstere Dämpfe den Tag verhüllen,

Und Abfälle aus flockigem Schnee breiteten sich über den
stagnierenden Ozean aus,

Es war dein, inmitten des Rauches des Krieges,

unbewegten Tod mit grimmiger Miene anzusehen ;

Wo das Schicksal im schwefelhaltigen Wagen thront ,

Schrumpfte die blassen Legionen mit ihrem sengenden
Atem!

Während alles um sie herum in Blut gebadet war ,

Iberias hochmütige Söhne stürzten leblos in die Flut.

Jetzt auf den Flügeln der Meditation getragen,

Lasst die liebevolle Erinnerung umkehren und euch der
Trauer zuwenden;

Langsam und traurig schwingen ihre Schwingen

Über den rauen Busen der tosenden Tiefe
An diese katastrophale, tödliche Küste
    Wo , auf den schäumenden Wogen ,
Die Marinen der kaiserlichen Katharina ritten;
Und die einladenden Banner des Krieges sind breit
    Winkte feindselig über die glitzernde Flut,
glühte vor jubelnder Eroberung !

Denn dort – oh Kummer, kontrolliere die Träne! –
Dort, um die Bahre der verstorbenen Tapferkeit ,
Die heiligen Tropfen verwandter Tugend[56] leuchteten!
Stolze Denkmäler von Wert! deren Basis
Ruhm soll auf ihrem sternenübersäten Hügel liegen;
Zum Aushalten da, bewundert , erhaben!
Schon als der Flügel der Zeit verging
riesige Steinpyramiden in die Winde zerstreuen !
Oh! tapfere Seele! Lebewohl!
Obwohl diese vergängliche Kugel zum Verlassen verurteilt
war ,
Das Herz deiner Tochter, deren Trauer keine Worte
beschreiben können,
Soll dich in seinem pochenden Zentrum zum Leben
erwecken!
Während aus seiner purpurnen Quelle fließen wird
Die stille Träne anhaltenden Kummers;
Das Juwel erhaben ! das verachtet Erleichterung,
Auch die Prahlerei glänzt nicht mit protzigem Weh!

Obwohl du aus diesen Augen verschwunden bist,
Noch immer wird aus deinem heiligen Staub aufsteigen

Ein Kranz, der die polierte Anmut verspottet

Von skulpturaler Büste oder melodischem Lob;

Während der Ruhm den Ort weinen wird

Wo Valours unerschrockener Sohn verfällt!

Unsichtbar, um die göttliche Quelle der Erinnerung zu schätzen ,

    Oh, ich bin die Mutter meines Lebens, es soll immer noch mir gehören!

Und du wirst, aus deinem glückseligen Zustand,

Wende für eine Weile deinen entzückten Blick ab,

Zu besitzen, dieses „inmitten dieses wilden" Ringlabyrinths,

Die Flamme der kindlichen Liebe trotzt dem Sturm des Schicksals!

Anmerkung 44: Dumouriez .

Anmerkung 45: Kurz nach der Rückkehr des Letzteren aus Amerika kam es zu einer Verbindung zwischen Mrs. Robinson und Colonel Tarleton, die 16 Jahre lang anhielt. Auf die Umstände, die zu seiner Auflösung geführt haben, ist es weder notwendig noch angemessen, weiter zu verweilen. Die Anstrengungen von Mrs. Robinson im Dienst von Colonel Tarleton führten angesichts finanzieller Verlegenheit zu dieser unglücklichen Reise, deren Folgen sich für ihre Gesundheit als so verheerend erwiesen. Der Oberst begleitete sie auf das Festland und versuchte durch seine liebevollen Aufmerksamkeiten, die Leiden zu lindern, die er unfreiwillig verursacht hatte.

Anmerkung 46: Sohn des berühmten Edmund Burke.

Anmerkung 47: Der ehrenwerte Edmund Burke, damals Leiter des *Jahresregisters* .

Anmerkung 48: Herr Merry war Mitglied der „ Scuola ". della Crusca " in Florenz.

Anmerkung 49: Mrs. Robinsons „Poems", Bd. ii. P. 27.

Anmerkung 50: Das Datum, an dem die Pariser Gefängnisse aufgebrochen und zwölfhundert royalistische Gefangene getötet wurden . – Ed.

Anmerkung 51: Boaden sagt in seinem Leben von Kemble: „Ich erinnere mich an die Wärme, mit der Mrs. Robinson die Freundlichkeit von Mrs. Jordan bekundete, als sie die Hauptfigur akzeptierte: und ich kann nicht vergessen, wie der Sturm begann, auf welche Weise." Die Schauspielerin war völlig erschrocken und „starb und machte kein Zeichen." – Verf.

Anmerkung 52: The Morning Post.

Anmerkung 53: Miss Robinson und eine Freundin.

Anmerkung 54: Wer Giffords „ Baviad " und „ Maeviad " gelesen hat, wird diese Anspielung verstehen . – Ed.

Anmerkung 55: Zweiter Baron Rodney, Sohn des Admirals, damals Hauptmann der Garde.

Anmerkung 56: Kapitän Darby befehligte zum Zeitpunkt seines Todes ein Kriegsschiff in russischen Diensten und wurde mit militärischen Ehren begraben , was allgemein bedauert wurde.